# PRÉCIS HISTORIQUE

DES

# ASSEMBLÉES PARLEMENTAIRES

ET DES

# HAUTES COURS DE JUSTICE

## EN FRANCE

## DE 1789 A 1895

**D'après les documents officiels**

PAR

# LÉON MUEL

ATTACHÉ AU SÉNAT, OFFICIER D'ACADÉMIE

---

## PARIS

GUILLAUMIN ET Cᵉ

*Editeurs du Journal des Economistes*

11, RUE RICHELIEU

A. PEDONE

*Libraire de la Cour d'Appel*

13, RUE SOUFFLOT

—

**1896**

Tous droits réservés.

# PRÉCIS HISTORIQUE

## DES

# ASSEMBLÉES PARLEMENTAIRES

### ET

## HAUTES COURS DE JUSTICE

### EN FRANCE

## DE 1789 A 1895

*Le* 1

116

DU MÊME AUTEUR :

**Gouvernements, Ministères et Constitutions de la France de 1789 à 1895.** — 5ᵉ édition. — Un volume in-8 de 730 pages, illustré de 13 portraits, avec 2 tableaux. — Prix............................................... . **10 fr**

# PRÉCIS HISTORIQUE

DES

# ASSEMBLÉES PARLEMENTAIRES

ET DES

# HAUTES COURS DE JUSTICE EN FRANCE DE 1789 A 1895

D'après les documents officiels

PAR

## LÉON MUEL

ATTACHÉ AU SÉNAT, OFFICIER D'ACADÉMIE

DÉPOT
<br>
<br>
10

## PARIS

| GUILLAUMIN ET C<sup>ie</sup> | A. PEDONE |
|---|---|
| *Éditeurs du Journal des Economistes* | *Libraire de la Cour d'Appel* |
| 14, RUE RICHELIEU | 13, RUE SOUFFLOT |

1896

Tous droits réservés.

# AVANT-PROPOS

En 1890, j'ai publié, sous le titre de : *Gouvernements, Ministères et Constitutions de la France depuis 1789,* un précis documentaire de toutes les crises du pouvoir exécutif depuis la Révolution. Cet ouvrage, dont l'intérêt et l'utilité ont été nettement affirmés par les plus hautes notabilités politiques et littéraires, a obtenu un succès qui a dépassé toutes mes espérances. Ce succès m'a suggéré l'idée de faire pour les « Assemblées parlementaires » ce que j'avais fait pour les « Gouvernements » : *un précis de toutes les transformations du pouvoir législatif depuis 1789.* Depuis 1789, nous avons eu, en France, 23 assemblées politiques différentes. On se perd dans le dédale de toutes ces Chambres. Ce dernier travail est donc le complément indispensable du premier ; en sorte que la lecture de ces deux ouvrages donne la connaissance complète du mécanisme qui entretient la vie politique dans notre pays. Chaque citoyen pourra, en les étudiant, comparer les différents systèmes de gouvernement ou de législation appliqués en France depuis 1789.

Dans le présent volume, j'ai indiqué les différentes Assemblées parlementaires qui se sont succédé depuis la Révolution ; leur création, leur organisation, leur mode d'élection, leur fonctionnement, d'après les articles de la Constitution, leurs différents groupes, leurs principaux actes politiques, leurs différentes transmissions de pouvoirs et la composition de leur Bureau pour chaque session ; les réunions des deux Chambres en Assemblée nationale, à Versailles, depuis 1876 ; les hautes Cours de justice, leur organisation, les principaux procès qu'elles ont jugés.

Je donne les listes chronologiques des Présidents de chaque Assemblée.

J'ai ensuite dressé un premier tableau comparatif des conditions d'élection aux différentes Assemblées politiques depuis 1789, suivi d'un résumé de la législation sur le vote des militaires ; puis un second tableau comparatif indiquant le nombre des électeurs et la répartition des voix aux différentes élections législatives depuis 1789 ; et enfin une table alphabétique de tous les membres qui ont fait partie du Bureau des différentes Assemblées parlementaires depuis 1789 (doyens d'âge, présidents, chanceliers, vice-présidents, secrétaires, questeurs, etc...). Les numéros des pages indiquent les dates de nomination au Bureau. J'ai cru utile de donner la liste de ces hauts dignitaires qui représentent, pour ainsi dire, l'état-major de nos grandes Assemblées politiques. Cette table alphabétique, jointe à celle de tous les membres du Gouvernement depuis 1789, qui figure dans mon premier ouvrage, nous donne ainsi une intéressante liste de tous les citoyens qui ont occupé les premiers rangs soit dans le Gouvernement, soit dans le Parlement.

De même que mon travail sur les *Gouvernements*, cet ouvrage sur les *Assemblées* a été établi avec le plus grand soin à l'aide des documents officiels (procès-verbaux des

Assemblées, *Journal officiel*, *Bulletin des Lois*). On y trouvera des documents d'une grande importance. Les différentes statistiques et les tableaux qui figurent dans ce volume ont été dressés à l'aide de documents puisés soit aux Archives nationales, soit au Ministère de l'Intérieur, soit aux Archives de la Chambre des Députés, soit enfin dans les grands journaux de l'époque. Il ne renferme aucun commentaire politique ; c'est un simple récit, un exposé, aussi succinct et aussi complet que possible, des transformations du pouvoir législatif depuis notre grande Révolution. En publiant ce recueil, j'ai voulu être utile surtout aux jeunes gens des Écoles, aux Professeurs, aux hommes politiques, en leur facilitant l'étude ou le souvenir de notre histoire contemporaine.

L. M.

Paris, janvier 1896.

# PRÉCIS HISTORIQUE

DES

# ASSEMBLÉES PARLEMENTAIRES

ET

## HAUTES COURS DE JUSTICE EN FRANCE

## DE 1789 A 1895

---

## MONARCHIE

### Les États-Généraux avant 1789.

Sous l'ancienne monarchie, les États-Généraux se composaient de membres de la noblesse, du clergé et du tiers-état. Dans les moments critiques, leur convocation était considérée comme un remède infaillible à la gravité de la situation. Réunis pour la première fois sous Philippe-le-Bel, le 10 avril 1302, à l'église Notre-Dame de Paris, ils se sont depuis réunis plusieurs fois : à Paris, en 1313, sous Philippe-le-Bel; en 1315, sous Louis-le-Hutin; en 1321, sous Philippe-le-Long; en 1328, sous Philippe-de-Valois; au château de Rueil, en 1355; à Paris, le 15 octobre 1356, le 5 février 1357, en 1358 et 1359, sous le roi Jean; en 1369, sous Charles V; en 1380, sous Charles VI; à Tours, le 1er avril 1468, sous Louis XI, et le 1er janvier 1483, sous Charles VIII; à Paris, le 5 janvier 1558, sous Henri II; à Orléans, le 13 décembre 1560, pendant la minorité de Charles IX; le 1er août 1561, à Paris, pour le clergé, et à Pontoise, pour les deux autres ordres, sous Charles IX; à Blois, sous

Henri III, le 6 décembre 1576 et le 10 octobre 1588 ; à Paris, le 14 octobre 1614, sous Louis XIII (régence de Marie de Médicis). Il n'y a plus eu de réunion avant 1789.

Les dernières assemblées des États-Généraux étaient composées comme suit :

|  | En 1560. | En 1576. | En 1588. | En 1614. |
|---|---|---|---|---|
| Clergé. . . . . . | 98 | 104 | 180 | 140 |
| Noblesse . . . . | 76 | 72 | 134 | 152 |
| Tiers-État. . . . | 219 | 150 | 91 | 181 |
| Totaux. . . . | 393 | 326 | 405 | 373 |

Le 22 février 1787, une assemblée de 137 notables se réunit à Versailles pour examiner les moyens de conjurer la crise financière qui sévissait alors. Cette assemblée n'ayant pu trouver de solution, un de ses membres, le général de La Fayette, demande la convocation des États-Généraux. Cette convocation est promise par le roi Louis XVI le 24 novembre suivant. Cette mesure rencontre de la résistance à la Cour ; mais Louis XVI se résout à l'appliquer, et un arrêt du conseil royal, du 8 août 1788, fixe la réunion des États-Généraux au 1er mai 1789. Les notables, réunis en décembre 1788, décident de maintenir la distinction des trois ordres, telle qu'elle a été pratiquée aux États-Généraux de 1614 ; mais, sur un rapport de Necker, Louis XVI publie, le 27 décembre 1788, un arrêt du Conseil d'État ordonnant que les députés seront au moins au nombre de mille ; que ce nombre sera formé, autant que possible, en raison composée de la population et des contributions de chaque bailliage, et que le nombre des députés du tiers-état sera égal à celui des deux autres ordres réunis. Une lettre du Roi, du 24 janvier 1789, fixe l'ouverture des États-Généraux au lundi 27 avril suivant, à Versailles. Par une note du 26 avril, il la remet au 4 mai.

Le mode d'élection des députés est déterminé par un long règlement du 24 janvier 1789. Les élections sont faites par bailliage et au scrutin de liste. Tous les nobles et seuls les membres du clergé possédant bénéfice ont le droit de nommer directement leurs députés. Pour le tiers-état, les élections ont lieu à deux degrés. Tous les Français âgés de 25 ans, domiciliés et payant six livres d'impôt, sont électeurs du 1$^{er}$ degré et constituent les assemblées primaires. Celles-ci se réunissent pour nommer un électeur du 2$^e$ degré par 100 électeurs du 1$^{er}$ degré. Les électeurs du 2$^e$ degré, réunis par bailliage et séparément par ordre, nomment les députés aux États-Généraux. Des députés suppléants sont élus lorsque le choix du bailliage tombe sur une personne absente. Le tiers-état comprenait environ 150.000 électeurs du 2$^e$ degré. Paris, qui avait à élire 40 députés, comptait 11.706 électeurs du 1$^{er}$ degré et 407 du 2$^e$ degré. Bailly, de l'Académie française, est élu premier député par 173 voix [1].

Les États-Généraux de 1789 comprenaient 285 membres de la noblesse, 308 du clergé et 621 du tiers-état ; en tout 1.214 membres. C'est de cette réunion qu'est sortie la première assemblée parlementaire proprement dite.

## Assemblée Nationale Constituante.

### (5 mai 1789 — 30 septembre 1791.)

Les États-Généraux se sont réunis à Versailles le 5 mai 1789, dans la salle des *Menus* ou *salle des Trois-Ordres.* Leurs attributions légales sont vaguement définies dans la lettre de convocation adressée le 29 avril 1789, par Louis XVI, aux gouverneurs de province. On y lit, entre autres, cette phrase :

Les députés des États seront munis d'instructions et de pouvoirs généraux suffisants pour proposer, remontrer, aviser et consentir tout ce qui peut concerner les besoins de l'État, la réforme des abus, l'établissement d'un ordre fixe et durable dans toutes les parties de l'Administration, la prospérité générale de notre royaume, et le bien de tous et de chacun de nos sujets.

1. CHASSIN. — *Les Élections et les Cahiers de Paris en 1789*, tome II, page 322.

Mais par le serment qu'elle a prêté le 20 juin 1789, dans la salle du Jeu-de-Paume, l'Assemblée du tiers-état a élargi ses attributions en s'érigeant en assemblée constituante et souveraine. Voici les termes de ce serment :

L'Assemblée nationale, considérant qu'appelée à fixer la Constitution du royaume, opérer la régénération de l'ordre public, et maintenir les vrais principes de la monarchie, rien ne peut empêcher qu'elle ne continue ses délibérations dans quelque lieu qu'elle soit forcée de s'établir, et qu'enfin partout où ses membres sont réunis, là est l'Assemblée nationale.

Arrête que tous les membres de cette Assemblée prêteront, à l'instant, serment solennel de ne jamais se séparer, et de se rassembler partout où les circonstances l'exigeront, jusqu'à ce que la Constitution du royaume soit établie et affermie sur des fondements solides ; et que ledit serment étant prêté, tous les membres et chacun d'eux en particulier, confirmeront par leur signature cette résolution inébranlable.

Tout d'abord, les députés de la noblesse et du clergé ont refusé de se joindre aux députés du tiers-état pour délibérer. Le 10 juin, sur la demande de l'abbé Sieyès, l'Assemblée des Communes ou tiers-état, adresse aux deux autres ordres une invitation solennelle d'accepter la délibération en commun. Le clergé et la noblesse n'ayant pas répondu à cette invitation, l'Assemblée des Communes commence, le 13 juin, la vérification des pouvoirs. Le 17 juin, sur la proposition de l'abbé Sieyès, elle prend le titre d'*Assemblée nationale* [1].

La déclaration qu'elle rend à ce sujet était ainsi conçue :

L'Assemblée, délibérant, après la vérification des pouvoirs, reconnaît que cette assemblée est déjà composée des représentants envoyés directement par les 96 centièmes au moins de la nation.

Une telle masse de députation ne saurait rester inactive par l'absence des députés de quelques bailliages ou de quelques classes de citoyens; car les absens qui ont été appelés ne peuvent

---

1. Voy. Léon MUEL. — *Gouvernements, Ministères et Constitutions de la France depuis 1789*, p. 10.

point empêcher les présens d'exercer la plénitude de leurs droits, surtout lorsque l'exercice de ces droits est un devoir impérieux et pressant.

De plus, puisqu'il n'appartient qu'aux représentants vérifiés de concourir à former le vœu national, et que tous les représentants vérifiés doivent être dans cette assemblée, il est encore indispensable de conclure qu'il lui appartient, et qu'il n'appartient qu'à elle, d'interpréter et de présenter la volonté générale de la nation; il ne peut exister entre le trône et cette assemblée aucun *veto*, aucun pouvoir négatif. — L'Assemblée déclare donc que l'œuvre commune de la restauration nationale peut et doit être commencée sans retard par les députés présens, et qu'ils doivent la suivre sans interruption comme sans obstacle.

La dénomination d'*Assemblée nationale* est la seule qui convienne à l'Assemblée dans l'état actuel des choses, soit parce que les membres qui la composent sont les seuls représentants légitimement et publiquement connus et vérifiés, soit parce qu'ils sont envoyés directement par la presque totalité de la nation, soit enfin parce que la représentation étant une et indivisible, aucun des députés, dans quelqu'ordre ou classe qu'il soit choisi, n'a le droit d'exercer ses fonctions séparément de la présente assemblée.

L'Assemblée ne perdra jamais l'espoir de réunir dans son sein tous les députés aujourd'hui absens; elle ne cessera de les appeler à remplir l'obligation qui leur est imposée de concourir à la tenue des États-Généraux. A quelque moment que les députés absens se présentent, dans le cours de la session qui va s'ouvrir, elle déclare d'avance qu'elle s'empressera de les recevoir et de partager avec eux, après la vérification de leurs pouvoirs, la suite des grands travaux qui doivent procurer la régénération de la France.

L'Assemblée nationale arrête que les motifs de la présente délibération seront incessamment rédigés pour être présentés au roi et à la nation.

Le 19 juin, le clergé rend un arrêté en faveur de la vérification des pouvoirs en commun. Le 20 juin, Louis XVI, à l'instigation de la Cour, fait fermer la salle des délibérations de l'Assemblée nationale. Les députés, sous la conduite de

Bailly, leur président, se rendent dans la salle du Jeu-de-Paume où ils prononcent tous, sauf Martin d'Auch, le serment cité plus haut. A la séance royale du 23 juin, le roi Louis XVI rend une déclaration d'après laquelle « il veut que l'ancienne distinction des trois ordres soit conservée en son entier, comme essentiellement liée à la constitution de son royaume ; il casse et annule comme anticonstitutionnelles les délibérations prises par l'Assemblée nationale ».

Après le départ du Roi, le clergé et la noblesse se rendent dans leurs salles respectives, les membres de l'Assemblée nationale restent immobiles à leur place. Le marquis de Dreux-Brézé, grand-maître des cérémonies, vient, par ordre du Roi, les inviter à se retirer. C'est alors que le comte de Mirabeau lui fait cette fière réponse demeurée célèbre : « Vous n'avez ici ni place ni droit de parler. Nous sommes ici par la volonté du peuple et nous n'en sortirons que par la puissance des baïonnettes. » Après bien des hésitations, les députés de la noblesse et du clergé, conduits par leurs présidents le duc de Luxembourg et le cardinal de La Rochefoucauld, viennent, le 27 juin, rejoindre les députés de l'Assemblée nationale.

A la suite des journées sanglantes des 5 et 6 octobre 1789, qui ont obligé Louis XVI à quitter Versailles pour se rendre à Paris, l'Assemblée nationale, sur la proposition de Mirabeau, décrète, le 9 octobre, que, « vu l'urgence et la crise des circonstances », elle ne se séparera jamais du Roi, et elle le rejoint dans la capitale, le 12 octobre. Elle s'installe d'abord à l'archevêché, le 19 octobre, puis, le 9 novembre, dans la salle du Manège, non loin des Tuileries.

L'Assemblée constituante comprenait trois partis : 1° la *droite*, composée des membres de la noblesse et du haut clergé, et dirigée par l'abbé Maury et Cazalès. Ce parti était hostile à la Révolution ; 2° le *centre*, comprenant environ 300 membres, partisans du Roi et des réformes, et dirigé par Malouet, Lally-Tollendal, Mounier, Clermont-Tonnerre; 3° la *gauche*, scindée en deux groupes : le parti national le plus nombreux et le mieux discipliné et dirigé par Sieyès et Mirabeau ; le parti libéral, conduit par Barnave, les Lameth, Pétion et Robespierre. Il y avait dans l'Assemblée une majorité d'environ 800 membres en faveur de la Révolution : 50 de la noblesse, 250 du clergé et 500 du tiers-état. Parmi les principaux clubs qui fonctionnaient à côté de l'Assemblée, il faut citer : le *club des Jacobins*, ainsi appelé parce qu'il se réunissait dans l'ancien couvent des Jacobins, rue Saint-Honoré. Fondé à Versailles par des députés bretons, il s'établit ensuite à Paris sous le nom de *Société des Amis de la Constitution*. Ses membres les plus influents étaient : La Fayette, Sieyès, Pétion, Robespierre, Barnave et les Lameth.

Le 12 août 1789, l'Assemblée nationale décrète que l'indemnité législative de chaque député est fixée à 18 livres par jour. Le 11 septembre suivant, elle décrète que le Roi sanctionne les lois et les promulgue ; le 21 septembre, elle accorde au Roi le droit de *veto* suspensif pendant deux législatures. La loi du 22 décembre 1789, complétée par le décret du 26 février 1790, décrète que les électeurs seront nommés par les Assemblées primaires, et les députés nommés par département ; ainsi disparait l'ancienne division de la France en provinces, bailliages et sénéchaussées, remplacée par la division en 83 départements. Un décret du 16 mai 1791 porte que les membres de l'Assemblée constituante ne pourront être nommés à la prochaine législature.

Avant la réunion des trois ordres, chaque Assemblée nommait son président. Le règlement de l'Assemblée nationale du 29 juillet 1789 porte qu'il y aura un président et six secrétaires. Le président ne pourra être nommé que pour quinze jours ; il ne sera point continué, mais il sera éligible de nouveau dans une autre quinzaine. En l'absence du président, son prédécesseur le remplacera dans les mêmes fonctions. Les secrétaires seront élus pour un mois et renouvelables par moitié tous les quinze jours. Le sort désignera les trois premiers à remplacer ; ce seront ensuite les plus

anciens de fonctions. L'élection du président et des secrétaires est faite par l'Assemblée nationale réunie dans ses
bureaux.

Il n'a été élu qu'un seul vice-président.

LISTE DES MEMBRES DU BUREAU DE L'ASSEMBLÉE CONSTITUANTE.

## 1789.

### Assemblée de la Noblesse.

6 mai. *Présid. procis.*, Comte de Montboissier. — (12 juin), *Présid.*,
duc de Luxembourg ; *Vice-Présid.*, duc de Croï ; *Secrét.*,
Le Carpentier de Chaillouët.

### Assemblée du Clergé.

6 mai. *Présid. procis.*, cardinal de La Rochefoucauld.

### Assemblée des Communes ou *Tiers-État*.

6 mai. *Présid. procis.*, Leroux. — (1er juin), *Doyen*, d'Ailly. — (3 juin)
Bailly [1].

### Assemblée Nationale Constituante.

17 juin. *Présid.*, Bailly. — (3 juil.), Duc d'Orléans [2] ; Le Franc de
Pompignan, archevêque de Vienne. — *Secrét.*, abbé Grégoire,
Mounier, comte de Lally-Tollendal, Le Chapelier, abbé Sieyès,
comte de Clermont-Tonnerre.

13 juil. *Vice-Présid.*, marquis de La Fayette.

18 juil. *Présid.*, duc de Liancourt. — *Secrét.*, comte de Lally-Tollendal,
abbé Sieyès, Le Chapelier, Fréteau, abbé de Montesquiou, abbé
Grégoire.

1er août. *Présid.*, Thouret [3]. — (3 août), Le Chapelier. — *Secrét.*
(3 août), abbé Sieyès, comte de Lally-Tollendal, Fréteau, abbé de
Montesquiou, Pétion de Villeneuve, Emmery [4].

17 août. *Présid.*, comte de Clermont-Tonnerre. — *Secrét.* (18 août),
de Talleyrand de Périgord, évêque d'Autun, comte de
Montmorency, abbé de Barmond [5].

1. Réélu président les 8 et 12 juin suivants.
2. Élu président en remplacement de Bailly nommé maire de Paris, a refusé.
3. A refusé.
4. Élu en remplacement de Le Chapelier élu président de l'Assemblée.
5. Élus en remplacement de Lally-Tollendal, Sieyès et Montesquiou, secrétaires
sortants.

31 août. *Présid.*, De la Luzerne, évêque de Langres. — *Secrét.*, Rhédon, Deschamps, Henri de Longuève [1].

14 sept. *Présid.*, comte de Clermont-Tonnerre. — *Secrét.*, l'abbé d'Eymar, Démeunier, vicomte de Mirabeau [2].

28 sept. *Présid.*, Mounier. — *Secrét.*, De la Fare, évêque de Nancy, Bureaux de Puzy, Faydel.

10 oct. *Présid.*, Fréteau de Saint-Just. — *Secrét.* (12 oct.), Marquis de Rostaing, Chevalier Alexandre de Lameth, l'abbé Thibault, curé de Souppes.

28 oct. *Présid.*, Camus. — *Secrét.* (26 oct.), Target, Thouret, Barnave.

12 nov. *Présid.*, Thouret. — *Secrét.* (10 nov.), Roland (de Saint-Etienne), Salomon de la Saugerie, vicomte de Mirabeau. — (12 nov.), De Lachèze [3].

23 nov. *Présid.*, de Boisgelin, archevêque d'Aix. — *Secrét.*, vicomte de Beauharnais, de Volney, Dubois de Crancé.

5 déc. *Présid.*, Fréteau de Saint-Just. — *Secrét.*, baron de Menou, Chasset, Charles de Lameth.

22 déc. *Présid.*, Démeunier. — *Secrét.*, Treilhard, Duport, Massieu, curé de Cergy.

## 1790.

4 janv. *Présid.*, abbé de Montesquiou. — *Secrét.*, Chevalier de Boufflers, Barrère de Vieuzac, duc d'Aiguillon.

18 janv. *Présid.*, Target. — *Secrét.*, abbé Expilly, vicomte de Noailles, Laborde de Méréville.

2 févr. *Présid.*, Bureaux de Puzy. — *Secrét.* (1ᵉʳ févr.), Guillotin, de Marguerittes, de La Coste.

16 févr. *Présid.*, de Talleyrand de Périgord. — *Secrét.*, comte de Castellane, Nompère de Champagny, Gaultier de Biauzat.

28 févr. *Présid.*, abbé de Montesquiou. — *Secrét.*, comte de Croix, Guillaume, Merlin.

15 mars. *Présid.*, Rabaud (de Saint-Etienne). — *Secrét.* (13 mars), Mougins de Roquefort, Gossin, marquis de Bonnay.

27 mars. *Présid.*, baron de Menou. — *Secrét.*, prince de Broglie, Brevet de Beaujour, Lapoule.

12 avril. *Présid.*, marquis de Bonnay. — *Secrét.* (11 avril), Le Goazre de Kervélégan, Muguet de Nanthou, Rœderer.

---

1. Elus en remplacement de Fréteau, Pétion et Emmery, secrétaires sortants.
2. Elus en remplacement des trois secrétaires élus le 18 août, et ainsi de suite.
3. En remplacement de Thouret élu président de l'Assemblée.

**27 avril.** *Présid.*, comte de Virieu. — (29 avril), Abbé Gouttes [1]. — *Secrét.* (24 avril), Palasne de Champeaux, La Réveillère-Lépeaux, comte de Crillon.

**8 mai.** *Présid.*, Thouret. — *Secrét.* (9 mai), Chabroud, abbé Colaud de La Salcette, Defermon.

**26 mai.** *Présid.*, Briois de Beaumetz. — *Secrét.* (29 mai), baron de Jessé, Prieur (de la Marne), abbé Royer.

**8 juin.** *Présid.*, abbé Sieyès. — *Secrét.* (6 juin), De Pardieu, Dumouchel, Gourdan.

**21 juin.** *Présid.*, Lepelletier de Saint-Fargeau. — *Secrét.* (19 juin), Delley d'Agier, Populus, Robespierre aîné.

**5 juil.** *Présid.*, marquis de Bonnay. — *Secrét.* (3 juil.), Dupont (de Nemours), Garat aîné, Regnaud de Saint-Jean-d'Angély.

**20 juil.** *Présid.*, Treilhard. — *Secrét.* (17 juil.), Rewbell, Bouteville-Dumetz, abbé Coster.

**31 juil.** *Présid.*, d'André. — *Secrét.*, Kyspoter, Pinteville de Cernon, Alquier.

**16 août.** *Présid.*, Dupont (de Nemours). — *Secrét.* (14 août), Delacour (d'Ambézieux), Buzot, Dinochau.

**30 août.** *Présid.*, de Jessé. — *Secrét.* (28 août), Dauchy, Anthoine, Gillet de La Jaqueminière.

**11 sept.** *Présid.*, Bureaux de Puzy. — *Secrét.*, abbé Bourdon, Vieillard, Goupilleau.

**25 sept.** *Présid.*, Emmery. — *Secrét.*, Vernier, Begouen, Bouche.

**9 oct.** *Présid.*, Merlin. — *Secrét.*, Durand de Maillane, Charles Regnault (de Nancy), Boullé.

**25 oct.** *Présid.*, Barnave. — *Secrét.* (23 oct.), D'Elbecq, Lanjuinais, Brostaret.

**8 nov.** *Présid.*, Chasset. — *Secrét.* (6 nov.), Coroller, Gobel [2], évêque de Lydda, Poignot.

**20 nov.** *Présid.*, Alexandre de Lameth. — *Secrét.*, Poulain de Boutancourt, Salicetti, Castellanet.

**4 déc.** *Présid.*, Pétion. — *Secrét.*, Martineau, Varin, abbé Lancelot.

**20 déc.** *Présid.*, marquis de Bonnay. — (21 déc.), D'André [3]. — *Secrét.* (18 déc.), Bion, Armand (de Saint-Flour), abbé Latyl, prêtre de l'Oratoire.

---

[1] Elu président en remplacement du comte de Virieu, démissionnaire.

[2] A démissionné « pour raison de santé et d'inexpérience ».

[3] Elu en remplacement du marquis de Bonnay, non-acceptant.

## 1791.

4 janv. *Présid.*, Emmery. — *Secrét.* (2 janv.), abbé Oudot, La Metherie, Leleu.

18 janv. *Présid.*, abbé Grégoire. — *Secrét.* (15 janv.), Voidel, Goudard, abbé Jacquemart.

29 janv. *Présid.*, comte de Mirabeau. — *Secrét.*, abbé Marolle, Boussion. Livré.

14 févr. *Présid.*, Duport. — *Secrét.*, Pétion de Villeneuve, Voulland, Sillery.

26 févr. *Présid.*, de Noailles. — *Secrét.*, Cochon de l'Apparent, Salle, Hébrard.

14 mars. *Présid.*, de Montesquiou-Fezensac. — *Secrét.*, Maréchal, abbé Monnel, de Saint-Martin.

29 mars. *Présid.*, Tronchet. — *Secrét.* (26 mars), Boissy d'Anglas, de Vismes, Rancourt de Villiers.

9 avril. *Présid.*, Chabroud. — *Secrét.*, Goupil-Préfeln, Roger, Mougins de Roquefort.

23 avril. *Présid.*, Rewbell. — *Secrét.*, Lavie, Geoffroy, Baillot.

8 mai. *Présid.*, d'André. — *Secrét.* (7 mai), abbé Besse, Fournier de La Charmie, Verchère de Reffye.

24 mai. *Présid.*, Bureaux de Puzy. — *Secrét.* (23 mai), Ricard de Séalt Enjubault de La Roche, Huot de Goncourt.

6 juin. *Présid.*, Dauchy. — *Secrét.* (4 juin), Grenot, Mauriet de Flory, Régnier.

18 juin. *Présid.*, Alexandre de Beauharnais. — *Secrét.*, Fricau (de Charolles), Merle, Le Carlier.

2 juil. *Présid.*, Charles de Lameth. — *Secrét.*, Creuzé-Latouche, Augier-Sauzay, Vadier.

19 juil. *Présid.*, Defermon. — *Secrét.* (18 juil.), de Châteauneuf-Randon, Ramel-Nogaret, Delavigne.

30 juil. *Présid.*, Alexandre de Beauharnais. — *Secrét.* (31 juil.), Guy, Blancard, Benoit-Lesterpt (de Beauvais), Babey.

13 août. *Présid.*, Victor de Broglie. — *Secrét.*, Pougeard du Limbert, Couppé, Mailly-Château-Renaud.

27 août. *Présid.*, Vernier. — *Secrét.*, Chaillon, Aubry, Darche.

10 sept. *Présid.*, Thouret. — *Secrét.*, Target, Darnaudat, Le Chapelier.


Le premier décret rendu par l'Assemblée constituante, daté du 17 juin 1789, porte « que les impôts et contributions, quoique illégalement établis et perçus, continueront à être levés jusqu'au jour seulement où elle se séparera pour quelque cause que ce soit ». Son plus bel acte, c'est le décret rendu dans la nuit du 4 août 1789, qui porte abolition du régime féodal. Le 26 août suivant, elle vote la Déclaration des Droits de l'homme et du citoyen.

Par décret du 17 avril 1790 (art. 3), elle décide que les assignats[1] créés par les décrets des 19 et 21 décembre 1789, sanctionnés par le Roi, auront cours de monnaie dans toute l'étendue du royaume et seront reçus comme espèces sonnantes dans toutes les caisses publiques et particulières. Le 22 mai 1790, elle décide que la guerre ne pourra être déclarée sans un décret du Corps législatif rendu sur la proposition formelle et nécessaire du Roi. Le 12 juillet 1790, elle décrète la Constitution civile du clergé, et le 27 novembre suivant, elle ordonne que tous les ecclésiastiques seront tenus de prêter serment à cette Constitution. Elle vote enfin la Constitution du 3 septembre 1791, la fait accepter par le Roi, et proclamer dans toute la France. Après avoir ainsi accompli le serment qu'elle avait prononcé le 20 juin 1789 à la salle du Jeu-de-Paume, l'Assemblée nationale constituante se sépare le 30 septembre 1791 pour faire place à l'Assemblée nationale législative[2].

## Assemblée Nationale Législative.

### (1er oct. 1791 — 21 sept. 1792.)

L'organisation et les attributions de l'Assemblée législative sont définies par la Constitution du 3 septembre 1791, qui s'exprime ainsi :

« La Constitution française est représentative ; les représentants sont le Corps législatif et le Roi. Le pouvoir législatif est délégué à une Assemblée nationale composée de re-

---

1 Les assignats sont des bons municipaux convertis en billets d'État, qui ont eu cours forcé.

2. Voy. Léon MUEL. — *Gouvernements, Ministères et Constitutions de la France depuis 1789*, pages 19 à 22.

présentants temporaires librement élus par le peuple. Il est nommé un nombre de suppléants égal au tiers de celui des représentants. L'Assemblée nationale formant le Corps législatif est permanente et n'est composée que d'une Chambre. Elle sera formée tous les deux ans par de nouvelles élections. Chaque période de deux années formera une législature. Le renouvellement du Corps législatif se fera de plein droit. Le Corps législatif ne pourra être dissous. Le nombre des représentants est de 745 distribués entre les 83 départements, selon les trois proportions du territoire, de la population et de la contribution directe [1] ; 247 représentants sont attachés au territoire ; chaque département en nommera 3, à l'exception du département de Paris qui n'en nommera qu'un ; 249 sont attribués à la population. La masse totale de la population active du royaume est divisée en 249 parts, et chaque département nomme autant de députés qu'il a de parts de population ; 249 sont attachés à la contribution directe. La somme totale de la contribution directe du royaume est de même divisée en 249 parts et chaque département nomme autant de députés qu'il paie de parts de contributions.

« La Constitution délègue exclusivement au Corps législatif le pouvoir de fixer les dépenses publiques et celui de proposer ou de décréter les lois ; le Roi peut seulement l'inviter à les prendre en considération. Les décrets du Corps législatif sont présentés au Roi qui peut leur refuser son consentement *(veto)*. Dans le cas où le Roi refuse son consentement, ce refus n'est que suspensif ; il est exprimé sur chaque décret par cette formule signée du Roi : « Le Roi examinera. » Le consentement du Roi est exprimé par celle-ci : « Le Roi consent et fera exécuter. » Le Roi est tenu d'exprimer son consentement ou son refus sur chaque décret dans les deux mois de la présentation. Le Corps législatif cessera d'être corps délibérant tant que le Roi sera présent.

1. Cette répartition est indiquée dans le décret du 28 mai 1791 relatif à la convocation de la première législature.

Le Corps législatif seul peut décider la guerre; seul il ratifie les traités de paix, d'alliance et de commerce. Il peut faire exécuter comme lois, sans être soumis à la sanction du Roi, les actes décrétés par lui, relatifs à la création, la prorogation et la perception des contributions publiques, à la mise en accusation des ministres, à la constitution du Corps législatif en assemblée délibérante. »

Par décret des 5-8 août 1791, l'Assemblée constituante avait décidé que les assemblées électorales se réuniraient du 25 août au 5 septembre pour procéder à l'élection de l'Assemblée législative. Les élections ont eu lieu à deux degrés, conformément au décret du 22 décembre 1789, à l'instruction du 8 janvier 1790, à divers décrets qui ont suivi et à la Constitution du 3 septembre 1791. Les assemblées primaires qui devaient se réunir de plein droit tous les deux ans, dans les villes et dans les cantons, le second dimanche de mars, se composaient de citoyens actifs ou électeurs du 1er degré. Pour être citoyen actif, il fallait être français, âgé de 25 ans, domicilié dans la ville ou dans le canton depuis un an, payer une contribution directe de la valeur de trois journées de travail [1], être inscrit au rôle des gardes nationaux, avoir prêté le serment civique et ne pas être en état de domesticité. Les citoyens actifs devaient se réunir en assemblées primaires par canton pour nommer au scrutin de liste un électeur du 2e degré par 100 citoyens actifs. Pour être électeur du 2e degré, il fallait posséder un bien évalué à un revenu de la valeur de 150 journées de travail. Les électeurs du 2e degré nommés dans chaque département, réunis en assemblées électorales, nommaient, à leur tour au scrutin individuel, le nombre de députés fixé pour leur département. Tous les citoyens actifs, quel que soit leur état, leur profession ou leur contribution, pouvaient être élus représentants de la nation [2].

1. Le prix de la journée de travail ne pouvait être fixé à plus de vingt sous (décret du 15 janvier 1790).

2. Modification importante au décret du 22 décembre 1789 qui exige que l'éligible paie une contribution directe équivalente à la valeur d'un marc d'argent (54 fr. environ) et possède une propriété foncière quelconque.

L'Assemblée législative élue du 25 août au 5 septembre 1791, tient sa première séance aux Tuileries le 1ᵉʳ octobre suivant. Elle comprenait : 1° *la droite*, composée de **264** membres appelés d'abord *constitutionnels* puis *aristocrates*. Ses membres les plus influents étaient Ramond, Beugnot, Vaublanc ; 2° *le centre*, composé de 236 membres indépendants qui votaient avec la *Gironde* ; 3° *la gauche*, composée de 254 membres divisés en deux partis rivaux appartenant tous deux au club des Jacobins ; l'un avait pour chefs Brissot, Vergniaud, Guadet, Gensonné, Isnard et Condorcet, surnommés les Girondins[1] ; l'autre parti, connu sous le nom de la *Montagne*, parce qu'il siégeait sur les bancs élevés de la salle, avait pour chefs Chabot, Bazire, Merlin de Thionville ; il était soutenu au club des Jacobins par Robespierre, et au Club des Cordeliers par Danton, Fabre d'Eglantine et Camille Desmoulins.

Les représentants, réunis sous la présidence du doyen d'âge, vérifient leurs pouvoirs. Dès qu'ils sont au nombre de 373, ils se constituent en Assemblée nationale législative pour nommer le Bureau conformément au règlement de l'Assemblée constituante. Les 13 et 14 octobre 1791, l'Assemblée législative nomme 18 comités différents. Le 18 octobre, elle adopte son règlement qui prescrit la nomination d'un vice-président.

LISTE DES MEMBRES DU BUREAU DE L'ASSEMBLÉE LÉGISLATIVE.

### 1791.

1ᵉʳ oct. *Présid. provis.*, Batault, doyen d'âge. — *Secrét. provis.*, Dumolard, Voisard.

3 oct. *Présid. définit.*, Pastoret. — *Vice-Présid.*, Ducastel. — *Secrét.*, François de Neufchâteau, Garran-de-Coulon, Cérutti, Lacépède, Condorcet, Guyton-Morveau.

17 oct. *Présid.*, Ducastel. — *Vice-Présid.*, Vergniaud. — *Secrét.* (18 oct.), Viénot-Vaublanc, Hérault de Séchelles, Brissot de Warville[2].

1. Vergniaud, Guadet et Gensonné étaient députés de la Gironde.

2. Elus en remplacement de François de Neufchâteau, Garran-de-Coulon et Cérutti, secrétaires sortants.

**30 oct.** *Présid.*,Vergniaud. — *Vice-Présid.* (3 nov.), Viénot-Vaublanc.
— *Secrét.* (3 nov.), Lemontey, Isnard, Torné, Couthon.

**15 nov.** *Présid.*, Viénot-Vaublanc. —*Vice-Présid.* (17 nov.), Lacépède.
— *Secrét.* (16 nov.), Guadet, Lacretelle.

**28 nov.** *Présid.*, Lacépède. — *Vice-Présid.* (30 nov.), Lemontey. —
*Secrét.* (2 déc.), Grangeneuve, Thuriot, Gensonné, Fauchet.

**10 déc.** *Présid.*, Lemontey. — *Vice-Présid.* (20 déc.), François de
Neufchâteau. — *Secrét.* (13 déc.), Jaucourt, Ramond.

**26 déc.** *Présid.*, François de Neufchâteau. — *Vice-Présid.* (28 déc.),
Daverhoult.— *Secrét.* (27 déc.), Mathieu Dumas, Dorizy, Lacuée,
Lasource.

**1792.**

**8 janv.** *Présid.*, Daverhoult. — *Vice-Présid.* (10 janv.), Guadet. —
*Secrét.* (10 janv.), Antonelle, Broussonnet, Gérardin.

**22 janv.** *Présid.*, Guadet. — *Vice-Présid.* (25 janv.), Condorcet. —
*Secrét.* (25 janv.), Lamarque, Delmas, Delacroix.

**5 fév.** *Présid.*, Condorcet. — *Vice-Présid.* (8 fév.), Mathieu-Dumas. —
*Secrét.* (7 févr.), Charlier, Aubert-Dubayet, Ducos.

**19 fév.** *Présid.*, Mathieu-Dumas. — *Vice-Présid.* (21 fév.), Guyton-
Morveau. — *Secrét.* (20 fév.), Muraire, Bigot de Préameneu,
Quatremère-Quincy.

**4 mars.** *Présid.*, Guyton-Morveau.—*Vice-Présid.* (11 mars), Gensonné.
— *Secrét.* (5 mars), Mouysset, Becquey, Gorgnereau.

**18 mars.** *Présid.*, Gensonné. — *Vice-Présid.* (21 mars), Dorizy. —
*Secrét.* (22 mars), Tardiveau, Jean Debry (Aisne), Lafon-Ladebat.

**2 avril.** *Présid.*, Dorizy.— *Vice-Présid.* (5 avril), Bigot de Préameneu.
— *Secrét.* (6 avril), Mailhe, Tarbé, Lagrévol.

**15 avril.** *Présid.*, Bigot de Préameneu. — *Vice-Présid.* (18 avril),
Lacuée. — *Secrét.* (19 avril), Dumolard, Saladin, Bréard.

**29 avril.** *Présid.*, Lacuée. — *Vice-Présid.* (1er mai), Muraire. — *Secrét.*
(3 mai), Français, Juéry, Granet.

**13 mai.** *Présid.*, Muraire. — *Vice-Présid.* (16 mai), Tardiveau. —
*Secrét.* (16 mai), Beugnot, Crublier-Dopterre, Fressenel.

**27 mai.** *Présid.*, Tardiveau. — *Vice-Présid.* (29 mai), Français. —
*Secrét.* (29 mai), Rougier-Labergerie, Merlet, Cambon.

**10 juin.** *Présid.*, Français. — *Vice-Présid.* (13 juin), Gérardin. —
*Secrét.* (13 juin), Gohier, Quinette, Delaunay (d'Angers), Vincens,
Dalmas, Rouyer.

24 juin. *Présid.*, Gérardin. — *Vice-Présid.* (27 juin), Aubert-Dubayet [1].

8 juil. *Présid.*, Aubert-Dubayet. — *Vice-Présid.* (10 juil.), Lacroix [2]. — *Secrét.* (11 juil.), Tronchon, Blanchard, Cailhasson.

23 juil. *Présid.*, Lafond-Ladebat. — *Vice-Présid.* (26 juil.), Merlet. — *Secrét.* (27 juil.), Lecointe-Puyraveau, Crestin, Goujon.

7 août. *Présid.*, Merlet. — *Vice-Présid.* (10 août), Lacroix. — *Secrét.* (10 août), Laporte, Sedillez, Arena, Romme, Gamon, Marant, Choudieu [3].

21 août. *Présid.*, Lacroix. — *Vice-Présid.* (20 août), Hérault de Séchelles. — *Secrét.* (21 août), Albitte, Basire, Gossuin, Duhem. — *Suppléants*, Lejosne, Chabot, Masuyer, Dusaulx, Merlin.

2 sept. *Présid.*, Hérault de Séchelles. — *Vice-Présid.* (5 sept.), Cambon. — *Secrét.* (6 sept.), Tartanac, Goupilleau, Lejosne, Filassier, Lequinio, Henry Larivière.

16 sept. *Présid.*, Cambon. — *Vice-Présid.* (17 sept.), Thuriot. — *Secrét.* (14 sept.), Louvet. — (18 sept.), Benoiston, Haussmann, Marbot, Borie.

Parmi les actes les plus importants accomplis par l'Assemblée législative, il faut citer la déclaration de guerre à l'Autriche votée à l'unanimité moins 7 voix (décret du 20 avril 1792) ; la suspension du roi Louis XVI et le vote de la création d'une Convention nationale (10 août 1792) [4] ; c'est sous ses auspices qu'a été remportée la victoire de Kellermann, à Valmy, sur les Prussiens, le 20 septembre 1792. Le lendemain 21 septembre, elle se sépare et cède la place à la Convention nationale.

1. Le 24 juin, il n'a pas été nommé de secrétaires ; il en avait été nommé six le 13 juin.

2. Delacroix, député d'Eure-et-Loir.

3. Trois de ces secrétaires étaient uniquement occupés avec un ex-président à la signature des décrets.

4. Voy. Léon MUEL. — *Gouvernements, Ministères et Constitutions de la France depuis 1789*, pages 25 à 29.

# PREMIÈRE RÉPUBLIQUE

## Convention Nationale.

(20 sept. 1792 — 26 oct. 1795 (4 brum. an IV.)

La Convention nationale a été créée, le 10 août 1792, par un décret de l'Assemblée législative ainsi conçu :

L'Assemblée législative, considérant que les dangers de la patrie sont parvenus à leur comble, etc...., décrète : — Art. 1er. Le peuple français est invité à former une Convention nationale[1].

Les élections à la Convention nationale ont eu lieu d'après les dispositions contenues dans le décret du 12 août 1792 et dont voici les principales : « Les Assemblées primaires nommeront le même nombre d'électeurs qu'aux dernières élections. La distinction des Français en citoyens actifs et non actifs est supprimée ; toute condition de cens est supprimée ; pour être admis à voter, il suffit d'être Français, âgé de 21 ans, domicilié depuis un an, vivant du produit de son travail et non en état de domesticité. Pour être électeur du 2e degré ou éligible comme député, il suffit d'être âgé de 25 ans et de réunir les conditions ci-dessus énoncées. Chaque département nommera le même nombre de députés et de suppléants que pour la législature actuelle. »

Conformément à ce décret, les assemblées primaires se sont réunies le 26 août pour nommer les électeurs du 2e degré ; ceux-ci se sont réunis le 2 septembre suivant pour procéder à l'élection des députés à la Convention natio-

---

1. Voy. Léon MUEL. — *Gouvernements, Ministères et Constitutions de la France depuis 1789*, page 27.

nale. Celle-ci comptait 749 membres, plus 32 des Colonies, et plus tard 23 du Mont-Blanc, des Alpes-Maritimes et de Jemmapes (départements annexés en 1792 et 1793). Elle était divisée en trois partis : *les Girondins*, *les Montagnards* et *le Centre*, appelé aussi *la Plaine* ou *le Marais*. La droite était dirigée par les Girondins Vergniaud, Brissot, Condorcet, Gensonné, Guadet, Isnard, Lanjuinais et Pétion [1]; la gauche, du côté des purs, par Robespierre, Couthon, Saint-Just, Billaud-Varennes, Collot-d'Herbois ; du côté des corrompus ou Dantonistes, par Danton, Camille Desmoulins, Fabre d'Eglantine, Hérault de Séchelles. Il y avait aussi plusieurs autres groupes de moindre importance : les athées fanatiques commandés par Hébert, rédacteur du *Père-Duchesne*, les Chevaliers du Poignard, les Suspects, les Maratistes, les Sans-Culottes, les Egorgeurs et les Thermidoriens.

Parmi les députés de la Convention, 75 avaient siégé dans la Constituante et 183 dans la Législative.

La Convention a tenu sa première séance le 20 septembre 1792, dans la salle du Manège aux Tuileries, sous la présidence de Rühl, doyen d'âge. Son règlement, qu'elle a adopté le 28 septembre 1792, est à peu près la reproduction de celui de l'Assemblée législative. Elle nomme le même nombre de comités que la Législative, mais les attributions de ces différents comités sont annihilées par l'activité du Comité de Salut public créé par décret du 18 mars 1793. Après le 9 thermidor, la Convention, par décret du 7 fructidor an II (3 sept. 1794), réorganise ces comités et prescrit qu'ils seront renouvelés tous les mois.

Le Bureau de la Convention se compose d'un président élu le 1er et le 15 de chaque mois et de six secrétaires élus pour un mois et renouvelés par moitié tous les quinze jours. Parfois, la Convention a nommé des secrétaires suppléants. Un seul vice-président a été élu, le 21 septembre 1792.

---

1. Le 2 juin 1793, la Convention décrète l'arrestation des Girondins dont vingt et un sont guillotinés le 31 octobre suivant.

LISTE DES MEMBRES DU BUREAU DE LA CONVENTION NATIONALE.

### 1792.

20 sept. *Présid. d'âge*, Rühl. — *Secrét. d'âge*, Penières, Tallien, Condorcet, Brissot, Rabaut, Lasource, Vergniaud, Camus.

20 sept. *Présid. élu*, Pétion. — *Vice-Présid.* (21 sept.), Condorcet. — *Secrét.* (21 sept.), Chasset.

4 oct. *Présid.*, Delacroix. — *Secrét.*, Buzot, Guadet, abbé Sieyès.

18 oct. *Présid.*, Guadet. — *Secrét.*, Barbaroux, Danton, Gensonné, Kersaint. — (24 oct.), Lanjuinais.

1er nov. *Présid.*, Hérault-Séchelles. — *Secrét.*, abbé Grégoire, Barère, Jean de Bry.

15 nov. *Présid.*, abbé Grégoire. — *Secrét.*, Lepeletier, Mailhe, Defermon, Carra.

2 déc. *Présid.*, Barère. — *Secrét.*, Treilhard, Saint-Just, Jean-Bon-Saint-André.

13 déc. *Présid.*, Defermon. — *Secrét.*, Creuzé-Latouche, Asselin, J.-B. Louvet.

27 déc. *Présid.*, Treilhard. — *Secrét.*, Manuel, Salle, Dufriche-Valazé.

### 1793.

10 janv. *Présid.*, Vergniaud. — *Secrét.*, Bancal, Lesage, Gorsas.

24 janv. *Présid.*, Rabaud (de Saint-Etienne). — *Secrét.*, Bréard, Cambacérès, Thuriot. — *Suppléants*, Lecointe - Puyraveau, Choudieu, Garran de Coulon.

9 févr. *Présid.*, Bréard. — *Secrét.*, Prieur (de la Marne), Lamarque, Choudieu, Lecointe-Puyraveau. — *Suppléants*, Boyer-Fonfrède, Dubois de Crancé, Grangeneuve.

21 fév. *Présid.*, Dubois de Crancé. — *Secrét.*, Julien (de Toulouse), Mallarmé, Charlier.

7 mars. *Présid.*, Gensonné. — *Secrét.*, Isnard, Guyton-Morveau, Grangeneuve.

21 mars. *Présid.*, Jean de Bry. — *Secrét.*, Garran de Coulon, Boyer-Fonfrède, La Réveillère-Lépeaux.

4 avril. *Présid.*, Delmas. — *Secrét.*, Cambon, Romme, Mellinet.

18 avril. *Présid.*, Lasource. — *Secrét.*, Doulcet de Pontécoulant, Lehardi, Chambon.

2 mai. *Présid.*, Boyer-Fonfrède. — *Secrét.*, Genissieu, Masuyer, Penières.

**16 mai.** *Présid.,* Isnard. — *Secrét.,* Poullain-Grandprey, Fauchet, Duprat.

**30 mai.** *Présid.,* Mallarmé [1]. — *Secrét.,* Ducos, Durand-Maillane, Méaulle.

**13 juin.** *Présid.,* Collot-d'Herbois. — *Secrét.,* Charles Delacroix, Gossuin, Laloy jeune.

**27 juin.** *Présid.,* Thuriot. — *Secrét.,* Lindet, Billaud-Varenne, Levasseur (de la Sarthe).

**11 juil.** *Présid.,* Jean-Bon-Saint-André. — *Secrét.,* Rühl, Julien (de la Drôme), Dupuy. — (12 juil.), François Chabot.

**25 juil.** *Présid.,* Danton. — *Secrét.,* Dartigœyte, David, Thirion, Audouin.

**8 août.** *Présid.,* Hérault-Séchelles. — *Secrét.,* Fayau, Léonard-Bourdon, Amar.

**21 août.** *Présid.,* Robespierre aîné. — *Secrét.,* Merlin (de Douai), Lavicomterie, Lakanal. — (23 août), Duhem [2].

**5 sept.** *Présid.,* Billaud-Varenne. — *Secrét.,* Ramel, Lejeune, Garnier (de Saintes).

**19 sept.** *Présid.,* Cambon. — *Secrét.,* Voulland, Louis, Pons (de Verdun), Jagot.

**3 oct.** *Présid.,* Charlier. — *Secrét.,* Ramel, Lejeune, Voulland, Pons, Jagot, Louis [3].

## An II (1793).

**1ᵉʳ brum. (22 oct.).** *Présid.,* Moyse Bayle. — *Secrét.,* Basire, Fourcroy, Duval.

**16 brum. (6 nov.).** *Présid.,* Laloi. — *Secrét.,* Philippeaux, Granet, Frécine.

**1ᵉʳ frim. (21 nov.).** *Présid.,* Romme. — *Secrét.,* Roger-Ducos, Richard, Reverchon. — Merlin (de Thionville) [4].

**16 frim. (6 déc.).** *Présid.,* Voulland. — *Secrét.,* Bourdon (de l'Oise), Chaudron-Rousseau, M.-J. Chénier.

**1ᵉʳ nivôse (21 déc.).** *Présid.,* Couthon. — *Secrét.,* Thibaudeau, Jay, Perrin (des Vosges). — Pellissier [5].

1. A la séance du 31 mai, quatre présidents ont successivement occupé le fauteuil : Defermon, Mallarmé, Grégoire, puis Mallarmé. Le procès-verbal est signé : Robespierre, *président;* Guillemardet, Amar, Léonard Bourdon, V. Ramel, S.-P. Lejeune, Lakanal, *secrétaires.* Aucun des signataires ne siégeait ce jour-là. (GUIFFREY. — *Les Conventionnels.*)

2. Il signe à la place de Lavicomterie.

3. Les six secrétaires élus le 3 octobre sont maintenus jusqu'à l'élection suivante. Les trois derniers restent en fonctions après le 1ᵉʳ brumaire.

4. En remplacement de Granet.

5. En remplacement de Chaudron-Rousseau.

## An II (1794).

16 nivôse (5 janv.). *Présid.*, David. — *Secrét.*, Clauzel, Monmayou, Bouquier.

1er pluv. (20 janv.). *Présid.*, Vadier. — *Secrét.*, Goupilleau (de Montaigu), Bassal, Eschassériaux.

16 pluv. (4 févr.). *Présid.*, Dubarran. — *Secrét.*, Elie Lacoste, Mathieu, Berlier.

1er vontôse (19 févr.). *Présid.*, Saint-Just. — *Secrét.*, Cochon, Oudot, Bellegarde.

16 vent. (6 mars). *Présid.*, Rühl. — *Secrét.*, Tallien, Bezard, Monnel.

1er germin. (25 mars). *Présid.*, Tallien. — *Secrét.*, Leyris, Peyssard, Charles Pottier, Baudot.

16 germin. (5 avril). *Présid.*, Amar. — *Secrét.*, Ruelle, Monnot.

1er flor. (20 avril). *Présid.*, Robert Lindet. — *Secrét.*, Pocholle, Haussmann, Dornier.

16 flor. (5 mai). *Présid.*, Carnot. — *Secrét.*, Isoré, Bernard (de Saintes), Paganel.

1er prair. (20 mai). *Présid.*, Prieur (de la Côte-d'Or). — *Secrét.*, Francastel, Carrier, Lesage-Senault.

16 prair. (4 juin). *Présid.*, Robespierre aîné. — *Secrét.*, Michaud, Briez, Cambacérès.

1er messid. (19 juin). *Présid.*, Elie Lacoste. — *Secrét.*, Turreau, Lacombe-Saint-Michel, Bordas. — *Suppléants*, Merlino, Cordier, Besson.

17 messid. (5 juil.). *Présid.*, Louis (du Bas-Rhin). — *Secrét.*, Robespierre jeune, André Dumont, Legendre. — *Suppléants*, Brival, Cordier, Bar.

1er thermid. (19 juil.). *Présid.*, Collot-d'Herbois. — *Secrét.*, Le Vasseur (de la Meurthe), Bar, Portiez. — *Suppléants*, Cordier, Artaud-Blanval, Monestier.

16 thermid. (3 août). *Présid.*, Merlin de Douai. — *Secrét.*, Barras, Fréron, Collombel (de la Meurthe). — *Suppléants*, Féraud, Cordier, Artauld-Blanval.

1er fructid. (18 août). *Présid.*, Merlin (de Thionville). — *Secrét.*, Lecointre, Bentabole, Guffroy.

16 fructid. (2 sept.). *Présid.*, Bernard (de Saintes). — *Secrét.*, Cordier, Borie, Louchet, Reynaud.

## An III (1794).

1" vendém. (22 sept.). *Présid.*, André Dumont. — *Secrét.*, Pelet (de la Lozère), La Porte, Lozeau. — *Suppléants*, Plet-Beauprey, Guyomar.

16 vendém. (7 oct.). *Présid.*, Cambacérès. — *Secrét.*, Eschassériaux jeune, Boissy d'Anglas, Guyomar.

1" brum. (22 oct.). *Présid.*, Prieur (de la Marne). — *Secrét.*, Guimberteau, Goujon, Crassous.— *Suppléants*, Merlino, Johannot.

16 brum. (6 mai). *Présid.*, Legendre (de Paris). — *Secrét.*, Thirion, Duval (de l'Aube), Merlino.

1" frim. (21 nov.). *Présid.*, Clauzel. — *Secrét.*, Porcher, Boudin, Rovère.

16 frim. (6 déc.). *Présid.*, Rewbell. — *Secrét.*, Girot-Pouzol, Le Tourneur (Manche), Dubois du Bais.

1" nivôse (21 déc.). *Présid.*, Bentabole. — *Secrét.*, Boucher (Sauveur), Chiappe, Daunou.

## An III (1795).

17 nivôse (6 janv.). *Présid.*, Le Tourneur (de la Manche). — *Secrét.*, Auguis, Borel, Dumont (du Calvados).

1" pluv. (20 janv.). *Présid.*, Rovère. — *Secrét.*, Talot, Bouret, Mercier.

16 pluv. (4 fév.). *Présid.*, Barras. — *Secrét.*, Laurence, Ysabeau, Bion.

1" vent. (19 fév.). *Présid.*, Bourdon (de l'Oise). — *Secrét.*, Pémartin, Dupuis (de Seine-et-Oise), Rabaut-Pommier.

16 vent. (6 mars). *Présid.*, Thibaudeau. — *Secrét.*, Laignelot, Blad, Baudin (Indre-et-Loire).

1er germin. (21 mars). *Présid.*, Pelet (de la Lozère). — *Secrét.*, La Réveillère-Lépeaux, Serre, Balmain.

16 germin. (5 avril). *Présid.*, Boissy d'Anglas. — *Secrét.*, Saladin, Lanthenas, Bailleul.

1" flor. (20 avril). *Présid.*, Sieyès [1]. — *Secrét.*, Thibault, Himbert, Bernard-Saint-Affrique, Louvet, Pierret [2].

16 flor. (5 mai). *Présid.*, Vernier. — *Secrét.*, Perès, Saint-Martin, Mollevaut.

6 prair. (25 mai). *Présid.*, Mathieu.—*Secrét.*, Gamon, Henry Larivière.

1. Refuse. On passe à l'ordre du jour.
2. Louvet et Pierret étaient sans doute suppléants. Le procès-verbal n'en dit rien.

16 prair. (4 juin). *Présid.*, Lanjuinais. — *Secrét.*, Bailly, Marragon, Saint-Martin-Valogne.

1er messid. (19 juin). *Présid.*, J.-B. Louvet. — *Secrét.*, Delecloy, Mariette, Mazade.

16 messid. (4 juil.). *Présid.*, Doulcet-de-Pontécoulant. — *Secrét.*, Sallengros, Villar, Villers.

1er thermid. (19 juil.). *Présid.*, La Réveillère-Lépeaux. — *Secrét.*, Lemoyne, Leclerc, Savary.

16 thermid. (3 août). *Présid.*, Daunou. — *Secrét.*, Dentzel, Quirot, Laurenceot.

1er fructid. (18 août). *Présid.*, Marie-Joseph Chénier. — *Secrét.* [1]

16 fructid. (2 sept.). *Présid.*, Berlier. — *Secrét.*, Gourdan, Garreau, Poisson.

### An IV (1795).

1er vendém. (23 sept.). *Présid.*, Baudin (des Ardennes). — *Secrét.*, Delleville, Delaunay (d'Angers), Auger.

16 vendém. (8 oct.). *Présid.*, Genissieu. — *Secrét.*, Pons (de Verdun), Villetard, Gleizal [2].

Hérault-Séchelles, Robespierre aîné et Collot d'Herbois seuls ont été élus deux fois présidents.

La Convention nationale a accompli une foule d'actes importants dont voici les principaux. Le 21 septembre 1792, deuxième jour de sa réunion, elle abolit la Royauté et proclame la République ; elle condamne à mort et fait exécuter le roi Louis XVI (21 janvier 1793) ; le 1er février suivant, elle déclare, à l'unanimité, la guerre à la Hollande et à l'Angleterre, qui a fait capturer une frégate française dans la mer des Indes. Le 18 mars, elle crée un Comité de Salut public ; elle déjoue le complot du 31 mai, tramé contre elle par le club de l'Évêché, et qui se termine, le 2 juin, par l'expulsion des Girondins ; le 24 juin 1793, elle vote une nouvelle Constitution ; le 15 août, elle ordonne une levée de 300.000 hommes, et, sur la proposition de Cambon, elle décrète, le 24 août, la création du Grand-Livre de la Dette publique ; le 10 octobre, elle déclare le gouvernement révo-'

1. Le procès-verbal de cette séance ne donne pas leurs noms.
2. Ce Bureau reste en fonctions jusqu'au 4 brumaire an IV.

lutionnaire jusqu'à la paix ; le 1er avril 1794, sur le rapport de
Carnot, elle supprime les ministres qu'elle remplace par des
Commissions exécutives. Le 10 thermidor an II (28 juillet 1794),
elle met fin à la Terreur, en faisant exécuter Robespierre et
en abrogeant les lois révolutionnaires. Le 20 janvier 1795,
elle apprend la conquête de la Hollande par les troupes de
Pichegru[1]. Le 22 août 1795, elle vote la Constitution de
l'an III. Elle réprime l'insurrection royaliste du 13 vendémiaire an IV (5 oct. 1795), en confiant au général Bonaparte
le soin de la défendre. Elle se sépare, le 4 brumaire an IV
(26 octobre 1795), pour faire place au Corps législatif qu'elle
a institué dans la Constitution[2].

## Conseil des Anciens.

6 brum. an IV — 19 brum. an VIII, (28 oct. 1795 — 10 nov. 1799).

Le Conseil des Anciens a été créé par la Constitution du
5 fructidor an III, décrétée par la Convention nationale, en
vertu d'un article ainsi conçu : « Le Corps législatif est
composé d'un Conseil des Anciens et d'un Conseil des
Cinq-Cents[3]. »

Le Conseil des Anciens est composé de 250 membres élus
par les Assemblées électorales au suffrage à deux degrés,
âgés de 40 ans au moins, mariés ou veufs ou domiciliés depuis
quinze ans sur le territoire de la République. Il est renouvelé par tiers tous les ans. Il se réunit le 1er prairial (20 mai)
de chaque année. L'art. 86 de la Constitution lui donne le
droit d'approuver ou de rejeter les résolutions du Conseil
des Cinq-Cents sans pouvoir les modifier. Ces résolutions,
adoptées par les deux Conseils, s'appellent *lois*. Les membres du Conseil des Anciens touchent la même indemnité[4]

---

1. C'est dans cette campagne que nos troupes de cavalerie et d'artillerie légère
s'emparent de la flotte hollandaise prise dans les glaces du Zuydersée.

2. Voy. Léon MUEL.—*Gouvernements, Ministères et Constitutions de la France depuis
1789*, pages 31 à 44.

3. *Idem*, pages 43 et suiv.

4. Voy. le chiffre de cette indemnité, page 32.

que ceux du Conseil des Cinq-Cents. Le Conseil des Anciens peut changer la résidence du Corps législatif (art. 102 et 103 de la Constitution).

Conformément aux décrets des 5 et 13 fructidor an III, 1er et 30 vendémiaire an IV, le nouveau Corps législatif, élu le 20 vendémiaire an IV, est complété les 4 et 5 brumaire an IV par les Assemblées électorales. Les articles 3 et 5 de la loi du 13 fructidor an III portent que « les Assemblées électorales, indépendamment des deux tiers du Corps législatif qu'elles doivent nommer, procéderont ensuite et séparément à l'élection du dernier tiers qui sera pris soit dans la Convention, soit en dehors ». L'article 9 porte que « la distribution des députés entre le Conseil des Cinq-Cents et le Conseil des Anciens sera faite, pour cette fois, par la totalité de ceux qui seront élus pour former le Corps législatif ».

Le corps électoral ayant terminé ses opérations le 5 brumaire, à 9 heures du soir, le nouveau Corps législatif se réunit immédiatement dans la salle de la Convention, sous la présidence de Rudel, doyen d'âge, assisté des six plus jeunes membres, les citoyens Penières, Gamon, Gauchery, Dunault, Tallien et Guillemardet. Conformément aux articles 16 et suivants du décret du 30 vendémiaire an IV, il procède à la répartition de ses membres entre les deux Conseils. Le citoyen Baudin (des Ardennes), faisant fonctions d'archiviste, lit les procès-verbaux d'élections ; à mesure que chaque député est appelé, il déclare, conformément à la loi du 1er vendémiaire, son âge, s'il est marié ou veuf, puis il dépose dans un carton un billet contenant cette déclaration. Le relevé de ces déclarations étant fait par les secrétaires, on met dans un vase les noms des députés qui ont plus de 40 ans et sont mariés ou veufs. On tire 167 noms pour composer les deux tiers du Conseil des Anciens. On fait le même tirage parmi les députés nouveaux élus, et 63 noms sont choisis pour compléter le Conseil des Anciens. Tous les autres membres composent alors le Conseil des Cinq-Cents. L'Assemblée générale des députés se sépare à

4 heures du matin ; le lendemain, le 6 brumaire, à 2 heures, elle se réunit de nouveau. On y lit la liste des membres que le sort a désignés pour chacun des deux Conseils qui se séparent aussitôt pour se réunir dans leurs salles respectives.

Le Conseil des Anciens tient sa première séance le même jour, 6 brumaire an IV (28 oct. 1795), dans la salle de la Convention, aux Tuileries, sous la présidence de Rudel, doyen d'âge, pour procéder à la formation de son bureau qui se compose d'un président et de quatre secrétaires, élus tous les mois.

### Liste des Membres du Bureau du Conseil des Anciens.

*2e Législature (4 brum. an IV — 30 floréal an V[1]).*

### An IV (1795).

6 brum. (28 oct.). *Présid. d'âge*, Rudel. — *Présid. élu.*, La Réveillère-Lépeaux.— *Secrét.*, Ch.Delacroix, Baudin (Ardennes), Lanjuinais, Bréard.

11 brum. (2 nov.). *Présid.*, Baudin[2]. — *Secrét.*, Creuzé-Latouche[3], Tronchet[4].

2 frim. (23 nov.). *Présid.*, Tronchet. — *Secrét.*, Goupilleau, Portalis, Régnier, Legrand.

1er nivôse (22 déc.). *Présid.*, Vernier. — *Secrét.*, Goupil-Préfeln, Paradis, Roger-Ducos, Cornilleau.

### An IV (1796).

2 pluv. (22 janv.). *Présid.*, Goupil-Préfeln. — *Secrét.*, Muraire, Lebrun, Lecouteulx-Canteleu, Clauzel.

1er ventôse (20 févr.). *Présid.*, Régnier. — *Secrét.*, Bernard-Saint-Affrique, Bonnesœur, Merlino, Rossée.

1er germin. (21 mars). *Présid.*, Creuzé-Latouche. — *Secrét.*, Dalphonse, Alquier, Detorcy, Meillan.

1er flor. (20 avril). *Présid.*, Lecouteulx-Canteleu. — *Secrét.*, Marragon, Ysabeau, Larmagnac, Delacoste.

---

1. La 1re législature qui a eu lieu sous l'Assemblée législative a duré du 1er octobre 1791 au 21 septembre 1792.

2. Élu en remplacement de La Réveillère-Lépeaux nommé membre du Directoire.

3. Élu en remplacement de Baudin nommé président.

4. Élu le 14 brumaire en remplacement de Ch. Delacroix nommé ministre des relations extérieures.

1ᵉʳ prair. (20 mai). *Présid.*, Lebrun. — *Secrét.*, Lacuée, Maleville, Olivier-Gérente, Picault.

1ᵉʳ messid. (19 juin). *Présid.*, Portalis. — *Secrét.*, Crétet, Dumas, Rabaut, Moysset.

1ᵉʳ thermid. (19 juil.). *Présid.*, Dusaulx. — *Secrét.*, Himbert, Durand-Maillane, Dupont (de Nemours), Desgraves.

1ᵉʳ fructid. (18 août). *Présid.*, Muraire. — *Secrét.*, Johannot, Ferroux, Fourcade, Pescheur.

## An V (1796).

2 vendém. (23 sept.). *Présid.*, Roger-Ducos. — *Secrét.*, Ligeret, Poullain-Grandprey, Fauvre-Labrunerie, Marbot.

1ᵉʳ brum. (22 oct.). *Présid.*, Lacuée. — *Secrét.*, Kervelégan, Delmas, Viennet, Lepaige.

1ᵉʳ frim. (21 nov.). *Présid.*, Bréard. — *Secrét.*, Giraud (de l'Ain), Fourcroy, Rousseau, Vigneron.

1ᵉʳ nivôse (21 déc.). *Présid.*, Paradis. — *Secrét.*, Loysel jeune, Derazcy, Decomberousse, Guineau.

## An V (1797).

1ᵉʳ pluv. (20 janv.). *Présid.*, Ligeret. — *Secrét.*, Girot-Pouzol, Poisson, Vidalot, Nion.

1ᵉʳ vent. (19 févr.). *Présid.*, Poullain-Grandprey. — *Secrét.*, Jevardat-Fombelle, Richou, Castilhon, Mollevaut.

1ᵉʳ germin. (21 mars). *Présid.*, Delmas. — *Secrét.*, Delcher, Plaichard, Bar, Musset.

1ᵉʳ flor. (20 avril). *Présid.*, Courtois. — *Secrét.*, Florent-Guyot, Creuzé-Pascal, Barrot, Guermeur.

### 3ᵉ *Législature* (1ᵉʳ *prairial an* V — 30 *floréal an* VI).

1ᵉʳ prair. (20 mai). *Présid.*, Barbé-Marbois. — *Secrét.*, Tronson-Ducoudray, Laffon-Ladebat, Godin, Servonat.

1ᵉʳ messid. (19 juin). *Présid.*, Bernard-Saint-Affrique. — *Secrét.*, Claret-Fleurieu, Lomont, Giraud (de Nantes), Porcher.

1ᵉʳ thermid. (19 juillet). *Présid.*, Dupont (de Nemours). — *Secrét.*, Dumond-Lacharnaye, Boirot, Harmand (de la Meuse), Marmontel.

1ᵉʳ fructid. (18 août). *Présid.*, Laffon-Ladebat. — (6 sept.), Marbot [1]. — *Secrét.*, Liborel, Chassiron, Lebreton, Ledanois.

1. Élu président en remplacement de Laffon-Ladebat, déporté.

## An VI (1797).

2 vendém. (23 sept.). *Présid.*, Crétet. — *Secrét.*, Dedelay-d'Agier, Péré (des Pyrénées), Balivet, Dentzel.

1" brum. (22 oct.). *Présid.*, Lacombe-Saint-Michel. — *Secrét.*, Chatry-Lafosse, Pompéï, Bordas, Desmazières.

1" frim. (21 nov.). *Présid.*, Rossée. — *Secrét.*, Laboissière, Dupuch, Debourges, Blareau.

1" nivôse (21 déc.). *Présid.*, Marragon. — *Secrét.*, Menuau, Kauffmann, Méric, Lavaux.

## An VI (1798).

1" pluv. (20 janv.). *Présid.*, Rousseau. — *Secrét.*, Destriché, Deydier, Ribet, Brival.

1" vent. (19 févr.). *Présid.*, Bordas. — *Secrét.*, Bazoche, Hérard, Gauthier (de l'Ain), Guchan.

1" germin. (21 mars). *Présid.*, Mollevaut. — *Secrét.*, Havin, Artaud-Blanval, Topsent, Mailly.

1" floréal (20 avril). *Présid.*, Poisson. — *Secrét.*, Dautriche, Claverie, Auguis, Jac.

*4ᵉ Législature (1" prairial an VI — 30 floréal an VII).*

1" prair. (20 mai). *Présid.*, Régnier. — *Secrét.*, Laloi, Perrin (des Vosges), Boisset, Gourdan.

1". messid. (19 juin). *Présid.*, Marbot. — *Secrét.*, Cornudet, Guyomar, Moreau (du Mont-Terrible), Bar.

1" thermid. (19 juil.). *Présid.*, Laveaux. — *Secrét.*, Jourdain, Noblet, Pérès, Moreau (Yonne).

1" fructid. (18 août). *Présid.*, Laloi. — *Secrét.*, Duffau, Garat, Beerenbroech, Lassée.

## An VII (1798).

2 vendém. (23 sept.). *Présid.*, Decomberousse. — *Secrét.*, Cornet, Lenoir-Laroche, Monmayau, Dubuisson.

1" brum. (22 oct.). *Présid.*, Pérès (Haute-Garonne). — *Secrét.*, Vimar, Lemercier, Depère, Judel.

1" frim. (21 nov.). *Présid.*, Moreau (Yonne). — *Secrét.*, Barennes, Michiels, Thabaud, Dubois-Bellegarde.

1" nivôse (21 déc.). *Présid.*, Perrin (des Vosges). — *Secrét.*, Pilastre, Arnould, Brostaret, Simon.

## An VII (1799).

1er pluv. (20 janv.). *Présid.*, Garat. — *Secrét.*, Laussat, Brothier, Champion (de la Meuse), Hopsomère.

1er vent. (19 févr.). *Présid.*, Delacoste. — *Secrét.*, Bouteville, Maupetit, Jevardat-Fombelle, Cailly.

1er germin. (21 mars). *Présid.*, Depère. — *Secrét.*, Lefèbvre-Cayet, Guizol, Lecordier, Baret.

1er flor. (20 avril). *Présid.*, Dedelay-d'Agier. — *Secrét.*, Curial, Champion (du Jura), Loyzel (Ille-et-Vilaine), Bourdon (de l'Orne).

*5e Législature (1er prairial an VII — 19 brum. an VIII).*

1er prairial (20 mai). *Présid.*, Gourdan. — *Secrét.*, Chasset, Annecy, Morand, Savary.

1er messid. (19 juin). *Présid.*, Baudin (Ardennes). — *Secrét.*, Dubois-Dubais, Hubard, Gastaud, Violand.

1er thermid. (19 juil.). *Présid.*, Dubois-Dubay. — *Secrét.*, Riffau, Philippes, Sourdès, Chombart.

1er fructid. (18 août). *Présid.*, Cornet. — *Secrét.*, Lemenuet, Levacher, L'Objoy, Herwyn.

## An VIII (1799).

2 vendém. (24 sept.). *Présid.*, Cornudet. — *Secrét.*, Lejourdan, Baron-Delecloy, Gaudin (Vendée).

1er brum. (23 oct.). *Présid.*, Lemercier. — *Secrét.*, Cousin, Delneufcourt, Chabot, Delzons.

Le 18 brumaire an VIII, le Conseil des Anciens décrète qu'en vertu des art. 102, 103 et 104 de la Constitution, le Corps législatif est transféré à Saint-Cloud. C'est là qu'il participe au Coup d'État de Bonaparte. Il tient sa dernière séance, le 19 brumaire an VIII (10 nov. 1799); à cette séance il adopte le décret du Conseil des Cinq-Cents qui nomme les trois Consuls, reçoit leur serment, nomme une Commission législative de 25 membres, puis s'ajourne au 1er ventôse[1]. Il ne devait plus se réunir. La plupart de ses membres sont entrés dans le Sénat conservateur créé par la Constitution de l'an VIII.

1. Voy. Léon MUEL. — *Gouvernements, Ministères et Constitutions de la France depuis 1789,* pages 52 à 60.

## Conseil des Cinq-Cents.

6 brum. an IV — 19 brum. an VIII (28 oct. 1795 — 10 nov. 1799).

Le Conseil des Cinq-Cents, comme celui des Anciens, a été créé par la Constitution de l'an III. Le nombre de ses membres est invariablement fixé à 500. La proposition des lois lui appartient exclusivement (art. 76), excepté celles relatives à la Constitution, qui doivent être proposées par le Conseil des Anciens. Il est élu pour trois ans et renouvelé par tiers tous les ans. Il se réunit de plein droit le $1^{er}$ prairial (20 mai) de chaque année. Il concourt avec le Conseil des Anciens à la nomination de membres du Directoire (art. 132).

La Constitution de l'an III a rétabli le cens pour les élections législatives. Les députés sont élus au suffrage à deux degrés par les assemblées électorales réunies au chef-lieu du département, et composées d'électeurs du $2^e$ degré nommés par les assemblées primaires. Les électeurs du $1^{er}$ degré doivent être nés en France, âgés de 21 ans, domiciliés depuis un an sur le territoire de la République, inscrits sur le registre civique de leur canton, et payer une contribution directe. Ces électeurs, réunis en assemblées primaires dans chaque canton, choisissent un électeur du $2^e$ degré par 200 citoyens actifs. Les électeurs du $2^e$ degré doivent être âgés de 25 ans, propriétaires ou fermiers d'un revenu de 100, 150 ou 200 journées de travail, selon l'importance de la localité. Chaque département forme un collège électoral. Les députés élus doivent être âgés de 30 ans[1], domiciliés depuis dix ans sur le territoire de la République. Leur indemnité annuelle est fixée à la valeur de 3.000 myriagrammes de froment (613 quintaux 32 livres) (8.000 francs environ) (art. 68). L'art. 55 de la loi du 5 fructidor an III, porte : « Nul ne peut être membre du Corps législatif plus de six années consécutives. » Comme les précédentes Cons-

1. L'âge de 25 ans est admis jusqu'à l'an VII de la République.

titutions, celle de l'an III maintient l'inviolabilité des représentants.

Le Conseil des Cinq-Cents a été formé concurremment avec le Conseil des Anciens, le 5 brumaire an IV (27 oct.1795)[1]. Tout d'abord, les républicains sont en majorité dans le Conseil; mais les élections de germinal an V, pour le renouvellement d'un tiers du Conseil, font passer la majorité de gauche à droite. Le parti royaliste, dont les opérations sont conduites par le comité clychien, l'emporte dans 250 collèges. Le général Pichegru, royaliste, est élu président du Conseil des Cinq-Cents par 387 voix sur 404 votants. C'est alors que commence une lutte acharnée entre les clychiens et les conventionnels, lutte qui se termine par le coup d'État du 18 fructidor an V (4 sept. 1797)[1]. Le 22 floréal an VI (11 mai 1798), les deux Conseils votent une loi par laquelle ils annulent un certain nombre d'élections de députés qu'ils considèrent comme ennemis de la République.

Aussitôt après sa formation, le Conseil des Cinq-Cents tient sa première séance le 6 brumaire an IV (28 oct. 1795). Il siège d'abord dans la salle du Manège, aux Tuileries, puis au Palais national du Conseil des Cinq-Cents (Palais Bourbon), inauguré par la loi du 1er pluviôse an VI, et enfin à Saint-Cloud.

Le Bureau du Conseil des Cinq-Cents se compose d'un président et de quatre secrétaires élus tous les mois. Une Commission de cinq inspecteurs, sorte de questeurs, renouvelée tous les mois, était chargée de la police du Palais législatif.

LISTE DES MEMBRES DU BUREAU DU CONSEIL DES CINQ-CENTS.

*2e Législature (4 brum. an IV — 30 floréal an V).*

### An IV (1795).

6 brum. (28 oct.). *Doyen d'âge,* Raffrond. — *Présid.,* Daunou. — Chénier (par intérim). — *Secrét.,* Rewbell, Thibaudeau, Chénier, Cambacérès.

1. Voy. suprà, page 27.
2. Voy. Léon MUEL. — *Gouvernements, etc., de la France depuis 1789,* pages 47 et suiv.

1ᵉʳ frim. (22 nov.). *Présid.*, Chénier. — *Secrét.*, Defermon, J.-B. Louvet, Boissy d'Anglas, Crassous.

1ᵉʳ nivôse (22 déc.). *Présid.*, Treilhard.—*Secrét.*, J.-B. Louvet, Bezard, Quirot, Woussen.

## An IV (1796).

3 pluviôse (23 janvier). *Présid.*, Camus. — *Secrét.*, Quinette, Bancal, Drouet, Lamarque.

2 ventôse (21 févr.). *Présid.*, Thibaudeau. — *Secrét.*, Gibert-Desmolières, Audouin, Dauchy (de l'Oise), J.-B. Louvet.

1ᵉʳ germin. (21 mars). *Présid.*, Doulcet. — *Secrét.*, Jean Debry, Savary, Defermon, Lemérer.

1ᵉʳ floréal (20 avril). *Présid.*, Crassous. — *Secrét.*, Laplaigne, Beffroy, Duprat, Bion.

2 prairial (21 mai). *Présid.*, Defermon. — *Secrét.*, P.-M. Delaunay (d'Angers), Eschassériaux aîné, Pelet (de la Lozère), Mailhe.

1ᵉʳ messidor (19 juin). *Présid.*, Pelet (de la Lozère). — *Secrét.*, Philippes-Delleville Soulignac, Leclerc (Loir-et-Cher), Dumolard.

1ᵉʳ thermid. (19 juillet). *Présid.*, Boissy d'Anglas. — *Secrét.*, Barailon, Borne, Ruelle, Pastoret.

2 fructid. (19 août). *Présid.*, Pastoret. — *Secrét.*, Noaille, Peyre, Bourdon, Ozun.

## An V (1796).

2 vendém. (23 sept.). *Présid.*, Chassey. — *Secrét.*, Riou, Favard, Bailleul, Bergoeing.

1ᵉʳ brum. (22 oct.). *Présid.*, Cambacérès. — *Secrét.*, Favre, Mathieu, Berlier, Dubois (Vosges).

1ᵉʳ frim. (21 nov.). *Présid.*, Quinette. — *Secrét.*, Hardy, Lecointe-Puyraveau, Malès, Duhot.

1ᵉʳ nivôse (21 déc.). *Présid.*, Jean Debry.—*Secrét.*, Villers, Gaultier (Calvados), Réal, Martin (Roger).

## An V (1797).

1ᵉʳ pluviôse (20 janv.). *Présid.*, Riou. — *Secrét.*, Henri Frégeville, Jouenne, Pérès, Izos.

1ᵉʳ ventôse (19 févr.). *Présid.*, Laloy.— *Secrét.*, Colombel (Meurthe), Desmolins, Hourier-Eloy, Bachelot.

1ᵉʳ germin. (21 mars). *Présid.*, Lecointe-Puyraveau. — *Secrét.*, Chassey, Daunou, Berlier, Treilhard.

1ᵉʳ floréal (20 avril). *Présid.*, Lamarque. — *Secrét.*, Picqué, Gourdan, Cholet, Fauvel.

3ᵉ *Législature* (1ᵉʳ *prairial an V* — 30 *floréal an VI*).

1ᵉʳ prairial (20 mai). *Présid.*, Pichegru. — *Secrét.*, Siméon, Viénot-Vaublanc, Henry Larivière, Parisot.

1ᵉʳ messid. (19 juin). *Présid.*, Henry Larivière. — *Secrét.*, Villaret-Joyeuse, Jourdan (Bouches-du-Rhône), Delahaye (Aisne), Aymé.

1ᵉʳ thermid. (19 juil.). *Présid.*, Dumolard. — *Secrét.*, Willot, Bailly, Duplantier, Emmery.

1ᵉʳ fructid. (18 août). *Présid.*, Siméon. — Lamarque (par intérim). — *Secrét.*, Jourdan (Haute-Vienne), Johanet, Dufresne, Jard-Panvilliers. — Duhot, Audouin, Roger Martin (par intérim).

## An VI (1797).

2 vendém. (23 sept.). *Présid.*, Jourdan (Haute-Vienne). — *Secrét.*, Pison du Galand, Sieyès, Chazal, Grelier.

1ᵉʳ brum. (22 oct.). *Présid.*, Villers. — *Secrét.*, Boulay (de la Meurthe), Porte, Talot, Gay-Vernon.

1ᵉʳ frim. (21 nov.). *Présid.*, Sieyès. — *Secrét.*, Eude, Estaque, Saint-Horent, Pons (de Verdun).

1ᵉʳ nivôse (21 déc.). *Présid.*, Boulay (de la Meurthe). — *Secrét.*, Guillemardet, Roemers, Hardy, Villetard.

## An VI (1798).

1ᵉʳ pluviôse (20 janv.). *Présid.*, Bailleul. — *Secrét.*, Oudot, Delpierre, Gomaire, Abolin.

1ᵉʳ ventôse (19 févr.). *Présid.*, Hardy. — *Secrét.*, Engerran, Eschassériaux jeune, Jacomin, Quirot.

1ᵉʳ germin. (21 mars). *Présid.*, Pison du Galand. — *Secrét.*, Duchesne, Garnier, Martinel, Boullé (Morbihan).

1ᵉʳ floréal (20 avril). *Présid.*, Poullain-Grandprey. — *Secrét.*, Leclerc (Maine-et-Loire), Luminais, Bardou-Boisquetin, Gauran.

4ᵉ *Législature* (1ᵉʳ *prairial an VI* — 30 *floréal an VII*).

1ᵉʳ prairial (20 mai). *Présid.*, Creuzé-Latouche. — *Secrét.*, Bezard, Jourdan (Hᵗᵉ-Vienne), Heurtaut-Lamerville, Guyot-Desherbiers.

1ᵉʳ messid. (19 juin). *Présid.*, Chénier. — *Secrét.*, Joseph Bonaparte, Berlier, Mansard, Portiez (Oise).

1ᵉʳ thermid. (19 juil.). *Présid.*, Lecointe-Puyraveau. — *Secrét.*, Boulay-Paty, Briot, Duplantier, Woussen.

1ᵉʳ fructid. (18 août.). *Présid.*, Daunou. — *Secrét.*, Lucien Bonaparte, Génissieu, Girot-Pouzol, Thiessé.

## An VII (1798).

2 vendém. (23 sept.). *Présid.*, Jourdan (Haute-Vienne). — *Secrét.*, Talot, Poncet-Delpech, Reverchon, Frison.

1ᵉʳ brum. (22 oct.). *Présid.*, Dubois (Vosges). — *Secrét.*, Brulé, Bergasse-Laziroult, Gerla, Bonnaire (du Cher).

1ᵉʳ frim. (21 nov.). *Présid.*, Savary. — *Secrét.*, Richard (Vosges), Dornier, Devinck-Thierry, Gourlay.

1ᵉʳ nivôse (21 déc.). *Présid.*, Berlier. — *Secrét.*, Quirot, Joubert (Hérault), Rollin, Destrem.

## An VII (1799).

1ᵉʳ pluviôse (20 janv.). *Présid.*, Leclerc (Maine-et-Loire). — *Secrét.*, Legendre (Seine-Inférieure), Garrau (Gironde), Lesage-Senault, Vitet.

1ᵉʳ ventôse (19 févr.). *Présid.*, Malès. — *Secrét.*, Français, Perrin (Gironde), Delbrel, Izos.

1ᵉʳ Germin. (21 mars). *Présid.*, Pons (de Verdun). — *Secrét.*, Favard, Bertrand (Calvados), Roger-Martin, Desmolin.

1ᵉʳ floréal (20 avril). *Présid.*, Heurtaut-Lamerville. — *Secrét.*, Souilhé, Laurent (Bas-Rhin), Baudet, Membrède.

5ᵉ *Législature* (1ᵉʳ *prairial an VII —* 19 *brumaire an VIII).*

1ᵉʳ prairial (20 mai). *Présid.*, Jean Debry. — *Secrét.*, Mathieu, Mourer, Ménard-Lagroye, Texier-Olivier.

1ᵉʳ messid. (19 juin). *Présid.*, Genissieu. — *Secrét.*, Grandmaison, Augereau, Lamarque, Pouret-Roqueries.

1ᵉʳ thermid. (19 juil.). *Présid.*, Guirot. — *Secrét.*, Doche-Delisle, Clémenceau (Maine-et-Loire), Montpellier, Groscassand-Dorimont.

1ᵉʳ fructid. (18 août). *Présid.*, Boulay (de la Meurthe). — *Secrét.*, Curée, Arnould (Seine), Ludot, Cholet (Gironde).

## An VIII (1799).

2 vendém. (24 sept.). *Présid.*, Chazal. — *Secrét.*, Crochon, Gaudin, Lenormand, Maras.

1ᵉʳ brum. (23 oct.). *Présid.*, Lucien Bonaparte. — *Secrét.*, Dillon, Desprez (Orne), Fabry, Bara (Ardennes).

Le Conseil des Cinq-Cents, sous la direction de son président Lucien Bonaparte, coopère avec le Conseil des Anciens au coup d'État du 18 brumaire. Le 19 brumaire, il se réunit à Saint-Cloud, dissout le Directoire, crée une Commission exécutive consulaire, nomme les trois consuls Sieyès, Roger-Ducos et Bonaparte, reçoit leur serment, nomme ensuite une Commission législative de 25 membres, puis s'ajourne au 1er ventôse [1]; mais, comme le Conseil des Anciens, il ne s'est plus réuni; il est remplacé par le Corps législatif, créé par la Constitution de l'an VIII.

## Commissions Législatives.

20 brum.- 4 nivôse an VIII (11 nov.-25 déc. 1799).

Après le coup d'État du 18 brumaire, les deux Conseils, avant de se séparer, avaient nommé chacun, le 19 brumaire, une commission de 25 membres. Ces deux commissions, dites *intermédiaires*, ont exercé le pouvoir législatif jusqu'au 4 nivôse an VIII, jour où elles ont été remplacées par le Corps législatif, créé par la Constitution de l'an VIII. Elles ont siégé d'abord aux Tuileries, puis au Petit-Luxembourg, sous la présidence de Bonaparte, en présence des deux autres consuls.

La Commission des Cinq-Cents exerçait l'initiative des propositions, et celle des Anciens donnait ou refusait son approbation. Ces deux Commissions ont rédigé, sous les yeux de Bonaparte, la Constitution de l'an VIII, préparée par Sieyès et signée par les consuls, le 22 frimaire an VIII (13 déc. 1799).

Le bureau de chacune de ces deux Commissions se composait d'un président et de deux secrétaires renouvelables, pour celle des Cinq-Cents, tous les dix jours, et pour celle des Anciens, après quatre décades de fonctions.

1. Voy. Léon MUEL.— *Gouvernements, etc., de la France depuis 1789*, pages 54 à 60.

Voici la composition des Bureaux de ces deux Commissions :

### Commission législative des Anciens.

**21 brum. an VIII.** — *Présid.*, Lebrun. — *Secrét.*, Caillemer, Fargues.
**21 frim.**  —  *Présid.*, Régnier. — *Secrét.*, Rousseau, Vernier.

### Commission législative des Cinq-Cents.

**21 brum. an VIII.** — *Présid.*, Lucien Bonaparte. — *Secrét.*, Gaudin, Bara.
**1ᵉʳ frim.**  — *Présid.*, Boulay (de la Meurthe). — *Secrét.*, Ludot, Beauvais.
**11 frim.**  — *Présid.*, Daunou. — *Secrét.*, Bérenger, Gourlay.
**21 frim.**  — *Présid.*, Jacqueminot. — *Secrét.*, Villetard, Frégeville.

La loi du 3 nivôse an VIII (24 déc. 1799), porte :

Art. 1ᵉʳ. — Le Sénat-Conservateur et les Consuls entreront en fonctions le 4 nivôse an VIII.

2. — A l'instant où le Sénat-Conservateur communiquera aux Commissions la nomination des membres du Tribunat et du Corps législatif, les Conseils des Anciens et des Cinq-Cents et les Commissions seront dissous.

Le lendemain 4 nivôse, le Sénat-Conservateur, après avoir nommé les membres du Corps législatif et du Tribunat, en donne avis aux Commissions législatives qui, en vertu de l'article 2 ci-dessus, se trouvent par le fait même dissoutes.

# PREMIER EMPIRE

## Sénat-Conservateur.

4 nivôse an VIII (25 déc. 1799 - 4 juin 1814).

Le Sénat-Conservateur a été créé par la Constitution du 22 frimaire an VIII (13 déc. 1799). Voici les principaux articles qui y sont relatifs :

Art. 15. — Le Sénat-Conservateur est composé de quatre-vingts membres, inamovibles et à vie, âgés de 40 ans au moins. Pour la formation du Sénat, il sera d'abord nommé soixante membres ; ce nombre sera porté à soixante-deux dans le cours de l'an VIII, à soixante-quatre en l'an IX, et s'élèvera ainsi graduellement à quatre-vingts, par l'addition de deux membres en chacune des dix premières années.

16. — La nomination à une place de sénateur se fait par le Sénat, qui choisit entre trois candidats présentés, le premier par le Corps législatif, le deuxième par le Tribunat, et le troisième par le Premier Consul.

18. — Un sénateur est à jamais inéligible à toute autre fonction publique.

19. — Toutes les listes faites dans les départements en vertu de l'article 9 sont adressées au Sénat ; elles composent la liste nationale [1].

1. Le mode d'élection des pouvoirs publics est ainsi réglé par la Constitution de l'an VIII : Est citoyen tout Français âgé de 21 ans, inscrit sur le registre civique de son arrondissement communal et domicilié depuis un an sur le territoire de la République. (Toute condition de contribution est supprimée.) Les citoyens de chaque arrondissement élisent un dixième d'entre eux, ceux qui sont le plus aptes à gérer les affaires publiques ; ce résultat donne la liste *communale*. Les citoyens faisant partie des listes communales d'un département désignent également un dixième d'entre eux, ce qui donne la liste *départementale*. Les citoyens compris dans la liste départementale désignent pareillement un dixième d'entre eux ; il en résulte une 3ᵉ liste, qui comprend les citoyens de ce département éligibles aux fonctions publiques nationales. C'est cette 3ᵉ liste de chaque département qu'on peut appeler liste *nationale*, qui est visée par l'article 19 ci-dessus. En France, il y avait alors environ 5 millions de citoyens. Les listes communales comprenaient donc 500.000 citoyens, les listes départementales 50.000 et la liste des notabilités nationales 5.000 citoyens.

20. — Il élit dans cette liste les législateurs, les tribuns, les Consuls, les juges de cassation et les commissaires à la comptabilité.

21. — Il maintient ou annule tous les actes qui lui sont déférés comme inconstitutionnels par le Tribunat ou par le Gouvernement ; les listes d'éligibles sont comprises parmi ces actes.

22. — Les revenus de domaines nationaux déterminés sont affectés aux dépenses du Sénat. Le traitement annuel de chacun de ses membres se prend sur ces revenus, et il est égal au vingtième de celui du Premier Consul [1].

23. — Les séances du Sénat ne sont pas publiques.

24. — Les citoyens Sieyès et Roger-Ducos, consuls sortants, sont nommés membres du Sénat-Conservateur; ils se réuniront avec le deuxième et le troisième consuls nommés par la présente Constitution [2]. Ces quatre citoyens nomment la majorité du Sénat qui se complète ensuite lui-même, et procède aux élections qui lui sont confiées.

En vertu de cet article, les quatre citoyens précités se réunissent le 3 nivôse an VIII, et nomment 29 sénateurs, qui forment la majorité du Sénat. Cette majorité, convoquée pour le lendemain à 9 heures du matin, se réunit, le 4 nivôse, sous la présidence de Dailly, doyen d'âge, et nomme 29 sénateurs pour compléter le Sénat. Le soir du même jour, le Sénat-Conservateur tout entier, réuni au Palais du Luxembourg [3], procède aux élections qui lui sont confiées par les articles 20 et 24 de la Constitution. Il nomme d'abord les 300 députés au Corps législatif, ensuite les 100 membres du Tribunat.

Le sénatus-consulte du 16 thermidor an X détermine les attributions du Sénat. Il porte à 120 le nombre de ses membres, et donne au Premier Consul seul le droit de présentation des trois candidats au Sénat, pris sur la liste des

1. Le traitement du Premier Consul étant de 500.000 francs (art. 43 de la Constitution), celui d'un sénateur est, par conséquent, de 25.000 francs. Un sénatus-consulte du 24 nivôse an XI, attribue, en outre, aux sénateurs, des dotations spéciales appelées *sénatoreries*.

2. Cambacérès et Lebrun.

3. Le Palais du Luxembourg est affecté au Sénat-Conservateur par la loi du 3 nivôse an VIII (24 déc. 1799).

citoyens proposés par les collèges électoraux des départements, à raison de 2 par collège[1]. En outre, il donne au
Sénat le droit de dissoudre le Corps législatif et le Tribunat.
Le rôle du Sénat était de faire des sénatus-consultes, et de
régler ainsi tout ce qui n'était pas prévu par la Constitution
et était nécessaire à son application.

Sous l'Empire, l'organisation du Sénat est modifiée par le
sénatus-consulte du 28 floréal an XII, dont voici les principaux articles :

ART. 37. — Le Sénat est présidé par l'Empereur. En son
absence, il désigne, pour le présider, un des grands dignitaires
de l'Empire.

39. — Le Grand-Électeur préside en l'absence de l'Empereur,
lorsque le Sénat procède aux nominations des sénateurs, des
législateurs ou des tribuns.

57. — Le Sénat se compose : 1° des princes français âgés de
18 ans ; 2° des titulaires des grandes dignités de l'Empire ;
3° des quatre-vingts membres nommés sur la présentation des
candidats choisis par l'Empereur sur les listes formées par les
collèges électoraux de département ; 4° des citoyens que l'Empereur juge convenable d'élever à la dignité de sénateur.

58. — Le président du Sénat est nommé par l'Empereur et
choisi parmi les sénateurs. Ses fonctions durent un an.

Le Bureau du Sénat-Conservateur comprend un président
et deux secrétaires. Le sénatus-consulte du 12 fructidor
an X (30 août 1802) porte que le Premier Consul préside
le Sénat, ou désigne un consul à sa place, ou encore, dans
certains cas, un sénateur qui prend le titre de vice-président.
Depuis le 4 nivôse an VIII, jusqu'au 4 thermidor an X, le
Sénat nomme son président et ses secrétaires. Mais à partir
du 12 fructidor an X (30 août 1802), le Sénat est présidé
par le Premier Consul et, plus tard, par l'Empereur. L'article 65 du sénatus-consulte du 16 thermidor an X, porte
que « le Sénat désignera, chaque année, deux de ses membres pour remplir les fonctions de secrétaires ».

1. Voy. suprà, page 39 (art. 16).

### LISTE DES MEMBRES DU BUREAU DU SÉNAT-CONSERVATEUR.

**An VIII.** 3 nivôse (24 déc. 1799). — *Présid. d'âge*, Dailly, présid. provis. — *Secrét. provis.*, Fargues.

—     4 nivôse (25 déc. 1799). — *Présid.*, Sieyès. — *Secrét.*, Roger-Ducos, Lacépède.

—     4 thermid. (23 juillet 1800). — *Présid.*, Lemercier. — *Secrét.*, Kellermann, Garat.

**An IX.** 4 frim. (25 nov. 1800). — *Présid.*, Laplace. — *Secrét.*, Clément de Ris, Rousseau.

—     4 germin. (25 mars 1801). — *Présid.*, Vernier. — *Secrét.*, Hatry, François (de Neufchâteau).

—     14 thermid. (2 août 1801). — *Présid.*, Kellermann. — *Secrét.*, Monge, Barthélemy.

**An X.** 5 frim. (26 nov. 1801). — *Présid.*, Lacépède. — *Secrét.*, Lefèvre, Jacqueminot.

—     8 germin. (29 mars 1802). — *Présid.*, Tronchet. — *Secrét.*, Chasset, Serrurier.

—     4 thermid. (23 juil. 1802). — *Présid.*, Barthélemy. — *Secrét.*, Vaubois, Fargues.

**An XII.** 4 vendém. (27 sept. 1803). *Secrét.*, Morard de Galles, Cornudet.
*Présid.*, François (de Neufchâteau) (décret impérial du 29 floréal an XII) (19 mai 1804)[1].

*Secrét.* (24 vendém. an XIII) (16 oct. 1804), Porcher, Colaud.

—     (1er févr. 1806), Canclaux, Depère.

*Présid.*, comte de Lacépède (décret impérial du 1er juillet 1807)[2].

*Secrét.* (17 août 1807), Férino, Garnier (Germain).

—     (28 déc. 1808), de Sémonville, Beurnonville.

—     (28 déc. 1809), comte de Jaucourt, comte Cornet.

—     (28 déc. 1810), comte Gouvion, comte Colchen.

—     (28 déc. 1811), comte de Latour-Maubourg, Boissy d'Anglas.

—     (26 déc. 1812), comte de Lapparent, comte de Beaumont.

—     (28 déc. 1813), comte de Valence, comte de Pastoret.

*Présid.*, Barthélemy (sénat.-cons. du 1er avril 1814)[3].

---

1. Conformément à l'art. 39 de la Constitution du 28 floréal an XII, le Sénat a été aussi tour à tour présidé par S. A. I. le prince Joseph Bonaparte, vice-grand électeur ; par Cambacérès, *prince archi-chancelier de l'Empire* ; et par le prince de Bénévent, vice-grand électeur.

2. Ce décret est daté du camp de Tilsitt. Le comte de Lacépède est resté président du Sénat jusqu'à la fin de 1813.

3. Nommé président en l'absence du prince de Bénévent, vice-grand électeur, il a présidé les séances extraordinaires des 1er et 3 avril 1814, avec les comtes de Valence et de Pastoret, comme secrétaires.

Le Sénat conservateur créé par le Premier Consul, proclame ce dernier d'abord consul à vie (2 août 1802), ensuite Empereur (18 mai 1804). Le même Sénat prononce sa déchéance le 3 avril 1814 après avoir nommé un gouvernement provisoire le 1ᵉʳ avril.

Le 6 avril suivant, il vote un projet de Constitution, dans lequel il est dit que « le peuple français appelle librement au trône Louis XVIII, frère du dernier roi ». Le 14 avril 1814, il rend un décret qui défère le gouvernement provisoire de la France à S. A. R. Mgr le comte d'Artois, sous le titre de lieutenant général du royaume. Le 2 mai, il accepte la déclaration de Saint-Ouen, assiste le 3 mai 1814 à l'entrée triomphale de Louis XVIII dans Paris. Le 4 juin suivant, il assiste à la proclamation de la Charte constitutionnelle dont l'article 15 le supprime pour lui substituer la Chambre des pairs[1]. Une ordonnance royale du 4 juin 1814 porte que ses membres nés Français conserveront une pension annuelle de 36.000 francs.

## Corps Législatif.

4 nivôse an VIII (24 déc. 1799) — (4 juin 1814).

Le Corps législatif peut être divisé en deux périodes : celle du Consulat et celle du Premier Empire. Le Corps législatif a été créé par la Constitution de l'an VIII, dont voici les principaux articles qui le concernent :

ART. 31. — Le Corps législatif est composé de 300 membres, âgés de 30 ans au moins [2] ; ils sont renouvelés par cinquième tous les ans. Il doit s'y trouver un citoyen au moins de chaque département de la République.

32. — Un membre sortant du Corps législatif ne peut y rentrer qu'après un an d'intervalle ; mais il peut être élu tribun s'il remplit les conditions.

1. Voy. Léon MUEL. — *Gouvernements, etc., de la France depuis 1789*, pages 69 à 93.

2. L'art. 10 de la loi du 19 août 1807, qui supprime le Tribunat, fixe à 40 ans l'âge d'éligibilité des membres du Corps législatif.

33. — La session du Corps législatif commence chaque année le 1ᵉʳ frimaire (22 nov.) et ne dure que quatre mois ; il peut être extraordinairement convoqué durant les huit autres par le Gouvernement.

34. — Le Corps législatif fait la loi en statuant par scrutin secret, et sans aucune condition de la part de ses membres, sur les projets de lois débattus devant lui par les orateurs du Tribunat et du Gouvernement [1].

35. — Les séances du Tribunat et celles du Corps législatif sont publiques ; le nombre des assistants ne peut excéder 200.

36. — Le traitement d'un législateur est de 10.000 francs.

38. — Le premier renouvellement du Corps législatif et du Tribunat n'aura lieu que dans le cours de l'an X.

Les 300 membres du Corps législatif ont été nommés le 4 nivôse an VIII par le Sénat, conformément à l'article 20 de la Constitution [2]. Le système électoral décrété par cette Constitution est modifié par le sénatus-consulte du 22 ventôse an X (13 mars 1802). Il décrète qu'au lieu de tirer au sort les membres sortants du cinquième renouvelable du Corps législatif et du Tribunat, le Sénat désignera au scrutin les 4/5ᵉ des membres qui doivent être maintenus, de telle sorte que le cinquième restant se trouve forcément comprendre les renouvelables. Cette opération inverse avait pour but d'écarter des deux Chambres les principaux membres de l'opposition. Le 27 ventôse an X, le Sénat nomme alors 240 députés et 80 tribuns, en laissant de côté les chefs de l'opposition. Le 6 germinal suivant, il complète les deux Chambres en nommant 60 nouveaux députés et 20 nouveaux tribuns.

Le sénatus-consulte du 16 thermidor an X supprime les trois listes de notabilités et remet en vigueur la loi du 22 décembre 1789, en rétablissant les assemblées d'électeurs

---

1. En résumé, le gouvernement propose la loi, le Tribunat la discute et le Corps législatif la décrète.

2. Voy. supra, page 40. Le Sénat a parfois nommé des députés en dehors des listes des collèges électoraux (Sénat.-Cons., des 22 févr. 1806, 21 sept. 1808, 5 juillet 1809, 19 et 23 juin 1811, 2 avril 1812).

primaires et secondaires. Il indique la composition et l'organisation des assemblées de canton et des collèges électoraux.
Dans chaque canton, une assemblée, composée de tous les
citoyens ayant un an de résidence, nomme au collège
d'arrondissement et de département le nombre de membres
qui lui est attribué. Les collèges électoraux d'arrondissement ont un membre par 500 habitants domiciliés dans
l'arrondissement. Ceux de département ont un membre par
1.000 habitants domiciliés dans le département. Ces membres ne peuvent être choisis que sur la liste des 600 citoyens
les plus imposés. Les collèges électoraux d'arrondissement
et de département présentent chacun deux candidats, pris
parmi les citoyens domiciliés dans le département, pour
former la liste sur laquelle le Sénat doit nommer les députés
au Corps législatif. L'article 69 du même sénatus-consulte
porte que chaque département aura dans le Corps législatif
un nombre de membres proportionné à l'étendue de sa population. Ce nombre, d'après un tableau annexé, s'élève à 300 [1].
Les départements sont divisés en cinq séries parmi les-
quelles les députés devront être classés. Le 12 fructidor
an X, le Sénat-Conservateur procède, conformément à l'article 1er du sénatus-consulte du 8 fructidor précédent, par
la voie du tirage au sort, à la détermination de l'ordre dans
lequel les cinq séries seront appelées à présenter des députés.
    Sous le Consulat, le Corps législatif nomme son bureau
composé d'un président et de quatre secrétaires renouvelés
tous les quinze jours. Le Président et les Secrétaires exercent
la police sur les députés (loi du 5 nivôse an VIII). Cette organisation est modifiée par le sénatus-consulte du 28 frimaire
an XII (20 déc. 1803). Le Premier Consul nomme le Président du Corps législatif sur la présentation d'une liste de
candidats faite par le Corps législatif pendant la session
courante pour la session suivante. Le président est élu pour
la durée d'une session. A l'ouverture de chaque session, le

---

1. Ce chiffre de 300 s'élèvera plus tard par suite de l'annexion de plusieurs départements. Au 30 avril 1814, il existait 379 députés au Corps législatif.

Corps législatif nomme quatre vice-présidents et quatre secrétaires qui sont renouvelés tous les mois (art. 16). Il présente une liste de douze candidats parmi lesquels le Premier Consul nomme quatre questeurs [1] dont deux sont renouvelés chaque année sur une désignation de six membres faite de la même manière (art. 18 et suiv.). L'article 1er du sénatus-consulte du 15 novembre 1813 porte que l'Empereur nomme le Président du Corps législatif.

Le Palais des Cinq-Cents (Palais-Bourbon) est affecté au Corps législatif par l'article 7 de la loi du 3 nivôse an IV.

### Liste des Membres du Bureau du Corps Législatif.

#### 6e Législature (11 nivôse — 10 germin. an VIII).

11 nivôse. Présid. d'âge, Tarteyron. — Présid. élu, Perrin (Vosges). — Secrét., Chatry-Lafosse, Dauphole, Duval (Seine-Inférieure), Auguis.

1er pluv. Présid., Duval (Seine-Inférieure). — Secrét., Lefèbvre-Cayet, Dalphonse, Fulchiron, Guérin (Loiret).

16 pluv. Présid., Grégoire[2]. — Secrét., Poisson, Rossée, Lacrampe, Desnos.

1er ventôse. Présid., Girot-Pouzols. — Secrét., Baraillon, Le Vacher, Villar, Rallier.

16 ventôse. Présid., Dedelay-d'Agier. — Secrét., Fournier, Febvre (Jura), Casenave, Laborde.

1er germin. Présid., Tarteyron. — Secrét., Légier, Jacomin, Beauchamp, Villers.

#### 7e Législature (1er frim. — 30 ventôse an IX).

1er frim. Présid., Chatry-Lafosse. — Secrét., Bréard, Gossuin, Crochon, Pémartin.

16 frim. Présid., Pison-du-Galand. — Secrét., Kervélégan, Savary, Rabaud, Lemesle.

1er nivôse. Présid., Bourg-Laprade. — Secrét., Guyot-Desherbiers, Girod (de l'Ain), Delamarre, Lagrange.

16 nivôse. Présid., Bréard. — Secrét., Saget, Grouvelle, Hopsomère, Guitter.

---

1. Ces questeurs remplacent la Commission d'inspecteurs du Corps législatif. D'abord au nombre de quatre, ils sont réduits à deux de 1808 à 1814.

2. L'ancien curé d'Embermènil.

1ᵉʳ pluv. *Présid.*, Rossée. — *Secrét.*, Lefèbvre-Laroche, Saint-Martin, Collard, Lenormand.

16 pluv. *Présid.*, Poisson. — *Secrét.*, Dillon, Hardy, Beerenbroeck, Berthezène.

1ᵉʳ ventôse. *Présid.*, Leclerc (Maine-et-Loire). — *Secrét.*, Bollet, Devinck-Thierry, Rouvelet, Masser.

16 ventôse. *Présid.*, Lefèbvre-Cayet. — *Secrét.*, Papin, Bordes, Danet, Guillemot.

## 8ᵉ *Législature* (1ᵉʳ *frim.* — 30 *floréal an X*).

1ᵉʳ frim. *Présid.*, Dupuis. — *Secrét.*, Dubose, Bord, Estaque, Clavier.

16 frim. *Présid.*, Baraillon. — *Secrét.*, Bouisseren, Champion, Charrel, Deveaux.

1ᵉʳ nivôse. *Présid.*, Lefèbvre-Laroche. — *Secrét.*, Janod, Duplaquet, Coulmiers, Barrot.

16 nivôse. *Présid.*, Belzais-Courmesnil. — *Secrét.*, Maupetit, Fery, Simon (Seine-et-Marne), Leclerc (Seine-et-Oise).

1ᵉʳ pluv. *Présid.*, Pémartin. — *Secrét.*, Thierry, Tardy, Saint-Pierre-Lesperet, Rainaud-Lascours.

16 pluv. *Présid.*, Couzard. — *Secrét.*, Verne, Turgan, Lespinasse, Félix Faulcon.

1ᵉʳ ventôse. *Présid.*, Ramon. — *Secrét.*, Pictet-Diodati, Lebrun-Rochemont, Delort, Leroux.

16 ventôse. *Présid.*, Devismes. — *Secrét.*, Lobjoy, Méric, Lerouge, Darracq.

15 germin. *Présid.*, Marcorelle. — *Secrét.*, Meynard, Champion (Jura), Francq, Metzger.

1ᵉʳ floréal. *Présid.*, Lobjoy. — *Secrét.*, Thévenin, Borie, Sauret, Delpierre.

16 floréal. *Présid.*, Rabaut. — *Secrét.*, Thiry, Bergier, Rigal, Tupinier.

## 9ᵉ *Législature* (1ᵉʳ *ventôse* — 8 *prairial an XI*).

2 ventôse. *Présid.*, Delattre. — *Secrét.*, Geoffroy, Dubourg, Viénot-Vaublanc, Serviez.

16 ventôse. *Présid.*, Méric. — *Secrét.*, Etienne Sauret, Ricour, Dallemagne, Lejeas-Charpentier.

1ᵉʳ germin. *Présid.*, Girod (de l'Ain). — *Secrét.*, Latour-Maubourg Lefranc, Monseignat, Bazoche.

16 germin. *Présid.*, Félix Faulcon. — *Secrét.*, Trumeau, Heinart, Grappe, Lignéville.

1ᵉʳ floréal. *Présid.*, Viénot-Vaublanc. — *Secrét.*, Terrasson, Borie, Mallein, Blareau.

17 floréal. *Présid.*, Lagrange. — *Secrét.*, Despallières, Salligny, Juhel, Bollioud.

1ᵉʳ prairial. *Présid.*, Reinaud-Lascours. — *Secrét.*, Guérin (Loiret), Jacopin, Frémin-Beaumont, Jaubert.

### 10ᵉ *Législature* (15 *nivôse* — 3 *germin. an XII)*[1].

*Président*, Fontanes (décret du 20 nivôse).

*Vice-Présid.* (21 nivôse), Général Sauret, Pémartin, Jaubert, Ramond.

*Secrét.* (21 nivôse), Sapey, Duhamel, Bezave-Mazières, Chestret.

*Vice-Président* (25 pluv.), Dallemagne, Lejeas, Geoffroy, Saget (Loire-Infér.).

*Secrét.* (25 pluv.), Golzart, Huon, Lombard, Olbrecht.

*Questeurs*, Delattre, Jacopin, Viénot-Vaublanc, Terrasson (décret du 29 nivôse).

### 11ᵉ *Législature* (6 *nivôse* — 15 *ventôse an XIII*).

*Président*, Fontanes (décret impérial du 3 ventôse).

*Vice-Présid.* (13 nivôse), Béguinot, Lombard-Taradeau, Duranteau, Tardy.

*Secrét.* (14 nivôse), Danel, Sieyès, Francia, Musset.

*Questeurs*, Delattre, Terrasson, Dallemagne, Lejeas (décret impérial du 10 pluviôse).

### 12ᵉ *Législature* (2 *mars* — 12 *mai* 1806).

*Président*, Fontanes.

*Vice-Présid.* (4 mars), Golzart, Reinaud-Lascours, Noguez, Beauchamp.

*Secrét.* (5 mars), Bonnot, Blanc, Soret, Gautier.

*Vice-Présid.* (8 avril), Méric, Bord, Vigneron, Rivière.

*Secrét.* (10 avril), Jacomet, Desribes, Dumaire, Guérin.

*Questeurs*, Dallemagne, Lejeas, Despallières, Nougarède (décret du 11 mars).

### 13ᵉ *Législature* (16 *août* — 18 *sept.* 1807).

*Présid.*, Fontanes (décret impérial du 18 août).

*Vice-Présid.* (18 août), Montaut-Desilles, Montesquiou, Caze-Labove, Petit-Lafosse.

1. A partir de cette époque, le Bureau du Corps législatif est nommé conformément au sénatus-consulte du 28 frimaire an XII. (Voy. supra, page 45.)

*Secrét.* (20 août), Michelet-Rochemont, Dumolard, Chappuis, Milscent.

*Questeurs*, Despallières, Nougarède, Blanquart-Bailleul, Marcorelle (décret du 2 septembre).

### 14ᵉ *Législature* (25 oct. — 31 décembre 1808).

*Présid.*, De Fontanes, comte de l'Empire (décret impérial du 27 oct. 1808).

*Vice-Présid.* (27 oct.), Demeulnaère, Dalmas, Thomas (Marne), Botta.

*Secrét.* (28 oct.), Bassenge, Delahaye, Lemaire-Darion, Jubié.

*Vice-Présid.* (2 déc.), Bavouz, Grenier (Hérault), Becquey, Jaubert.

*Secrét.* (6 déc.), Foucher, Vantrier, Debrigode, Maucler.

*Questeurs*, Despallières, Nougarède (décret du 21 nov. ¹, lu dans la séance du 29 novembre).

### 15ᵉ *Législature* (3 déc. 1809 — 22 janv. 1810).

*Présid.*, comte de Fontanes (décret impérial du 4 décembre).

*Vice-Présid.* (5 déc.), Pémartin, Lemarrois, d'Arthenay, Rieussec.

*Secrét.* (5 déc.), Aroux, Ragon-Gillet, Hénin, Dufeu.

*Vice-Présid.* (15 janv. 1810), Mathieu, Lagier-Lacondamine, Lucy, Mercier-Vergerie.

*Secrét.* (15 janv. 1810), Ollivier, Farez, Riquet-de-Caraman, Moreau.

*Questeurs*, Despérichons, Blanquart-Bailleul (décret du 9 déc. 1809 lu dans la séance du 12 décembre).

### 16ᵉ *Législature* (1ᵉʳ févr. — 21 avril 1810).

*Présid.*, comte de Montesquiou (décret impérial du 24 janvier).

*Vice-Présid.* (2 févr.), Emmery, Cugnot-d'Aubigny, Colonieu, Barrot.

*Secrét.* (2 févr.), Dauzat, Chiavarino, Emmery (Moselle), Clausel de Coussergues.

*Vice-Présid.* (6 mars), Saint-Pierre-Lesperet, Gaillard, Bouvier Hébert.

*Secrét.* (6 mars), Grellet, Puymorin, Debosque, Plaschaert.

*Questeurs*, Reynaud-Lascours, Marcorelle (décret du 11 février).

### *Session de* 1811 (16 juin — 25 juillet) ².

*Présid.*, S. Exc. le comte de Montesquiou-Fezensac (décret du 17 juin).

*Vice-Présid.* (18 juin), Villot-Fréville, Besson, Bouteleaud, Riquet-de-Caraman.

*Secrét.* (20 juin), De Septenville, Lelanois, Paroletti (Modeste), Petit (Cher).

---

1. Daté du camp impérial de Burgos (Italie).
2. A partir de ce moment, chaque session représente une législature.

*Vice-Présid.* (20 juil.), Lajard (Hérault), Vigneron, Galliani d'Agliano, Casenave.

*Secrèt.* (24 juil.), Salnage, Duhamel, de Calvet-Madaillan, de Kersmatler.

*Questeurs,* baron Despérichons, comte de Trion-Montalembert (décret du 22 juin).

### 1re *Session de* 1813[1] (14 *févr.* — 25 *mars*).

*Présid.*, comte de Montesquiou-Fezensac (décret du 20 févr.).

*Vice-Présid.* (18 févr.), Chevalier Borne-Desfourneaux, Gourlay (Loire-Inférieure), Bavouz, Riffard de Saint-Martin.

*Secrèt.* (19 févr.), Digneffe, Le Marchant de Gomicourt, Janod, Aubert.

*Questeurs,* De Canouville, de Calvet-Madaillan (décret du 24 février).

### 2e *Session de* 1813 (19—30 *décembre*).

*Présid.*, duc de Massa (décret impérial du 23 novembre).

*Vice-Présid.* (23 déc.), comte Henri de Montesquiou, baron Bouchet, Chevalier Félix Faulcon, baron Boidi d'Ardizzoni.

*Secrèt.* (24 déc.), Barbier de Landrevie, Chevalier de Bois-Savary, Laborde, Faure.

*Questeurs,* baron Despérichons, comte de Trion-Montalembert (décret du 27 décembre).

### *Session de* 1814 (1er *avril* — 4 *juin* 1814)[2].

Le bureau est le même que pour la 2e session de 1813.

Parmi les actes principaux du Corps législatif, il faut citer le Concordat voté par lui, par 228 voix contre 21, le 18 germinal an X. Créé par le Premier Consul, il donne, le 3 avril 1814, son adhésion à l'acte de déchéance de l'Empereur[3]. Dans un message du 7 avril, adressé au gouvernement provisoire, il donne également son entière adhésion à la Charte

1. Il n'y a pas eu de session législative en 1812.

2. La dernière séance a eu lieu le 14 mai 1814. Par ordonnance du 30 mai, les Chambres ont été ajournées au 4 juin suivant.

3. Sur 303 députés français qui composaient cette assemblée, 77 seulement ont répondu à la convocation de Talleyrand, et se sont rendus au Palais-Bourbon où, sous la présidence de Félix Faulcon, ils ont voté leur adhésion à la déchéance. (FAUSTIN-HÉLIE. — *Constitutions.*)

constitutionnelle votée la veille par le Sénat [1]. Par ordonnance royale du 6 mai 1814, il est ajourné au 31 mai suivant. Le 4 juin 1814, il assiste, en compagnie du Sénat, à la proclamation de la Charte constitutionnelle dont l'article 15 le supprime pour lui substituer la Chambre des Députés des Départements. Tous ses membres sont entrés dans cette nouvelle Assemblée [2].

## Tribunat.

(4 nivôse an VIII [25 déc. 1799] — 18 sept. 1807).

Le Tribunat a été créé par la Constitution du 22 frimaire an VIII. Voici les principaux articles qui lui sont relatifs :

ART. 25. — Il ne sera promulgué de lois nouvelles que lorsque le projet en aura été proposé par le Gouvernement, communiqué au Tribunat, et décrété par le Corps législatif.

27. — Le Tribunat est composé de cent membres, âgés de 25 ans au moins, ils sont renouvelés par cinquième tous les ans et indéfiniment rééligibles tant qu'ils demeurent sur la liste nationale.

28. — Le Tribunat discute les projets de lois ; il en vote l'adoption ou le rejet. Il envoie trois orateurs pris dans son sein par lesquels les motifs du vœu qu'il a exprimé sur chacun de ces projets sont exposés et défendus devant le Corps législatif. Il défère au Sénat, pour cause d'inconstitutionnalité seulement, les listes d'éligibles, les actes du Corps législatif et ceux du Gouvernement.

35. — Le traitement annuel d'un tribun est de 15.000 francs.

L'article 7 de la loi du 3 nivôse an VIII affecte le Palais-Égalité (Palais-Royal) au Tribunat.

Les cent membres du Tribunat ont été nommés par le Sénat le 4 nivôse an VIII sur la liste des notabilités nationales (art. 20 de la Constitution de l'an VIII) [3].

1. Voy. suprà, page 43.
2. Voy. Léon MUEL. — *Gouvernements. etc., de la France depuis 1789,* pages 63 à 93
3. Voy. suprà, page 40.

Le sénatus-consulte du 16 thermidor an X porte (art. 76) qu'« à dater de l'an XIII, le Tribunat sera réduit à cinquante membres dont la moitié sortira tous les trois ans ». Le sénatus-consulte du 28 floréal an XII (18 mai 1804) modifie encore l'organisation du Tribunat. Il y est dit que les fonctions de ses membres dureront dix ans. Le Tribunat sera renouvelé par moitié tous les cinq ans. Le premier renouvellement aura lieu pour la session de l'an XVII conformément au sénatus-consulte organique du 16 thermidor an X.

Le règlement intérieur du Tribunat du 27 nivôse an VIII (17 janv. 1800) porte (art. 10) : « Le Tribunat élit tous les mois un président et quatre secrétaires. » Le sénatus-consulte du 28 floréal an XII modifie ce règlement. Le Président du Tribunat est nommé par l'Empereur sur la présentation de trois candidats faite par le Tribunat. Les fonctions du président durent deux ans. Le Tribunat aura deux questeurs nommés par l'Empereur sur une liste de trois candidats choisis par le Tribunat. Un des questeurs sera renouvelé chaque année.

Le Tribunat a tenu sa première séance le 11 nivôse an VIII.

### Liste des Membres du Bureau du Tribunat.

6ᵉ *Législature* (11 *nivôse an VIII* — 16 *brum. an IX*).

## An VIII (1800).

11 nivôse (1ᵉʳ janv.). *Présid. d'âge.* Mouricault. — *Présid. élu,* Daunou. — *Secrét.,* Démeunier, Sédillez, Bérenger, Thiessé.

1ᵉʳ pluviôse (21 janv.). *Présid.,* Démeunier. — *Secrét.,* Chauvelin, Bézard, Guinguené, Laloi.

1ᵉʳ ventôse (20 févr.). *Présid.,* Chassiron. — *Secrét.,* Faure. Girardin, Delpierre, Dieu-Donné.

1ᵉʳ germin. (22 mars). *Présid.,* Bérenger. — *Secrét.,* Savoye-Rollin, Jaucourt. Mouricault, Gillet.

2 floréal (22 avril). *Présid.,* Faure. — *Secrét.,* Arnould, Favard, Jard-Panvilliers, Curée.

prairial (22 mai). *Présid.,* Duchesne. — *Secrét.,* Moreau, de Chabaud-Latour, Crassous, Huguet.

2 messid. (21 juin 1800). *Présid.,* Jard-Panvilliers. — *Secrét.,* Roujoux, Gillet (Seine-et-Oise), Gaudin, Miot.

2 thermid. (21 juil.). *Présid.,* Moreau. — *Secrét.,* Andrieux, Gourlay, Challan, Desrenaudes.

2 fructid. (20 août). *Présid.,* Andrieux. — *Secrét.,* Mathieu, Say, Carret, Boutteville.

## An IX (1800).

2 vendém. (24 sept.). *Présid.,* Crassous. — *Secrét.,* Malès, Himbert, Grenier, Riouffe.

2 brum. (24 oct.). *Présid.,* Siméon. — *Secrét.,* Garry, Guinard, Caillemer, Mongez.

### 7e *Législature* (1er *frim. an IX* — 16 *brum. an X*).

1er frim. (22 nov.). *Présid.,* Thiessé. — *Secrét.,* Gallois, Adet, Goupil-Préfeln, Perreau.

1er nivôse (22 déc.). *Présid.,* Mouricault. — *Secrét.,* Fabre (Aude), Jubé, Perrée, Costé.

## An IX (1801).

1er pluviôse (21 janv.). *Présid.,* Thibault. — *Secrét.,* Lahary, Picault, Leroy, Vézin.

1er ventôse (20 févr.). *Présid.,* Savoye-Rollin. — *Secrét.,* Malherbe, Chabot (Allier), Trouvé, Duveyrier.

1er germin. (22 mars). *Présid.,* Himbert. — *Secrét.,* Legoupil-Duclos, Bosc, Laussat, Mallarmé [1].

2 messidor (21 juin). *Présid.,* Curée. — *Secrét.,* Lebreton, Legonidec, Beaujour-Félix, Guttinger.

2 fructid. (20 août). *Présid.,* Fabre (Aude). — *Secrét.,* Labrouste, Garat-Mailla, Boissy d'Anglas, Laromiguière.

## An X (1801).

2 vendém. (24 sept.). *Présid.,* Arnould. — *Secrét.,* Jacquemont, Costaz, Beauvais, Villot-Fréville.

2 brum. (24 octobre). *Présid.,* Perrée. — *Secrét.,* Boisjolin, Chazal, Carion-Nizas, Sédillez.

### 8e *Législature* (1er *frim.* — 26 *thermid. an X*).

1er frim. (22 nov.). *Présid.,* de Chabaud-Latour. — *Secrét.,* Bailleul, Ludot, Démeunier, Curée.

1er nivôse (22 déc.). *Présid.,* Favard. — *Secrét.,* Ganilh, Jard-Panvilliers, Pénières, Lejourdan.

[1]. Ce bureau a été maintenu pour les mois de floréal et de prairial.

## An X (1802).

1er pluviôse (21 janv.). *Présid.*, Delpierre. — *Secrét.*, Mallarmé, Goupil-Préfeln, Lahary, Roujoux.

1er ventôse (20 fév.). *Présid.*, Goupil-Préfeln. — *Secrét.*, Chassiron, Eschassériaux, Boutteville, Chauvelin.

1er germin. (22 mars). *Présid.*, Girardin. — *Secrét.*, Challan, Chabot, Adet, Gallois.

1er floréal (21 avril). *Présid.*, Chabot (de l'Allier). — *Secrét.*, Boissy d'Anglas, Pinteville-Cernon, Fréville, Perrée.

2 prair. (22 mai). *Présid.*, Gallois. — *Secrét.*, Sahuc, Gillet (Seine-et-Oise), Émile Gaudin, Daru.

2 messid. (21 juin). *Présid.*, Adet. — *Secrét.*, Jaubert, Grenier, Duvidal, Trouvé.

2 thermid. (21 juil.). *Présid.*, Challan. — *Secrét.*, Pougeard-Dulimbert, Delaistre, Leroy (Orne), Gary.

9e *Législature* (2 *fructid. an X* — 2 *fructid. an XI*).

2 fructid. (20 août). *Présid.*, Laussat. — *Secrét.*, Ludot, Koch, Dacier, Thouret.

## An XI (1802).

3 vendém. (25 sept.). *Présid.*, Grenier. — *Secrét.*, Albisson, Perreau, Bosc, Costé.

2 brum. (24 oct.). *Présid.*, Jaucourt. — *Secrét.*, Malherbe, Guinard, Legoupil-Duclos, Riouffe.

2 frim. (23 nov.). *Présid.*, Malès. — *Secrét.*, Eschassériaux, Tarrible, Faure, Lebreton.

2 nivôse (23 déc.). *Présid.*, Gillet (Seine-et-Oise). — *Secrét.*, Bertrand de Greuilhe, Pictet, Perrin, Portiez.

## An XI (1803).

2 pluv. (22 janv.). *Présid.*, Fréville. — *Secrét.*, Gillet-Lajaqueminière, Beaujour, Jubé, Say.

1er ventôse (20 févr.). *Présid.*, Garry. — *Secrét.*, Challan, Vesin, Duvidal, Picault.

1er germin. (20 mars). *Présid.*, Duveyrier. — *Secrét.*, Pernon, Jaubert, Bouteville, Huguet.

3 floréal (23 avril). *Présid.*, Costaz. — *Secrét.*, Labrouste, Van-Hultem, Daugier, Malherbe.

1ᵉʳ prair. (21 mai). *Présid.*, Trouvé. — *Secrét.*, Perrée, Sahuc, Beauvais, Mouricault.

2 messid. (21 juin). *Présid.*, Costé. — *Secrét.*, Beaujour, Carrion-Nisas, Gaudin, Dacier.

2 thermid. (21 juil.). *Présid.*, Riouffe. — *Secrét.*, Portiez, Guinard, Sédillez, Chauvelin.

2 fructid. (20 août). *Présid.*, Lebreton. — *Secrét.*, Say, Huguet, Picault, Perreau.

### 10ᵉ *Législature* (3 vendém. — 13 prairial an XII.)

3 vendém. (26 sept.). *Présid.*, Perreau. — *Secrét.*, Tarrible, Himbert, Jubé, Pinteville-Cernon.

2 brum. (25 oct.). *Présid.*, Beaujour. — *Secrét.*, Siméon, Labrouste, Carret, Daugier.

2 frim. (24 nov.). *Présid.*, Boissy d'Anglas. — *Secrét.*, Pougeard-du-Limbert, Curée, Gillet-Lajaqueminière, Delpierre.

2 nivôse (24 déc.). *Présid.*, Carrion-Nisas. — *Secrét.*, Delaistre, Favard, Chabot (Allier), Duveyrier.

### An XII (1804).

2 pluv. (23 janv.). *Présid.*, Jaubert. — *Secrét.*, Goupil-Préfeln, Gallois, Chassiron, Savoye-Rollin.

1ᵉʳ ventôse (21 févr.). *Présid.*, Duvidal. — *Secrét.*, Malherbe, Garry, Girardin, Grenier.

1ᵉʳ Germin. (22 mars). *Présid.*, Gillet-Lajaqueminière. — *Secrét.*, Malès, Gillet (Seine-et-Oise), Pinteville-Cernon, Leroy.

3 floréal (23 avril). *Présid.*, Fabre (de l'Aude). — *Secrét.*, Siméon, Jard-Panvilliers, Faure, Arnould.

### 11ᵉ *Législature* (11 frim. an XIII — 9 nivôse an XIV)[1].

*Présid.*, Fabre (de l'Aude) (décret du 13 prairial an XII)[1].

*Questeurs*, Sahuc, Jard-Panvilliers (décret du 13 prairial an XII)[2].

*Secrét.* (29 frim. et nivôse an XIII), Dacier, Albisson. — (2 pluv.), Mouricault, Koch. — (4 ventôse), Perrée, Carret. — (6 germin. an XIII et nivôse an XIV), Tarrible, Duvidal.

1. Il n'y a pas eu de séance au Tribunat depuis le 13 prairial an XII, jusqu'au 14 frim. an XIII.
2. Application du sénatus-consulte du 28 floréal an XII. Voy. supra, page 52.

*12ᵉ législature (1ᵉʳ janvier — 12 mai 1806).*

*Présid.*, Fabre (de l'Aude) (décret du 15 avril).

*Questeurs*, Jard-Panvilliers, Sahuc (décret du 19 avril).

*Secrét.* (janvier), Tarrible, Duvidal. — (3 mars), Périn, Goupil-
   Préfeln. — (2 avril), Perrée, Pictet. — (2 mai), Chassiron,
   Grenier.

*13ᵉ législature (14 août — 18 septembre 1807).*

*Présid.*, Fabre (de l'Aude).

*Questeurs*, Jard-Panvilliers, Sahuc.

*Secrét.* (22 août), Grenier, Chassiron. — (Sept.[1]), Delaistre,
   Dacier.

Le Tribunat, créé à l'instigation du Premier Consul, l'a
récompensé de cette faveur en contribuant à son élévation
au trône. C'est le Tribunat qui, le 8 mai 1802, exprime le
vœu que « Bonaparte soit nommé consul à vie ». Ce vœu,
adopté par le Sénat-Conservateur, devient le sénatus-consulte du 14 thermidor an X (2 août 1802)[1].

Le 3 floréal an XII (23 avril 1804), Curée, membre du
Tribunat, dépose une motion d'ordre par laquelle il
demande que « Napoléon Bonaparte soit déclaré Empereur,
et que la dignité impériale soit déclarée héréditaire dans sa
famille ». Cette motion, discutée le 10 floréal, combattue
par Carnot seul, est adoptée par le Tribunat le 13 floréal
(3 mai), par 49 voix sur 50, ensuite par le Sénat-Conservateur, et devient le sénatus-consulte du 28 floréal an XII
(18 mai 1804)[2].

Le Tribunat a été supprimé par le sénatus-consulte du
19 août 1807. Sa dernière séance a eu lieu le 18 septembre
suivant. Ses attributions passent au Corps législatif (art 1ᵉʳ).
Ceux de ses membres, dont les pouvoirs étaient *prorogés
jusqu'en 1812*, font partie du Corps législatif jusqu'à cette
époque (art. 9).

1. Le Tribunat ne s'est réuni qu'une seule fois en septembre, le 18 ; le procès-verbal
de cette séance, signé par les secrétaires Delaistre, Dacier, ne mentionne pas leur
nomination.

2. Voy. Léon MUEL.— *Gouvernements, etc., de la France depuis 1789*, pages 63 à 65.

3. *Idem*, pages 67 à 70.

# PREMIÈRE RESTAURATION

## Chambre des Pairs.

### (4 juin 1814 — 20 mars 1815.)

La Constitution du 6 avril 1814, appelant Louis XVIII au trône et votée par le Sénat, dit à l'article 5 : « Le Roi, le Sénat et le Corps législatif concourent à la formation des lois[1]. » Mais le Roi, dans sa déclaration de Saint-Ouen, du 2 mai, déclare qu' « il ne peut accepter cette Constitution qu'il est indispensable de rectifier ». Le 4 juin suivant, il réunit les deux Chambres pour leur notifier la Charte constitutionnelle dont voici les principaux articles relatifs à la Chambre des Pairs qui a remplacé le Sénat impérial[2] :

Art. 15. — La puissance législative s'exerce collectivement par le Roi, la Chambre des Pairs et la Chambre des Députés des Départements.

16. — Le Roi propose la loi.

17. — La proposition de la loi est portée au gré du Roi à la Chambre des Pairs ou à celle des Députés, excepté la loi de l'impôt qui doit être adressée d'abord à la Chambre des Députés.

24. — La Chambre des Pairs est une portion essentielle de la puissance législative.

25. — Elle est convoquée par le Roi en même temps que la Chambre des Députés. La session de l'une commence et finit en même temps que celle de l'autre.

27. — La nomination des pairs appartient au Roi ; leur nombre est illimité ; il peut en varier les dignités, les nommer à vie ou les rendre héréditaires selon sa volonté.

1. Voy. Léon MUEL. — *Gouvernements, etc., de la France depuis 1789*, page 82.
2. *Idem*, pages 90 et 93.

28. — Les pairs ont entrée dans la Chambre à 25 ans et voix délibérative à 30 ans seulement.

29. — La Chambre des Pairs est présidée par le Chancelier de France, et, en son absence, par un pair nommé par le Roi.

30. — Les membres de la famille royale et les princes du sang sont pairs par le droit de leur naissance; ils siègent immédiatement après le président, mais ils n'ont voix délibérative qu'à 25 ans.

31. — Ils ne peuvent siéger que de l'ordre du Roi[1].

32. — Toutes les délibérations de la Chambre des Pairs sont secrètes.

Les Pairs reçoivent un traitement annuel de 36.000 francs.

La Chambre des Pairs siège au Palais du Luxembourg[2]. Elle comprend cent cinquante-quatre membres, tous sortant du Sénat impérial, moins cinquante-trois qui ont été exclus à cause du rôle qu'ils ont joué pendant la Révolution, et dont les principaux sont Cambacérès, Roger-Ducos, l'abbé Grégoire, Lambrechts, Sieyès et Fouché. Une ordonnance royale du 4 juin 1814 donne la liste des cent cinquante-quatre pairs nommés à vie par le Roi pour composer la Chambre des Pairs.

Le Bureau de cette Chambre comprend un président qui est le Chancelier de France (art. 29 ci-dessus), un vice-président nommé par le Roi, et quatre secrétaires nommés par la Chambre des Pairs. Une autre ordonnance du 4 juin 1814 crée un grand référendaire qui administre les différents services de la Chambre des Pairs et exerce la police du Palais du Luxembourg. Le règlement du 2 juillet 1814, porte que, dans la seconde séance de chaque session, la Chambre des Pairs nommera quatre secrétaires pour toute la session. Dans la première séance de la session, dite séance royale d'ouverture, le Roi prononce un discours en présence des deux Chambres solennellement réunies dans la même enceinte (art. 2 du règlement du 13 août 1814).

1. Cet article est supprimé par l'ordonnance du 7 août 1830.
2. Ordonnance royale du 4 juin 1814.

LISTE DES MEMBRES DU BUREAU DE LA CHAMBRE DES PAIRS.

*Session de 1814 (4 juin 1814 — 20 mars 1815).*

*Présid.*, Dambray, chancelier de France[1].

*Vice-présid.*, comte Barthélemy (ordonnance royale du 4 juin 1814).

*Secrét. provis.* (4 juin), comte de Valence, comte de Pastoret. — *Secrét. définit.* (30 juin), comte de Pastoret, duc de Lévis, comte de Valence, maréchal duc de Tarente.

*Grand-Référend.*, comte de Sémonville (ordonnance royale du 4 juin 1814).

C'est ce même bureau qui a siégé lors de la convocation extraordinaire du 6 mars 1815.

Prorogée le 30 décembre 1814 jusqu'au 1er mai 1815, la Chambre des Pairs, à la nouvelle du retour de Napoléon de l'île d'Elbe, est convoquée extraordinairement le 6 mars 1815 par Louis XVIII ; elle se réunit le 9. A la séance du 20 mars, présidée par le comte Barthélemy, un secrétaire donne lecture de la proclamation du Roi datée du 19 mars, qui déclare close la session de 1814. La Chambre des Pairs se sépare aussitôt. Le même jour, Napoléon rentrait à Paris. Par décret du 13 mars, daté de Lyon, Napoléon avait déjà dissout les deux Chambres[2].

## Chambre des Députés des départements.

(4 juin 1814 — 20 mars 1815.)

La Chambre des Députés des Départements qui a succédé au Corps législatif a été créée par la Charte constitutionnelle du 4 juin 1814, dont voici les principaux articles qui lui sont relatifs[3] :

ART. 35. — La Chambre des Députés sera composée des députés élus par les collèges électoraux dont l'organisation sera déterminée par des lois.

1. Président de droit (art. 29 de la Charte constitutionnelle du 4 juin 1814).
2. Voy. Léon MUEL. — *Gouvernements, etc., de la France depuis 1789*, pages 98 à 100.
3. Voy. suprà, l'art. 15, page 57.

36. — Chaque département aura le même nombre de députés qu'il a eu jusqu'à présent.

37. — Les députés seront élus pour cinq ans et de manière que la Chambre des Députés soit renouvelée chaque année par cinquième.

38. — Aucun député ne peut être admis dans la Chambre s'il n'est âgé de 40 ans et s'il ne paie une contribution directe de 1.000 francs.

40. — Pour être électeur, il faut payer une contribution directe de 300 francs et avoir au moins 30 ans [1].

43. — Le président de la Chambre des Députés est nommé par le Roi, sur une liste de cinq membres présentée par la Chambre des Députés.

50. — Le Roi convoque, chaque année, les deux Chambres, il les proroge et peut dissoudre celle des Députés des départements ; mais, dans ce cas, il doit en convoquer une nouvelle dans le délai de trois mois.

Le Roi seul exerce l'initiative parlementaire [2]. Les fonctions de député sont gratuites. Par exception, les députés qui siégeaient au Corps législatif, nés Français, continueront à toucher leur traitement jusqu'à l'expiration de leur mandat (art. 1er de l'ordon. du 4 juin 1814).

La Chambre des Députés des Départements siège au Palais-Bourbon qui lui est affecté par ordonnance royale du 4 juin 1814. Elle comprend tous les membres du Corps législatif, moins ceux des départements rétrocédés par le traité de paix du 30 mai 1814. Ce chiffre qui, au 30 avril précédent, s'élevait pour le Corps législatif à 379, est réduit à 262.

Le règlement intérieur du 25 juin 1814, détermine comme suit la formation du Bureau de la Chambre des Députés des Départements :

ART. 1er. — A l'ouverture de la session, le doyen d'âge occupe le fauteuil.

1. Sous le régime de la Charte de 1814, il n'y avait en France que 70.000 électeurs. L'ordonnance du 13 juillet 1815 abaisse l'âge des électeurs à 21 ans.

2. Voy. supra, les art. 16 et 17, page 57.

2. — Les quatre plus jeunes députés font les fonctions de secrétaires.

6. — Après la vérification des pouvoirs, la Chambre élit les cinq membres qui doivent être présentés au roi pour le choix d'un président [1].

7. — La Chambre nomme, pour tout le cours de la session, quatre vice-présidents et quatre secrétaires.

8. — Elle nomme aussi, au commencement de la session et quand il y a lieu, les candidats à la questure.

Les fonctions de questeurs sont créées par l'art. 3 de l'ordonnance du 4 juin 1814. Ces fonctions, qui sont dévolues à deux députés, consistent dans la garde du Palais de la Chambre des Députés et des Archives. Ils sont choisis par le Roi, sur la présentation de cinq candidats, faite par la Chambre des Députés.

LISTE DES MEMBRES DU BUREAU DE LA CHAMBRE DES DÉPUTÉS
DES DÉPARTEMENTS.

*Session de* 1814 (4 *juin* 1814. — 20 *mars* 1815).

*Présid. provis.* (4 juin), Félix Faulcon. — *Présid. définit.*, **Lainé** (ordon. du 11 juin).
*Vice-présid.* (23 juin), Chevalier Dupont, Vigneron, Fornier de Saint-Lary, chevalier Poyféré de Cère.
*Secrét.* (26 juin), Desaux, Cherrier, Goulard, Dufougerais.
*Questeurs,* Maine de Biran, Calvet-Madaillan (ordon. du 11 juin).
Ce même bureau a siégé lors de la convocation extraordinaire du 6 mars 1815.

Prorogée le 30 décembre 1814, jusqu'au 1er mai 1815, la Chambre des Députés est convoquée extraordinairement le 6 mars, comme la Chambre des Pairs. Elle se réunit le 7 mars sous la présidence de Lainé. Après avoir protesté de son dévouement au roi Louis XVIII, elle voit sa session close le 20 mars 1815. Comme la Chambre des Pairs, elle était déjà dissoute par le décret lancé de Lyon le 13 mars par Napoléon [2].

1. Voy. art. 43 ci-dessus, page 60.
2. Voy. Léon MUEL. — *Gouvernements, etc., de la France depuis 1789,* pages 98 et 99.

# CENT-JOURS

## Chambre des Pairs.

### (3 juin — 7 juillet 1815.)

A son retour de l'île d'Elbe, Napoléon I<sup>er</sup> avait, en passant à Lyon, décrété, le 13 mars 1815, la dissolution de la Chambre des Pairs; mais, arrivé à Paris, il maintient cette institution dont l'organisation est modifiée par l'Acte additionnel aux Constitutions de l'Empire du 22 mai 1815. En voici les principaux articles qui lui sont relatifs[1] :

Art. 2. — Le pouvoir législatif est exercé par l'Empereur et par deux Chambres.

3. — La première Chambre, nommée *Chambre des Pairs*, est héréditaire.

4. — L'Empereur en nomme les membres qui sont irrévocables, eux et leurs descendants mâles, d'aîné en aîné en ligne directe. Leur nombre est illimité. Les pairs prennent séance à 21 ans, mais n'ont voix délibérative qu'à 25 ans.

5. — La Chambre des Pairs est présidée par l'archichancelier de l'Empire, ou, dans le cas prévu par l'art. 51 du sénatus-consulte du 28 floréal an XII, par un de ses membres désigné spécialement par l'Empereur.

6. — Les membres de la famille impériale, dans l'ordre d'hérédité, sont pairs de droit. Ils siègent après le président, prennent séance à 18 ans, mais n'ont voix délibérative qu'à 21 ans.

Par décret du 2 juin 1815, Napoléon reconstitue la Chambre des Pairs qui compte alors cent vingt membres

1. Voy. Léon MUEL. — *Gouvernements, etc., de la France depuis 1789*, page 104.

dont un grand nombre de généraux et maréchaux de France. Leurs noms ont été publiés dans le procès-verbal de la séance du 5 juin dans la forme suivante :

Au Palais de l'Elysée, le 2 juin 1815.

« Sont nommés membres de la Chambre des Pairs : »

(Suit la liste des cent vingt membres nommés.)

Le Bureau de la Chambre des Pairs des Cent-Jours comprenait, en outre du Président désigné par l'art. 5 ci-dessus, deux Secrétaires nommés par la Chambre pour trois mois, et rééligibles (art. 4 du règlement du 20 juin 1815). Un décret impérial du 26 mai porte que la Chambre des Pairs se formera au Palais du Luxembourg sous la présidence du prince archichancelier de l'Empire. Elle procédera à la nomination de deux secrétaires définitifs. Les deux plus jeunes d'âge en exerceront provisoirement les fonctions. Par décret du 1er juin 1815, les Chambres sont convoquées pour le 3 juin. La séance impériale d'ouverture et le discours de l'Empereur ont lieu le 7 juin au Palais-Bourbon.

### LISTE DES MEMBBES DU BUREAU DE LA CHAMBRE DES PAIRS DES CENT-JOURS.

(3 juin — 7 juil. 1815.)

*Président,* Cambacérès, prince archichancelier de l'Empire [1]. — Comte de Lacépède (désigné par décret du 4 juin pour présider en l'absence du prince archichancelier).

*Secrét.* (3 juin), comte Thibaudeau, comte de Valence.

A la suite du désastre de Waterloo annoncé par Carnot. alors ministre de l'intérieur, la Chambre des Pairs adopte une résolution proposée par le comte Thibaudeau, portant que « l'indépendance de la nation est menacée et qu'elle se déclare en permanence ». Après l'abdication imposée à Napoléon, la Chambre des Pairs adopte, le 22 juin, une résolution votée par la Chambre des représentants, tendant à la nomination d'une Commission de Gouvernement de

---

1. En exécution de l'art. 5 de l'Acte additionnel du 22 avril 1815.

5 membres dont 2 nommés par la Chambre des Pairs et 3 par la Chambre des Représentants. Le 23 juin, elle proclame Napoléon II empereur des Français, assiste impuissante à la capitulation de Paris, le 3 juillet. Le 7 juillet, elle entend de la bouche du duc d'Otrante, président de la Commission de Gouvernement, la lecture d'un message qui annonce l'occupation des Tuileries par les troupes prussiennes et le retour du roi Louis XVIII. Après cette communication, elle se sépare en silence pour ne plus se réunir. Une note émanant du roi Louis XVIII, et publiée à la date du 7 juillet dans le *Moniteur* du 8, annonce que « les Chambres du dernier Gouvernement sont dissoutes [1] ».

## Chambre des Représentants.

### (3 juin — 8 juillet 1815.)

L'Acte additionnel aux Constitutions de l'Empire du 22 avril 1815 porte :

ART. 7[2]. — La seconde Chambre, nommée *Chambre des Représentants*, est élue par le peuple.

8. — Les membres de cette Chambre sont au nombre de 629 [3]. Ils doivent être âgés de 25 ans au moins.

11. — Ils reçoivent pour frais de voyage, et durant la session, l'indemnité décrétée par l'Assemblée constituante [4].

12. — Ils sont indéfiniment rééligibles.

13. — La Chambre des Représentants est renouvelée de droit en entier tous les cinq ans.

22. — Durant l'intervalle des sessions de la Chambre des Représentants, ou en cas de dissolution de cette Chambre, la Chambre des Pairs ne peut s'assembler.

---

1. Voy. Léon MUEL. — *Gouvernements, etc., de la France depuis 1789,* pages 104 à 125.

2. Voy. l'art. 2 page 63.

3. 368 nommés par les collèges d'arrondissement (1 par arrondissement), 238 par les collèges de département, et 23 par ces derniers collèges pour représenter spécialement la propriété et l'industrie commerciale et manufacturière (art. 33 de l'Acte additionnel et décret y annexé).

4. 18 livres par jour (voy. suprà, page 7).

La date des élections de la Chambre des Représentants est fixée par le décret du 30 avril 1815, à quatre jours après l'arrivée du décret de convocation. Ces élections ont été faites d'après le mode indiqué par le sénatus-consulte du 16 thermidor an X, c'est-à-dire au suffrage à deux degrés et sans condition de cens [1].

Le président de la Chambre des Représentants est nommé par la Chambre à l'ouverture de la première session (art. 9 de l'Acte additionnel). Il reste en fonctions jusqu'au renouvellement de la Chambre ; sa nomination est soumise à l'approbation de l'Empereur. Une commission administrative de cinq membres non rétribués remplace les questeurs. Un décret du 26 mai 1815 porte que la Chambre des Représentants se réunira dans le Palais du Corps législatif sous la présidence du doyen d'âge. Les deux plus jeunes membres feront les fonctions de secrétaires en attendant la nomination des secrétaires définitifs.

### LISTE DES MEMBRES DU BUREAU DE LA CHAMBRE DES REPRÉSENTANTS DES CENT-JOURS.

#### (3 juin — 8 juillet 1815.)

*Présid. d'âge* (3 juin), de Branges. — *Présid. définit.* (4 juin), comte Lanjuinais.

*Vice-Présid.* (5 juin), Flaugergues, Dupont (de l'Eure), général Lafayette. — (6 juin), général Grenier.

*Secrét.* (6 juin), Bedoch. — (8 juin), Dumolard, général Carnot de Feulins [2], Clément (Doubs). — (23 juin), Hello [3].

La Chambre des Représentants avait choisi pour président un homme peu favorable à Napoléon : le comte Lanjuinais avait été le promoteur du décret de déchéance de 1814. Le 21 juin, à la nouvelle du désastre de Waterloo, la Chambre se déclare en permanence, cite les ministres de l'Empereur à sa barre ; le 22, elle réclame impérieusement l'abdication

1. Voy. suprà, page 44.
2. Frère du grand Carnot.
3. Élu en remplacement du général Carnot de Feulins nommé commissaire par intérim au ministère de l'intérieur.

de Napoléon qui la signe le jour même ; elle vote ensuite
la nomination d'une Commission exécutive de cinq membres ; en même temps, les bureaux des deux Chambres se
rendent à l'Élysée pour porter à l'Empereur « le témoignage
de la reconnaissance que leur inspire son généreux sacri-
fice ». Le 23 juin, la Chambre des Représentants proclame
Napoléon II Empereur des Français, assiste, comme la Chambre des Pairs, à la capitulation de Paris le 3 juillet ; discute
et adopte, les jours suivants, un projet de constitution ; le
7 juillet, elle entend la lecture du message par lequel la
Commission de Gouvernement annonce qu'elle cesse ses
fonctions et que les Tuileries sont occupées par les troupes
alliées. La Chambre des Représentants passe à l'ordre du
jour sur cette lecture, et s'ajourne au lendemain 8, à 8 heures
du matin. A l'heure dite, les Représentants se rendent au
lieu ordinaire de leurs séances ; mais les portes du Palais-
Bourbon étaient fermées, les avenues gardées par la force
armée, et les officiers qui la commandaient ayant annoncé
qu'ils avaient l'ordre formel de refuser l'entrée du palais,
les députés se sont réunis chez M. Lanjuinais, président; et
là, ils ont signé une protestation relatant les faits ci-dessus [1].
La Chambre des Représentants est dissoute par ordonnance
royale du 13 juillet 1815.

1. Voy. Léon MUEL. — *Gouvernements, etc., de la France depuis 1789*, pages 105
à 124.

# SECONDE RESTAURATION

## Chambre des Pairs.

### (7 oct. 1815 — 29 juillet 1830.)

Après sa rentrée à Paris, Louis XVIII conserve la Chambre des Pairs de 1814, il en élimine seulement 29 membres à raison de leur conduite pendant les Cent-Jours (ordon. du 24 juillet 1815). Par ordonnance du 17 août 1815, il crée 94 nouveaux pairs. La Chambre des Pairs compte alors 214 membres. Ce chiffre est porté d'abord à 263 (ordon. du 5 mars 1819 portant création de 59 pairs) ; ensuite à 341 (ordon. du 5 nov. 1827 portant création de 76 pairs). Au moment de la révolution de 1830, leur nombre était de 335.

Par ordonnance du 19 août 1815, la dignité de pair est déclarée héréditaire et transmissible de mâle en mâle par ordre de primogéniture dans la famille des pairs actuels et des pairs futurs. Par ordonnance du 25 août 1817, sont institués les *majorats* dont l'existence était préalablement nécessaire pour obtenir la dignité de pair (les pairs ecclésiastiques étaient seuls exceptés de cette mesure). Ces majorats, transmissibles à perpétuité avec le titre de pair, assuraient au titulaire un revenu net minimum de 30.000 francs pour les ducs, 20.000 francs pour les marquis et les comtes et 10.000 francs pour les vicomtes et les barons. Par ordonnance du 5 novembre 1827, l'hérédité de la pairie n'existe qu'à la charge de constituer un majorat de 10.000 francs au moins de revenu net en immeubles.

Le Bureau de la Chambre des Pairs est composé suivant le règlement établi sous la première Restauration [1].

1. Voy. suprà, page 58.

LISTE DES MEMBRES DU BUREAU DE LA CHAMBRE DES PAIRS.

### Session de 1815 (7 oct. 1815 — 29 avril 1816).

*Présid.*, Dambray, chancelier de France.
*Vice-Présid.*, comte de Barthélemy.
*Grand-Référend.*, comte de Sémonville[1].
*Secrét. provis.* (9 oct.), comte de Pastoret, duc de Lévis. — *Secrét. définit.* (12 oct.), comte de Pastoret, vicomte de Sèze, comte de Chateaubriand, duc de Choiseul.

### Session de 1816 (4 nov. 1816 — 26 mars 1817).

*Présid.*, chancelier Dambray.
*Vice-Présid.*, comte de Barthélemy.
*Secrét.*[2] (6 nov.), duc de Choiseul, comte Molé, comte de Pastoret, maréchal duc de Raguse.
*Grand-Référend.*, comte de Sémonville.

### Session de 1817 (5 nov. 1817 — 16 mai 1818).

*Présid.*, chancelier Dambray.
*Vice-Présid.*, comte de Barthélemy.
*Secrét.* (20 nov.), vicomte de Lamoignon, marquis Dessole, maréchal duc de Feltre, maréchal duc de Raguse.
*Grand-Référend.*, comte de Sémonville.

### Session de 1818 (10 déc. 1818 — 17 juillet 1819).

*Présid.*, chancelier Dambray.
*Vice-Présid.*, marquis de Barthélemy.
*Secrét.* (14 déc.), duc de Doudeauville, marquis de Pastoret, marquis de Vérac, maréchal duc de Bellune.
*Grand-Référend.*, marquis de Sémonville.

### Session de 1819 (29 nov. 1819 — 22 juillet 1820).

*Présid.*, chancelier Dambray.
*Vice-Présid.*, marquis de Barthélemy.

1. M. de Sémonville a occupé ces fonctions sans interruption jusqu'au 20 septembre 1834, jour où il a été nommé grand-référendaire honoraire.
2. Les secrétaires définitifs de la session précédente remplissent les fonctions de secrétaires provisoires à l'ouverture de la session suivante. Sur la proposition du comte Cornet, la Chambre des Pairs décide, le 30 novembre 1816, qu'à l'avenir les quatre plus jeunes pairs présents à la séance rempliront les fonctions de secrétaires provisoires.

*Secrét.* (2 déc.), duc de Doudeauville, comte Rapp, marquis de Beurnonville, vicomte de Montmorency.

*Grand-Référend.*, marquis de Sémonville.

### Session de 1820 (19 déc. 1820 — 31 juillet 1821).

*Présid.*, chancelier Dambray.

*Vice-Présid.*, marquis de Pastoret[1] (ordon. du 26 mai 1821).

*Secrét.* (20 déc.), marquis de Clermont-Tonnerre, duc de Damas, Crux, vicomte Dubouchage. — (21 avril), comte Lecouteulx de Canteleu[2].

*Grand-Référend.*, marquis de Sémonville.

### Session de 1821 (5 nov. 1821 — 1er mai 1822).

*Présid.*, chancelier Dambray.

*Vice-Présid.*, marquis de Pastoret.

*Secrét.* (6 nov.), marquis de Mun, vicomte Dambray[3], comte Curial, comte de Castellane.

*Grand-Référend.*, marquis de Sémonville.

### Session de 1822 (4 juin — 17 août 1822).

*Présid.*, chancelier Dambray.

*Vice-Présid.*, marquis de Pastoret.

*Secrét.* (5 juin). comte Portalis, comte de Noé, duc de Brissac, comte de Marescot.

*Grand-Référend.*, marquis de Sémonville.

### Session de 1823 (28 janv. — 8 mai 1823).

*Présid.*, chancelier Dambray.

*Vice-Présid.*, marquis de Pastoret.

*Secrét.* (29 janv.), marquis d'Orvilliers, comte de Laforest, duc de Narbonne, marquis de Rougé.

*Grand-Référend.*, marquis de Sémonville.

### Session de 1824 (23 mars — 4 août 1824).

*Présid.*, chancelier Dambray.

*Vice-Présid.*, marquis de Pastoret.

*Secrét.* (24 mars), baron de La Rochefoucauld, duc de Cadore, duc d'Uzès, marquis de Latour-Maubourg.

*Grand-Référend.*, marquis de Sémonville.

1. Nommé en remplacement du marquis de Barthélemy nommé vice-président honoraire de la Chambre des Pairs par ordonnance du 26 mai 1821 et mort le 3 avril 1839.

2. En remplacement du vicomte Dubouchage, décédé le 12 avril 1821.

3. Fils du chancelier.

### *Session de* 1825 (22 *déc.* 1824 — 13 *juin* 1825).

*Présid.*, chancelier Dambray.

*Vice-Présid.*, marquis de Pastoret.

*Secrét.* (23 déc.), marquis de Rosanbo, vicomte de Bonald, maréchal marquis de Lauriston, duc de Crillon.

*Grand-Référend.*, marquis de Sémonville.

### *Session de* 1826 (31 *janv.* — 6 *juillet* 1826).

*Présid.*, chancelier Dambray.

*Vice-Présid.*, marquis de Pastoret.

*Secrét.* (1ᵉʳ févr.), marquis de Mortemart, duc de Castries, comte de Claparède, duc de Saint-Aignan.

*Grand-Référend.*, marquis de Sémonville.

### *Session de* 1827 (12 *déc.* 1826 — 22 *juin* 1827).

*Présid.*, chancelier Dambray.

*Vice-Présid.*, marquis de Pastoret.

*Secrét.* (13 déc.), maréchal comte Molitor, comte d'Haussonville, comte de Durfort, duc de Montmorency.

*Grand-Référend.*, marquis de Sémonville.

### *Session de* 1828 (5 *fév.* — 18 *août* 1828).

*Présid.*, chancelier Dambray.

*Vice-Présid.*, marquis de Pastoret.

*Secrét.* (6 févr.), duc de Luxembourg, duc de Fitz-James, baron Portal, maréchal duc de Trévise.

*Grand-Référend.*, marquis de Sémonville.

### *Session de* 1829 (27 *janv.* — 31 *juillet* 1829).

*Présid.*, chancelier Dambray.

*Vice-Présid.*, marquis de Pastoret.

*Secrét.* (28 janv.), baron de Glandèves, comte d'Orglandes, vicomte Dode de la Brunerie, vicomte d'Houdetot.

*Grand-Référend.*, marquis de Sémonville.

### 1ʳᵉ *Session de* 1830 (2 — 19 *mars* 1830) [1].

*Présid.*, Mᵍʳ le marquis de Pastoret[2], chancelier de France (ordon. du 17 déc. 1829).

*Secrét.* (3 mars), comte de Bouillé, marquis de Laplace, vicomte Dambray, maréchal marquis Maison.

*Grand-Référend.*, marquis de Sémonville.

---

1. La session est prorogée au 1ᵉʳ septembre suivant.
2. Nommé en remplacement du chancelier Dambray, décédé le 13 décembre 1829.

Le rôle de la Chambre des Pairs pendant la seconde Restauration a été assez effacé. Elle a fait une forte opposition au ministère de Villèle, une première fois en repoussant, le 3 juin 1824, par 128 voix contre 94, la conversion du 5 °/₀ en 3 °/₀ ; une seconde fois, en obligeant le roi Charles X, à retirer, par ordonnance du 17 avril 1827, le projet de loi sur la presse, dit *loi de justice et d'amour*[1]. Ces deux projets de lois avaient été adoptés par la Chambre des Députés. Pour changer la majorité de la Chambre des Pairs, M. de Villèle, par ordonnance du 5 novembre 1827, fait créer par le Roi une fournée de 76 pairs. « Des Pairs, disait à ce sujet le premier ministre, j'en ferai tant qu'il sera honteux de l'être et honteux de ne l'être pas. » A partir de ce moment, la Chambre des Pairs modifie sa politique. Elle n'a pu contribuer à la révolution de 1830, ayant été prorogée le 19 mars 1830 jusqu'au 1ᵉʳ septembre suivant.

## Chambre des Députés des Départements.

### (7 oct. 1815 — 29 juillet 1830.)

L'ordonnance du 13 juillet 1815, qui avait dissout la Chambre des Représentants, prescrit de nouvelles élections pour les 14-21 août suivant avec les collèges électoraux de l'Empire. Elle supprime le suffrage universel, maintient le suffrage à deux degrés, remet en vigueur le cens établi par l'article 38 de la Gharte du 4 juin 1814, en n'admettant que les électeurs qui paient 300 francs de contributions et les éligibles qui paient 1.000 francs, abaisse à 21 ans l'âge des électeurs et à 25 ans celui des éligibles, et porte le nombre des députés de 262 à 395.

Les élections des 14-21 août 1815 amènent une Chambre ultra-royaliste qui répand la terreur blanche dans le pays. Elle comprenait 33 membres de la Chambre des Députés de la première Restauration et 17 de la Chambre des Représen-

1. Voy. Léon MUEL. — *Gouvernements. etc., de la France depuis 1789*, page 139.

tants. La minorité comprenait environ 60 royalistes modérés ou libéraux. Un jour, Louis XVIII, stupéfait de l'esprit réactionnaire de cette Chambre, s'écrie : « En vérité, une pareille Chambre semblait introuvable. » De là le nom de *Chambre introuvable* sous lequel on la désigne. Par ordonnance du 5 septembre 1816, le Roi la dissout. Cette nouvelle est accueillie avec joie dans toute la France. Cette même ordonnance qui fixe les nouvelles élections aux 25 sept.-4 octobre, ramène le nombre des Députés à 258 et fixe à 40 ans l'âge minimum des Députés. Les départements sont divisés en cinq séries le 27 novembre 1816, et le tirage au sort des séries a lieu le 22 janvier 1817.

La loi électorale du 5 février 1817 maintient les conditions d'âge et de cens, supprime le suffrage à deux degrés, et élève à 30 ans l'âge des électeurs. Les députés sont élus au scrutin de liste par département. L'article 19 édicte que les députés ne reçoivent ni traitements ni indemnités. L'ordonnance du 25 mars 1818 (art. 1er) fixe à 40 ans l'âge minimum des députés. L'article 2 impose au député élu dans plusieurs départements l'obligation d'opter dans le mois qui suit l'élection. La loi du 29 juin 1820 rétablit les collèges d'arrondissement et le scrutin uninominal, porte le nombre des députés à 430 (258 pour les collèges d'arrondissement et 172 pour les collèges de département). Ceux des collèges de département sont élus au scrutin de liste dans chaque département par un collège composé des électeurs les plus imposés en nombre égal au quart de la totalité des électeurs du département, de sorte que ce groupe des plus imposés vote à la fois dans les collèges d'arrondissements et dans celui du département ; de là le nom de *loi du double vote* donné à la loi du 29 juin 1820. Cette loi a été appliquée aux élections partielles des 4-13 novembre 1820 et aux élections générales des 25 févr.-6 mars 1824, 17-24 novembre 1827 et 23 juin-3 juillet 1830.

La loi du 9 juin 1824 supprime le renouvellement quinquennal par cinquième et lui substitue le renouvellement

septennal. La Chambre des Députés sera renouvelée intégralement tous les sept ans ; d'où le nom de *Chambre
septennale.*

Après la dissolution du 5 septembre 1816, le parti royaliste, en minorité dans la nouvelle Chambre, comptait
environ 100 membres dont le chef était Ravez ; le parti
gouvernemental, très nombreux, était dirigé par Laffite ; il
y avait aussi un groupe de libéraux dont Camille Jordan
était le chef. Au renouvellement de 1817, la majorité gou-
vernementale se maintient. En 1818 et 1819, le parti indé-
pendant prend de l'importance : il compte dans ses rangs
Lafayette, Benjamin Constant, Dupont (de l'Eure), Manuel.
La gauche compte 90 membres environ. De 1820 à 1823,
une évolution se produit ; la gauche diminue et les ultra-
royalistes augmentent. Aux élections des 4-13 novembre
1820, sur 266 élus, la gauche n'en compte que 33, le centre
disparaît, la droite est victorieuse.

La Chambre est dissoute par ordonnance royale du 24
décembre 1823. Les élections des 25 février-6 mars 1824
réduisent fortement l'opposition de gauche : de 110 elle
n'en compte plus que 19 ; les ultra-royalistes retrouvent
leur majorité d'autrefois, ce qui fait donner à cette nouvelle
assemblée le nom de *Chambre retrouvée.*

En 1827, le parti royaliste de la Chambre des Députés est
livré à l'anarchie. Pour mettre fin à cet état de choses,
Charles X, par ordonnance du 5 novembre 1827, dissout
la Chambre des Députés et convoque les collèges électoraux
d'arrondissement pour le 17 novembre et ceux de département pour le 24 du même mois. Ainsi la Chambre septennale
n'avait vécu que 3 ans et quelques mois. Les élections des
17-24 novembre 1827 donnent la victoire à l'opposition et
oblige le roi Charles X à remplacer le ministère Villèle par
le ministère Martignac. L'opposition de toutes nuances
comptait alors 249 membres contre 157 pour le ministère[1].

---

1. Voy. Léon MUEL. — *Gouvernements, etc., de la France depuis 1789*, pages 139
et 140.

Voici le tableau des dissolutions et des élections générales de la Chambre des Députés sous la seconde Restauration :

| DISSOLUTIONS. | | ELECTIONS GÉNÉRALES. | |
|---|---|---|---|
| Ordon. du | 13 juillet 1815 | 14-21 août | 1815 |
| — | 5 sept. 1816 | 25 sept.-4 oct. | 1816 |
| — | 24 déc. 1823 | 25 févr.-6 mars | 1824 |
| — | 5 nov. 1827 | 17-24 nov. | 1827 |
| — | 16 mai 1830 | 24 juin-7 juil. | 1830 |
| — | 25 juillet 1830 | | |

La Chambre des Députés tient sa première séance le 7 octobre 1815 au Palais-Bourbon. La formation de son Bureau a lieu conformément au règlement du 25 juin 1814[1].

### LISTE DES MEMBRES DU BUREAU DE LA CHAMBRE DES DÉPUTÉS.

#### Session de 1815 (7 oct. 1815 — 29 avril 1816).

*Présid. d'âge* (9 oct.), Cochard (de la Haute-Saône). — (12 oct.), comte de Jobal.

*Présid. définit.*, Lainé (ordon. royale du 12 oct.).

*Vice-Présid.* (11 oct.), Bellart, de Grosbois, Gossin de Bouville, Faget de Baure.

*Secrét.* (12 oct.), marquis de La Maisonfort, Hyde de Neuville, Cardonnel, Tabarié. — (22 nov.), de Kergorlay[2].

*Questeurs*, chevalier Maine de Biran, marquis de Puyvert (ordon. du 16 oct.).

#### Session de 1816 (4 nov. 1816 — 26 mars 1817).

*Présid. d'âge* (6 nov.), Anglès. — *Présid. définit.*, baron Pasquier (ordon. du 12 nov. 1816). — De Serre[3] (ordon. du 24 janv. 1817).

*Vice-Présid.* (11 nov.), Royer-Collard, Camille Jordan, Siméon, Beugnot.

*Secrét.* (12 nov.), Bourdeau, Jollivet, Blanquart de Bailleul, prince de Broglie.

*Questeurs*, Duvergier de Hauranne, Fornier de Saint-Lary (ordon. du 14 nov.).

1. Voy. ce règlement, page 60.
2. En remplacement de Tabarié, démissionnaire.
3. En remplacement du baron Pasquier nommé garde des Sceaux.

*Session de* 1817 (5 *nov.* 1817 — 16 *mai* 1818).

*Présid. d'âge* (8 nov.), Anglès. — *Présid. définit.*, de Serre (ordon. du 13 nov.).

*Vice-Présid.* (12 nov.), Faget de Baure, de Courvoisier, Bellart, prince de Broglie.

*Secrét.* (12 et 13 nov.), Boin, Bourdeau, Froc de Laboulaye, comte d'Hautefeuille.

*Questeurs*, Duvergier de Hauranne, Fornier de Saint-Lary.

*Session de* 1818 (10 *déc.* 1818 — 17 *juillet* 1819).

*Présid. d'âge* (11 déc.), Anglès. — *Présid. définit.*, Ravez (ordon. du 18 déc.).

*Vice-Présid.* (17 déc.), de Courvoisier, baron Blanquart de Bailleul, Becquey, comte Beugnot.

*Secrét.* (18 déc.), comte de Saint-Aulaire, Boin, Paillot de Loynes, général Augier.

*Questeurs*, Duvergier de Hauranne, Fornier de Saint-Lary.

*Session de* 1819 (29 *nov.* 1819 — 22 *juil.* 1820).

*Présid. d'âge* (2 déc.), Anglès. — *Présid. définit.*, Ravez (ordon. du 8 déc. 1819).

*Vice-Présid.* (7 déc.), Lainé, de Courvoisier, Bellart, de Villèle.

*Secrét.* (9 déc.), de Wendel, de Cassaignolles, Dumeilet, Delong.

*Questeurs*, Duvergier de Hauranne, Fornier de Saint-Lary. — (Ordon. du 16 déc. 1819), baron de Chabaud-Latour.

*Session de* 1820 (19 *déc.* 1820 — 31 *juil.* 1821).

*Présid. d'âge* (20 déc.), Anglès. — *Présid. définit.*, Ravez (ordon. du 26 déc. 1820).

*Vice-Présid.* (27 déc.), marquis de Bouville, de Chifflet, baron Blanquart de Bailleul, Bonnet.

*Secrét.* (27 déc.), Mousnier - Buisson, vicomte de Castelbajac, de Wendel, comte de Kergorlay (Oise).

*Questeurs*, baron de Chabaud - Latour, Fornier de Saint-Lary (ordon. du 30 déc.).

*Session de* 1821 (5 *nov.* 1821 — 1" *mai* 1822).

*Présid. d'âge* (6 nov.), Anglès. — *Présid. définit.*, Ravez (ordon. du 19 nov.).

*Vice-Présid.* (17 nov.), de Villèle, de Corbière. — (19 nov.), vicomte de Bonald, comte de Vaublanc. — (24 déc.), comte de La Bourdonnaye [1]. — (26 déc.), comte Chabrol de Crousol [2].

*Secrét.* (20 nov.), comte de Béthizy, comte Florian de Kergorlay. — (21 nov.), Cornet-Dincourt, vicomte de Castelbajac.

*Questeurs*, baron de Chabaud-Latour, Fornier de Saint-Lary.

### Session de 1822 (4 juin — 17 août 1822).

*Présid. d'âge* (5 juin), Delacroix-Frainville. — *Présid. définit.*, Ravez (ordon. du 8 juin).

*Vice-Présid.* (8 juin), vicomte de Bonald, comte de Vaublanc, comte Chabrol de Crousol, comte de La Bourdonnaye.

*Secrét.* (8 juin), comte de Béthizy, comte Florian de Kergorlay, Cornet-Dincourt, vicomte de Castelbajac.

*Questeurs*, baron de Chabaud-Latour, Fornier de Saint-Lary.

### Session de 1823 (28 janv. — 9 mai 1823).

*Présid. d'âge* (29 janv.), Delacroix-Frainville. — *Présid. définit.*, Ravez (ordon. du 2 févr.).

*Vice-Présid.* (1" févr.), de Martignac, comte Florian de Kergorlay marquis de Causans, vicomte de Bonald.

*Secrét.* (3 févr.), comte de Courtavel. — (4 févr.), Henri de Longuéve, comte de Salaberry, Potteau-d'Hancardrie.

*Questeurs*, Fornier de Saint-Lary. — (Ordon. du 10 févr. 1823), Garnier-Dufougeray.

### Session de 1824 (23 mars — 4 août 1824).

*Présid. d'âge* (24 mars), Chilhaud de la Rigaudie. — *Présid. définit.*, Ravez (ordon. du 31 mars).

*Vice-Présid.* (30 mars), de Martignac, comte de Vaublanc, de Bouville, comte de La Bourdonnaye.

*Secrét.* (30 mars), Sirieys de Mayrinhac. — (31 mars), chevalier de Berbis, comte de Blangy, baron de Coupigny.

*Questeurs*, Garnier-Dufougeray. — (Ordon. du 5 avril), Dubruel.

### Session de 1825 (22 déc. 1824 — 13 juin 1825).

*Présid. d'âge* (23 déc.), Chilhaud de la Rigaudie. — *Présid. définit.*, Ravez (ordon. du 26 déc.).

1. En remplacement de M. de Villèle, nommé ministre des finances.
2. En remplacement de M. de Corbière, nommé ministre de l'intérieur.

*Vice-Présid.* (24 déc.), comte de Vaublanc, de Lastours. — (27 déc.), Chifflet, de Martignac.

*Secrét.* (28 déc.), de La Pasture, marquis de Fraguier, marquis de Nicolaï, André (Lozère).

*Questeurs*, Garnier-Dufougeray, Dubruel.

### Session de 1826 (31 janv. — 6 juillet 1826).

*Présid. d'âge* (1er févr.), Chilhaud de la Rigaudie. — *Présid. définit.*, Ravez (ordon. du 5 févr.).

*Vice-Présid.* (3 févr.), de Martignac, comte de Vaublanc, Descordes, Carrelet de Loisy.

*Secrét.* (4 févr.), chevalier de Margadel, comte d'Erceville, de Fadate de Saint-Georges, de Curzay.

*Questeurs*, Garnier-Dufougeray, Dubruel.

### Session de 1827 (12 déc. 1826. — 22 juin 1827).

*Présid. d'âge* (13 déc.), Chilhaud de la Rigaudie. — *Présid. définit.*, Ravez (ordon. du 20 déc ).

*Vice-Présid.* (19 déc.), vicomte de Martignac, comte de Vaublanc, Carrelet de Loisy, Pardessus.

*Secrét.* (20 déc.), Chenevaz. — (21 déc.), baron Baron, chevalier Lemare, comte de La Tour-du-Pin La Charce.

*Questeurs*, Garnier-Dufougeray, Dubruel.

### Session de 1828 (5 fév. — 18 août 1828).

*Présid. d'âge* (6 févr.), Rallier. — *Présid. définit.*, Royer-Collard (ordon. du 25 févr.).

*Vice-Présid.* (25 févr.), marquis de Cambon, Agier. — (26 févr.), chevalier de Berbis, Bertin de Vaux.

*Secrét.* (26 févr.), comte de Lur-Saluces, comte de Valon, Rouillé de Fontaines, Du Meilet.

*Questeurs*, Laisné de Villevêque, Dubruel (ordon. du 29 févr.). — Comte de Bondy[1] (ordon. du 8 avril 1828).

### Session de 1829 (27 janv. — 31 juil. 1829).

*Présid. d'âge*, Labbey de Pompierres ; *Présid. définit.*, Royer-Collard (ordon. du 2 févr.).

*Vice-Présid.* (30 janv.), comte de Saint-Aulaire, baron Girod (de l'Ain), marquis de Cambon, Dupont (de l'Eure).

1. En remplacement de Dubruel, décédé.

*Secrét.* (31 janv.), de Lascours. — (2 févr.), de Châteaufort, baron
    Pas-de-Beaulieu, vicomte de Beaumont.

*Questeurs,* Laisné de Villevêque, comte de Bondy.

        1re *Session de* 1830 (2 — 19 *mars* 1830) [1].

*Présid. d'âge,* Labbey de Pompierres. — *Présid. définit.,* Royer-
    Collard (ordon. du 7 mars).

*Vice-Présid.* (6 mars), Dupin aîné, Bourdeau, marquis de Cambon,
    vicomte de Martignac.

*Secrét.* (8 mars), De Marhallac, comte de Preissac, Jacqueminot,
    comte d'Harcourt.

*Questeurs,* Laisné de Villevêque, comte de Bondy.

A la suite de l'adresse des 221, votée le 16 mars 1830 par
la Chambre des Députés et présentée le 18 au Roi par son
président, M. Royer-Collard [1], Charles X, par ordonnance du
19 mars, proroge la Chambre des Députés au 1er septembre
suivant. Par ordonnance du 16 mai, il la dissout, fixe les
nouvelles élections aux 23 juin et 3 juillet, et la convocation
des deux Chambres au 3 août suivant [2]. Ces élections ne font
que renforcer l'opposition qui, sur 428 sièges, compte
270 membres contre 145 en faveur du Gouvernement. Sur
les 221, 202 sont réélus. C'est alors que, sur le conseil de ses
ministres, le roi Charles X fait publier les fameuses ordonnances du 25 juillet 1830 [4], qui entre autres mesures, modi-
fient les règles d'élections [3], prononcent la dissolution de la
Chambre élue les 23 juin et 3 juillet précédents, et convoquent les électeurs pour les 6 et 13 septembre, et les deux
Chambres pour le 28 du même mois.

    La révolution éclate. Les députés présents à Paris pu-
blient le 27 juillet, et font afficher une protestation contre
ces ordonnances, se réunissent d'abord chez M. Casimir-
Périer, puis chez M. Laffitte où, le 29 juillet, ils instituent

    1. Prorogée le 19 mars jusqu'au 1er septembre, la Chambre des Députés a été dis-
soute le 16 mai 1830.

    2. Voy. Léon MUEL. — *Gouvernements, etc., de la France depuis 1789,* pages 143
à 175.

    3. Le nombre des députés est ramené à 258 ; les lois du 29 juin 1820 sur le double
vote et du 9 juin 1824 sur la septennalité sont abrogées et remplacées par le suffrage
à deux degrés et le renouvellement annuel par cinquième.

un Gouvernement provisoire sous le nom de *Commission municipale*. Le même jour, Charles X, dans l'espoir d'enrayer le mouvement révolutionnaire, nomme de nouveaux ministres, rend une ordonnance qui révoque celles du 25 juillet, et fixe l'ouverture de la session des Chambres au 3 août suivant ; mais il est trop tard, les députés, réunis le 30 juillet au Palais-Bourbon sous la présidence de M. Bérard, rédigent un message par lequel ils nomment Louis-Philippe, duc d'Orléans, lieutenant général du royaume. Les députés se réunissent de nouveau le 31 juillet au Palais-Bourbon sous la présidence de M. Laffitte. MM. Guizot, Villemain, Bérard et Benjamin Constant remplissent les fonctions de secrétaires. La députation chargée de porter le message au duc d'Orléans rend compte de sa mission par la bouche du général Sébastiani. Ensuite, M. Guizot propose aux députés un projet de proclamation au Peuple français. Ce projet, lu à l'Assemblée, est adopté à l'unanimité. Les députés se réunissent de nouveau le 2 août, pour procéder au tirage au sort de la grande députation qui doit aller au-devant du Lieutenant général du royaume, le lendemain 3 août, jour de la séance d'ouverture des Chambres[1].

1. Voy. Léon MUEL. — *Gouvernements, etc., de la France depuis* 1789, pages 162 à 175.

# MONARCHIE DE JUILLET

## Chambre des Pairs.

(29 juillet 1830 — 24 février 1848.)

L'institution de la Chambre des Pairs a été maintenue par le roi Louis-Philippe. Par une ordonnance du 1er août, Louis-Philippe d'Orléans, encore Lieutenant général du royaume, convoque les Chambres pour le 3 août. Le 7 août, la Chambre des Pairs se réunit pour donner son adhésion à la déclaration du même jour, par laquelle la Chambre des Députés modifie la Charte de 1814 et appelle au trône de France S. A. R. Louis-Philippe d'Orléans, duc d'Orléans, lieutenant général du Royaume[1].

Par ordonnance du 14 août 1830, le Roi fait publier « la Charte constitutionnelle de 1814, telle qu'elle a été amendée par les deux Chambres le 7 août et acceptée par le Roi le 9 août[1] ».

Voici les articles modifiés de cette Charte qui sont relatifs à la Chambre des Pairs :

Art. 15. — La proposition des lois appartient au Roi, à la Chambre des Pairs et à la Chambre des Députés.

16. — Toute loi doit être discutée et votée librement par la majorité de chacune des deux Chambres.

L'article 26 supprime les mots suivants qui figurent dans l'art. 30 de l'ancienne Charte : « Ils (les princes du sang) n'ont voix délibérative qu'à 25 ans ».

---

1. Voy. Léon MUEL. — *Gouvernements, etc., de la France depuis 1789*, page 173 et suiv.

Art. 27. — Les séances de la Chambre des Pairs sont publiques comme celles de la Chambre des Députés [1].

68. — Toutes les nominations et créations nouvelles de pairs faites sous le règne du roi Charles X, sont déclarées nulles et non avenues.

La loi du 29 décembre 1831 abolit l'hérédité de la pairie. Les pairs n'ont plus ni traitement, ni pension, ni dotation. Le Roi ne peut faire les nominations de pairs que parmi certaines notabilités désignées dans la loi. Par ordonnance du 12 mai 1835, les majorats sont abolis. En 1830, il y avait 192 pairs ; en 1848, il en existait 312. Du 9 août 1830 au 24 février 1848 il y a eu 337 nominations de pairs. Du 4 juin 1814 au 16 septembre 1824, jour de la mort de Louis XVIII, il y a eu 373 nominations de pairs y compris 28 nominations doubles par suite de l'ordonnance du 24 juillet 1815 et de l'art. 68 de la Charte de 1830. Les 94 nominations de pairs faites sous le règne de Charles X ont été annulées par l'article 68 ci-dessus ; 64 pairs ont été admis à titre héréditaire depuis 1814 jusqu'à la loi du 29 décembre 1831 qui supprime l'hérédité ; 19 pairs dont les droits étaient acquis antérieurement à cette loi ont été admis depuis 1831 jusqu'en 1848 [2].

Suivant le règlement de l'ancienne Chambre des Pairs, confirmé par celui du 19 juin 1833, le bureau de la Chambre des Pairs est composé d'un président (le chancelier de France) [3] et d'un grand-référendaire, nommés par le Roi, et de quatre secrétaires élus par la Chambre au début de chaque session (dans la 2e séance au plus tard). Le Roi nomme aussi parfois des vice-présidents.

---

1. Voy. l'art. 32 de la Charte de 1814, page 58.

2. Dans ce décompte, il n'est pas question des pairs nommés par Napoléon I er le 2 juin 1815.

3. En vertu d'ordonnances du 27 août 1830, le président de la Chambre des Pairs remplit les fonctions d'officier d'état civil de la maison royale, et son traitement est fixé à 100.000 fr. par an.

## Liste des Membres du Bureau de la Chambre des Pairs.

### 2e *Session de* 1830 (3 *août* 1830 — 31 *mai* 1831).

*Présid.*, baron Pasquier [1], chancelier de France (ordon. du 3 août).

*Vice-Présid.*, baron Séguier (ordon. du 27 août).

*Secrét.* (4 août), marquis de Mortemart, maréchal marquis Maison, duc de Plaisance, comte Lanjuinais. — (7 août), maréchal Jourdan [2].

*Grand-Référend.*, marquis de Sémonville.

### *Session de* 1831 (23 *juillet* 1831 — 21 *avril* 1832).

*Présid.*, baron Pasquier.

*Vice-Présid.*, baron Séguier.

*Secrét.* (25 juillet), amiral baron Duperré, marquis de Jaucourt, maréchal duc de Trévise, duc de Coigny. — (4 avril 1832), comte Caffarelli [3].

*Grand-Référend.*, marquis de Sémonville.

### *Session de* 1832 (19 *nov.* 1832 — 25 *avril* 1833).

*Présid.*, baron Pasquier.

*Vice-Présid.*, baron Séguier.

*Secrét.* (19 nov.), vice-amiral comte Emeriau, duc de Bassano, duc de Valmy, comte Gilbert de Voisins.

*Grand-Référend.*, marquis de Sémonville.

### *Session de* 1833 (26 *avril* — 26 *juin* 1833).

*Présid.*, baron Pasquier.

*Vice-Présid.*, baron Séguier.

1. Nommé en remplacement du marquis de Pastoret, démissionnaire, le baron Pasquier a constamment occupé ce poste jusqu'à la révolution de 1848. L'ordonnance du 3 août 1830 ne mentionne pas le titre de chancelier de France, ce qui fait dire à Duvergier, dans son *Recueil des Lois*, que le titre de chancelier de France se trouve par le fait supprimé. Duvergier fait erreur puisque, d'une part, l'art. 25 de la Charte du 14 août 1830 dit que « la Chambre des Pairs est présidée par le Chancelier de France », et que, d'autre part, le compte rendu des procès-verbaux de la Chambre des Pairs porte jusqu'en 1848 cette mention : « Présidence de M. le Chancelier. »

2. Nommé en remplacement du maréchal marquis Maison, chargé d'une mission diplomatique.

3. Nommé en remplacement du duc de Trévise.

*Secrét.* (26 avril), comte de Montesquiou, maréchal comte Gérard, Gauthier, comte de Montalivet. — (29 avril), comte Guilleminot [1].

*Grand-Référend.*, marquis de Sémonville.

### Session de 1834 (23 déc. 1833 — 24 mai 1834).

*Présid.*, baron Pasquier.

*Vice-Présid.*, baron Séguier.

*Secrét.* (24 déc.), comte de Bondy, duc de Brissac, comte Reille, marquis de Laplace.

*Grand-Référend.*, marquis de Sémonville.

### Session de 1835 [2] (31 juillet 1834 — 11 sept. 1835).

*Présid.*, baron Pasquier.

*Vice-Présid.*, baron Séguier. — (Ordon. du 20 sept. 1834) [3], comte Portalis, duc de Broglie. — (Ordon. du 2 avril 1835), comte de Bastard.

*Secrét.* (1er août), comte Klein, comte de La Rochefoucauld, comte d'Anthouard, comte de Germiny.

*Grand-Référend.*, duc Decazes [4] (ordon. du 20 sept. 1834).

### Session de 1836 (29 déc. 1835 — 12 juillet 1836).

*Présid.*, baron Pasquier.

*Vice-Présid.*, baron Séguier, comte Portalis, duc de Broglie, comte de Bastard.

*Secrét.* (30 déc.), maréchal Oudinot, duc de Reggio, duc de Mortemart, Girod (de l'Ain), baron de Fréville. — (15 mars 1836), maréchal comte de Lobau [5].

*Grand-Référend.*, duc Decazes.

### Session de 1837 (27 déc. 1836 — 15 juillet 1837).

*Présid.*, baron Pasquier.

*Vice-Présid.*, baron Séguier, comte Portalis, duc de Broglie, comte de Bastard.

1. Nommé en remplacement du maréchal comte Gérard non acceptant pour raison de santé.
2. Prorogée du 16 août au 1er déc. 1834.
3. Le comte Molé figure dans cette ordonnance au *Bulletin des Lois*, mais non dans le procès-verbal de la séance du 1er déc. 1834.
4. Nommé en remplacement du marquis de Sémonville, démissionnaire pour raison de santé. et nommé grand-référendaire honoraire.
5. En remplacement du maréchal duc de Reggio. démissionnaire pour raison de famille.

*Secrét.* (28 déc.), vicomte de Caux, duc de Castries, comte de Tascher, Barthe. — (18 avril 1837), duc de Caraman [1].

*Grand-Réfèrend.*, duc Decazes.

### Session de 1838 (18 déc. 1837 — 12 juillet 1838).

*Présid.,* baron Pasquier.

*Vice-Présid.,* baron Séguier, comte Portalis, duc de Broglie, comte de Bastard.

*Secrét.* (19 déc.), duc de Praslin, comte Hendelet, baron Neigre, comte de La Villegontier.

*Grand-Réfèrend.,* duc Decazes.

### 1re Session de 1839 (17 déc. 183 8 — 2 févr. 1839).

*Présid.,* baron Pasquier.

*Vice-Présid.,* baron Séguier, comte Portalis, duc de Bro glie, comte de Bastard.

*Secrét.* (18 déc.), marquis de Louvois, comte Durosnel, vice-amiral Halgan, comte de Turgot.

*Grand-Réfèrend.,* duc Decazes.

### 2e Session de 1839 (4 avril — 6 août 1839).

*Présid.,* baron Pasquier.

*Vice-Présid.,* baron Séguier, comte Portalis, duc de Broglie, comte de Bastard.

*Secrét.* (4 avril), comte Durosnel, marquis de Louvois, vice-amiral Halgan, comte de Turgot.

*Grand-Réfèrend.,* duc Decazes.

### Session de 1840 (23 déc. 1839 — 15 juillet 1840).

*Présid.,* baron Pasquier.

*Vice-Présid.,* baron Séguier, comte Portalis, duc de Broglie, comte de Bastard.

*Secrét.* (24 déc.), vice-amiral baron Roussin, baron de Daunant, comte de Noé, comte de Monthion. — (5 mars 1840), duc de Fezensac [2].

1. En remplacement de Barthe nommé garde des sceaux.
2. En remplacement du vice-amiral baron Roussin, nommé ministre de la Marine et des Colonies.

## Session de 1841 (5 nov. 1840 — 25 juin 1841).

*Présid.*, baron Pasquier.

*Vice-Présid.*, baron Séguier, comte Portalis, duc de Broglie, comte de Bastard.

*Secrét.* (6 nov.), comte de Caffarelli, comte de Gasparin, marquis de Pange, baron Feutrier.

*Grand-Référend.*, duc Decazes.

## Session de 1842 (27 déc. 1841 — 11 juin 1842).

*Présid.*, baron Pasquier.

*Vice-Présid.*, baron Séguier, comte Portalis, duc de Broglie, comte de Bastard.

*Secrét.* (28 déc.), maréchal comte Valée, vice-amiral comte Jacob, Persil, prince de Beauvau[1].

*Grand-Référend.*, duc Decazes.

## Session de 1843[2] (26 juillet 1842 — 24 juillet 1843).

*Présid.*, baron Pasquier.

*Vice-Présid.*, baron Séguier, comte Portalis, duc de Broglie, comte de Bastard.

*Secrét.* (27 juil. 1842), duc de Coigny, comte Beaudrand, comte Siméon, Franck Carré[3].

*Grand-Référend.*, duc Decazes.

## Session de 1844 (27 déc. 1843 — 5 août 1844).

*Présid.*, baron Pasquier.

*Vice-Présid.*, baron Séguier, comte Portalis, duc de Broglie, comte de Bastard. — (Ordon. du 28 janv. 1844), Barthe[4].

*Secrét.* (28 déc.), baron de Mareuil, vicomte Pernety, duc d'Harcourt, vicomte de Préval.

*Grand-Référend.*, duc Decazes.

1. Aux séances des 6 et 7 avril 1842, le maréchal comte Valée et le prince de Beauvau étant absents pour raison de santé, et un seul secrétaire étant présent, le baron Feutrier, l'un des secrétaires de la session précédente, est appelé par le président au Bureau.

2. Prorogée du 30 août 1842 au 9 janvier 1843.

3. A la séance du 8 juillet 1843, le maréchal comte Valée remplace le comte Siméon et le duc de Coigny absents, le premier pour raison de santé, le second pour affaires de famille.

4. En remplacement du comte de Bastard, décédé.

*Session de* 1845 (26 *déc.* 1844 — 21 *juillet* 1845).

*Présid.*, baron Pasquier.

*Vice-Présid.*, baron Séguier, comte Portalis, duc de Broglie, Barthe.

*Secrét.* (27 déc.), marquis d'Audiffret, président Boullet, vicomte Cavaignac, comte de Colbert.

*Grand-Référend.*, duc Decazes.

*Session de* 1846 (27 *déc.* 1845 — 3 *juillet* 1846).

*Présid.*, baron Pasquier.

*Vice-Présid.*, baron Séguier, comte Portalis, duc de Broglie, Barthe.

*Secrét.* (29 déc.), comte de La Grange, comte de La Riboisière, baron de Bussière, Besson.

*Grand-Référend.*, duc Decazes.

*Session de* 1847[1] (17 *août* 1846 — 9 *août* 1847).

*Présid.*, baron Pasquier.

*Vice-Présid.*, baron Séguier, comte Portalis, duc de Broglie, Barthe.

*Secrét.* (18 août), comte Daru, comte de Ségur, de Cambacérès, de Cubières[2].

*Grand-Référend.*, duc Decazes.

*Session de* 1848 (28 *déc.* 1847 — 24 *févr.* 1848).

*Présid.*, baron Pasquier.

*Vice-Présid.*, baron Séguier, comte Portalis, duc de Broglie, Barthe.

*Secrét.* (29 déc.), vicomte de Flavigny, Viennet, comte de Ham, comte de Noé.

*Grand-Référend.*, duc Decazes.

La Chambre des Pairs de la Monarchie de Juillet a joué un rôle politique très effacé. Par contre, elle s'est constituée douze fois en Cour de Justice[3]. Elle n'a pas pris part à la Révolution de Février. Elle a attendu en vain une communication officielle du nouveau Gouvernement. Par un arrêté du 24 février 1848, le Gouvernement provisoire « interdit aux membres de l'ex-Chambre des Pairs de se réunir ». Par

1. Prorogée du 4 sept. 1846 au 11 janv. 1847.
2. Le comte de La Grange, secrétaire dans la session précédente, siège en cette qualité à la séance du 21 juillet 1847, à la place de deux secrétaires absents.
3. Voy. ci-après à l'article « Hautes Cours de Justice ».

un arrêté du 29 février, le Palais du Luxembourg est mis à
la disposition des citoyens Louis Blanc et Albert, président
et vice-président de la Commission de Gouvernement pour
les travailleurs, qui devra siéger dans ce Palais. Par un autre
arrêté du même jour, le logement de l'ex-chancelier au
Petit-Luxembourg est affecté à M. Dupont (de l'Eure), président du Gouvernement provisoire, et Barbès est nommé
gouverneur du Palais du Luxembourg.

## Chambre des Députés.
### (29 juil. 1830 — 24 févr. 1848.)

Par ordonnance du 1er août 1830, le Lieutenant général
du royaume convoque les Chambres pour le 3 août. Le
7 août, la Chambre des Députés des Départements rédige
une déclaration par laquelle elle appelle au trône Louis-
Philippe d'Orléans, duc d'Orléans, lieutenant général du
royaume, et modifie la Charte de 1814. Cette Charte, acceptée le 9 août par le roi Louis-Philippe, et promulguée
le 14 août, contient les modifications suivantes relatives
à la Chambre des Députés [1] :

La Chambre des Députés ne porte plus la désignation :
« *des Départements* ». Les députés sont élus pour 5 ans
(art. 31). L'âge des députés est fixé à 30 ans (art. 32) ; celui
des électeurs à 25 ans (art. 34). Les présidents des collèges
électoraux sont nommés par les électeurs [2] (art. 35). Le
Président de la Chambre des Députés est élu par elle à
l'ouverture de chaque session (art. 37).

La loi électorale du 19 avril 1831, qui abolit le double
vote [3], contient, entre autres, les articles suivants :

ART. 1er. — Est électeur tout Français jouissant des droits

_____

1. Voy. Léon MUEL. — *Gouvernements, etc., de la France depuis 1789*, pages 173
à 179.

2. Sous le régime de la Charte de 1815, ces nominations étaient faites par le Roi.

3. Cette abolition avait été annoncée par l'art. 69, § 9, de la Charte de 1830.

civils et politiques, âgé de 25 ans et payant 200 francs de contributions directes.

38. — La Chambre des Députés est composée de 459 députés.

39. — Chaque département est divisé en arrondissements électoraux. Chaque collège électoral n'élit qu'un député.

59. — Pour être élu député, il faut être âgé de 30 ans et payer 500 francs de contributions directes.

67. — Les députés ne reçoivent ni traitement, ni indemnité.

Cette loi, qui fait plus que doubler le nombre des électeurs, a été appliquée à toutes les élections générales de la Monarchie de Juillet.

Les élections qui ont eu lieu le 21 octobre 1830, d'après les lois des 12 et 13 septembre précédents, pour combler les 125 sièges vacants, sont favorables à la gauche. Le 31 mai 1831, première dissolution de la Chambre des Députés ; les élections générales qui ont lieu le 5 juillet suivant amènent 200 députés nouveaux ; deuxième dissolution le 25 mai 1834 et élections fixées au 21 juin suivant. Ces élections sont favorables au Gouvernement ; la gauche perd 60 voix, le tiers-parti en gagne 80. La Chambre était ainsi composée : majorité, 320 voix ; opposition, 90 voix ; parti intermédiaire, 49. Une troisième dissolution a lieu le 3 octobre 1837 ; dans les élections qui ont lieu le 4 novembre suivant, le parti gouvernemental maintient son avantage ; le tiers-parti s'accroît au détriment des doctrinaires et de l'extrême gauche. Le 2 février 1839, quatrième dissolution et élections nouvelles fixées au 2 mars suivant. Malgré une forte pression, la coalition triomphe, le parti gouvernemental est réduit de 84 sièges à 8. Une cinquième dissolution a lieu le 13 juin 1842 ; les élections qui ont lieu le 9 juillet suivant sont favorables à l'opposition. Enfin, le 3 juillet 1846, sixième et dernière dissolution. Les élections fixées au 1er août suivant sont un triomphe pour la politique conservatrice du ministère.

Tableau des dissolutions et élections générales.

| DISSOLUTIONS. | | ELECTIONS GÉNÉRALES. |
|---|---|---|
| 1831. . . . | 31 mai. | 5 juillet. |
| 1834. . . . | 25 mai. | 21 juin. |
| 1837. . . . | 3 octobre. | 4 novembre. |
| 1839. . . . | 2 février. | 2 mars. |
| 1842. . . . | 12 juin. | 9 juillet. |
| 1846. . . . | 6 juillet. | 1er août. |

D'après le règlement appliqué sous la seconde Restauration et confirmé par celui du 28 janvier 1839, le Bureau de la Chambre des Députés comprend : un président, 4 vice-présidents, 4 secrétaires et 2 questeurs nommés par la Chambre elle-même au début de chaque session[1]. La Chambre ne procède à l'élection du président qu'après la vérification des pouvoirs[2]. Les questeurs ne sont nommés qu'au début de la session, même quand il y a une vacance à pourvoir[3] dans le courant de la session.

Liste des Membres du Bureau de la Chambre des Députés.

2e *Session de* 1830 (3 août 1830 — 31 mai 1831)[4].

*Présid. d'âge* (4 août), Labbey de Pompierres. — *Présid. définit.*, Casimir-Périer (ordon. royale du 6 août). — (24 août), Jacques Laffitte[5]. — (11 nov.), Casimir-Périer[6].

1. La première nomination du président de la Chambre des Députés a encore été faite par le Roi sur la présentation d'une liste de 5 candidats (ordon. du 6 août 1830).
2. Art. 6 de la résolution du 23 août 1830.
3. Art. 8 de la même résolution.
4. La session a été prorogée le 20 avril 1831 jusqu'au 15 juin et la Chambre dissoute le 31 mai 1831.
5. Conformément à l'art. 37 de la Charte de 1830, M. Laffitte est élu par la Chambre, en remplacement de M. Casimier-Périer, démissionnaire le 23 août pour raison de santé. M. Laffitte présidait, en qualité de vice-président, la séance où il a été élu ; il s'est lui-même proclamé président, ce qui a excité l'hilarité de l'Assemblée.
6. Élu en remplacement de M. Laffitte nommé président du Conseil des ministres, M. Casimir-Périer a démissionné le 14 mars 1831, étant nommé à son tour président du Conseil, ministre de l'intérieur. Il n'a pas été remplacé, et jusqu'à la fin de la session, la Chambre a été présidée par des vice-présidents.

*Vice-Présid.*[1] (5 août), Jacques Laffitte, baron Benjamin Delessert, Dupin aîné, Royer-Collard. — (25 août), Labbey de l'Ompierres[1]. — (11 nov.), Dupin aîné[3].

*Secrèt.* (5 août), général Jacqueminot, Pavée de Vendœuvre, Cunin-Gridaine, Jars.

*Questeurs* (24 août), Laisné de Villevesque, comte de Bondy.

### Session de 1831 (23 juillet 1831 — 21 avril 1832).

*Présid. d'âge* (24 juillet), comte Duchâtel. — *Présid. définit.* (1ᵉʳ août), Girod (de l'Ain).

*Vice-Présid.* (3 août), Dupont (de l'Eure), Bérenger, Dupin aîné, baron Benjamin Delessert.

*Secrèt.* (3 août), Ganneron, Cunin-Gridaine, Félix Réal, Boissy d'Anglas.

*Questeurs* (3 août), comte Alexandre de Laborde, Dumeilet.

### Session de 1832 (19 nov. 1832 — 25 avril 1833).

*Présid. d'âge*, comte Duchâtel. — *Présid. définit.* (21 nov.), Dupin aîné.

*Vice-Présid.* (22 nov.), Bérenger, Etienne, baron Benjamin Delessert, de Schonen.

*Secrèt.* (22 nov.), Cunin-Gridaine, Ganneron, Martin (du Nord), Félix Réal.

*Questeurs*, comte Alexandre de Laborde, Dumeilet.

### Session de 1833 (26 avril — 26 juin 1833).

*Présid. d'âge*, de Gras-Préville. — *Présid. définit.* (26 avril), Dupin aîné.

*Vice-Présid.* (26 avril), Etienne, Benjamin Delessert, de Schonen, Bérenger.

*Secrèt.* (26 avril), Ganneron, Félix Réal, Martin (du Nord), Cunin-Gridaine.

*Questeurs*, comte Alexandre de Laborde, Dumeilet.

---

1. Sur la proposition de M. Gaëtan de La Rochefoucauld, la Chambre des Députés décide, le 5 août 1830, que les 4 candidats à la présidence sur lesquels le Roi n'aura pas porté son choix seront de droit vice-présidents. L'élection du 25 août suivant a été faite par la Chambre des Députés.

2. En remplacement de M. Laffitte nommé président de la Chambre des Députés.

3. Réélu vice-président à la suite des élections du 21 octobre précédent.

*Session de* 1834 (23 déc. 1833 — 24 *mai* 1834)[1].

*Présid. d'âge*, de Gras-Préville. — *Présid. définit.* (24 déc.), Dupin aîné.

*Vice-Présid.* (24 déc.), baron de Schonen, Benjamin Delessert, Etienne. — (26 déc.), Bérenger.

*Secrét.* (26 déc.), Ganneron, Martin (du Nord), Cunin-Gridaine, Félix Réal.

*Questeurs*, comte Alexandre de Laborde. — (26 déc.), Clément[2].

*Session de* 1835 (31 *juillet* 1834 — 11 *sept.* 1835)[3].

*Présid. d'âge*, Bédoch. — *Présid. définit.* (7 août 1834), Dupin aîné.

*Vice-Présid.* (7 août 1834), Calmon, H. Passy. — (8 août 1834), Martin (du Nord), Pelet (de la Lozère). — (15 déc. 1834), H. Passy[4].

*Secrét.* (8 août 1834), Félix Réal, Cunin-Gridaine, Piscatory. — (9 août 1834), Boissy d'Anglas. — (11 août 1835), Boissy d'Anglas[4].

*Questeurs* (9 août 1834), Clément, comte de Laborde.

*Session de* 1836 (29 *déc.* 1835 — 12 *juillet* 1836).

*Présid. d'âge*, Bédoch. — *Présid. définit.* (30 déc.), Dupin aîné.

*Vice-Présid.* (30 déc.), Sauzet. — (31 déc.), H. Passy, baron Pelet (de la Lozère), Martin (du Nord). — (23 févr. 1836), Calmon, Duchâtel, Teste[5].

*Secrét.* (31 déc.), Félix Réal, Piscatory, de Jaubert. — (2 janv. 1836), Cunin-Gridaine.

*Questeurs,* Clément, comte de Laborde.

*Session de* 1837 (27 *déc.* 1836 — 15 *juillet* 1837)[6].

*Présid. d'âge*, Bédoch. — *Présid. définit.* (28 déc.), Dupin aîné.

*Vice-Présid.* (28 déc.), Calmon, Benjamin Delessert. — (29 déc.), général Jacqueminot, Cunin-Gridaine.

*Secrét.* (29 déc.), Boissy d'Anglas. — (30 déc.), Félix Réal, Jaubert, Piscatory.

*Questeurs*, Clément, comte Alexandre de Laborde.

---

1. La Chambre a été dissoute par ordonnance du 25 mai 1834.
2. Nommé en remplacement de M. Dumeilet, décédé.
3. Cette session a été prorogée du 16 août au 1er décembre 1834.
4. Réélu membre du Bureau à la suite de nouvelles élections législatives.
5. Elus en remplacement de MM. Sauzet, baron Pelet (de la Lozère) et H. Passy nommés ministres.
6. La Chambre des Députés a été dissoute le 3 octobre 1837.

*Session de* 1838 (18 *déc.* 1837 — 12 *juillet* 1838).

*Présid. d'âge,* baron de Nogaret. — *Présid. définit.* (26 déc.), Dupin aîné.

*Vice-Présid.* (26 déc.), Calmon, Cunin-Gridaine. — (27 déc.), Hippolyte Passy, général Jacqueminot.

*Secrét.* (27 déc.), Boissy d'Anglas, Félix Réal, Dubois (Loire-Inférieure), Piscatory.

*Questeurs* (28 déc.), Clément, comte Alex. de Laborde.

1re *Session de* 1839 (17 *déc.* 1838 — 15 *févr.* 1839)[1].

*Présid. d'âge,* baron de Nogaret. — *Présid. définit.* (19 déc.), Dupin aîné.

*Vice-Présid.* (20 déc.), Calmon, Hipp. Passy, comte Duchâtel. — (21 déc.), Cunin-Gridaine.

*Secrét.* (21 déc.), Félix Réal, Boissy d'Anglas, Dubois (Loire-Inférieure), Bignon.

2e *Session de* 1839 (4 *avril* — 6 *août* 1839).

*Présid. d'âge,* marquis de Gras · Préville. — *Présid. définit.* (16 avril), Hipp. Passy. — (14 mai), Sauzet[2].

*Vice-Présid.* (17 avril), Calmon, Cunin-Gridaine, Teste. — (18 avril), Etienne. — (14 mai), Ganneron, général Jacqueminot[3].

*Secrét.* (18 avril), Havin, Bignon, Dubois[4] (Loire-Inférieure). — (19 avril), Léon de Maleville.

*Questeurs* (19 avril), Clément, comte de Laborde.

*Session de* 1840 (23 *déc.* 1839 — 15 *juillet* 1840).

*Présid. d'âge,* baron de Nogaret. — *Présid. définit.* (24 déc.), Sauzet.

*Vice-Présid.* (26 déc.), Calmon, Ganneron, général Jacqueminot. — (27 déc.), Martin (du Nord).

*Secrét.* (27 déc.), Léon de Maleville, Bignon, Havin, Dubois (Loire-Inférieure). — (8 avril 1840), Berger[5]. — (20 avril), Boissy d'Anglas[5].

*Questeurs,* Clément, comte de Laborde.

1. La Chambre des Députés, prorogée du 31 janvier au 15 février, a été dissoute, par ordonnance royale du 2 février 1839.
2. En remplacement de M. H. Passy, nommé ministre des Finances le 12 mai 1839.
3. En remplacement de MM. Cunin-Gridaine et Teste, nommés, le premier, ministre du Commerce, et, le deuxième, ministre de la Justice et des Cultes.
4. Nommé membre du Conseil royal de l'Instruction publique, et réélu secrétaire.
. En remplacement de MM. de Maleville et Dubois, promus à des emplois publics.

### Session de 1841 (5 nov. 1840 — 25 juin 1841).

*Présid. d'âge*, baron de Nogaret. — *Présid. définit.* (6 nov.), Sauzet.
*Vice-Présid.* (6 nov.), Calmon, Dufaure, général Jacqueminot, de Salvandy.
*Secrét.* (7 nov.), Bignon, Havin, Boissy d'Anglas, Galos.
*Questeurs*, Clément. — (9 nov.), général de Laidet [1].

### Session de 1842 (27 déc. 1841 — 11 juin 1842) [2].

*Présid. d'âge*, Sapey. — *Présid. définit.* (28 déc.), Sauzet.
*Vice-Présid.* (29 déc.), Dufaure, général Jacqueminot, Calmon, Bignon (Loire-Inférieure).
*Secrét.* (29 déc.), Galos, Boissy d'Anglas. — (30 déc), de l'Espée Havin. — (16 mai), Lacrosse [3].
*Questeurs*, Clément, général de Laidet.

### Session de 1843 (26 juillet 1842 — 24 juillet 1843) [4].

*Présid. d'âge*, Laffitte. — *Présid. définit.* (5 août), Sauzet.
*Vice-Présid.* (6 août), de Salvandy, Bignon, général Jacqueminot, Debelleyme. — (12 janv. 1843), Le Peletier d'Aunay [5].
*Secrét.* (8 août), de l'Espée, Boissy d'Anglas, Lacrosse, de Las-Cases.
*Questeurs* (9 août), Clément, général de Laidet.

### Session de 1844 (27 déc. 1843 — 5 août 1844).

*Présid. d'âge*, Laffitte. — *Présid. définit.* (28 déc.), Sauzet.
*Vice-Présid.* (29 déc.), Bignon, Debelleyme, Le Peletier d'Aunay, de Salvandy.
*Secrét.* (30 déc.), de l'Espée, Lacrosse, de Las-Cases, Boissy d'Anglas.
*Questeurs*, Clément, général de Laidet.

### Session de 1845 (26 déc. 1844 — 21 juillet 1845).

*Présid. d'âge*, Sapey. — *Présid. définit.* (27 déc.), Sauzet.
*Vice-Présid.* (28 déc.), de Salvandy, Bignon, Dufaure. — 30 (déc.), Debelleyme. — (5 févr. 1845), Le Peletier d'Aunay [6].

1. Élu en remplacement de M. de Laborde, démissionnaire. — Réélu le 7 janvier 1841.
2. La Chambre a été dissoute le lendemain de la clôture de la session (12 juin).
3. En remplacement de M. Galos, démissionnaire.
4. La Chambre a été prorogée du 30 août 1842 au 9 janv. 1843.
5. En remplacement de M. le général Jacqueminot, promu commandant supérieur des gardes nationales de la Seine.
6. En remplacement de M. de Salvandy, nommé ministre de l'Instruction publique.

*Secrèt.* (30 déc.), Lacrosse, de l'Espée, Boissy d'Anglas, de Las-Cases. *Questeurs*, Clément, général de Laidet.

### Session de 1846 (27 déc. 1845 — 3 juillet 1846)[1].

*Présid. d'âge,* Sapey. — *Présid. définit.* (29 déc.), Sauzet.
*Vice-Présid.* (30 déc.), Bignon, Le Peletier d'Aunay, Debelleyme père, Duprat.
*Secrèt.* (30 déc.), de l'Espée, Boissy d'Anglas, de Las-Cases, Lacrosse.
*Questeurs*, Clément, général de Laidet.

### Session de 1847 (17 août 1846 — 9 août 1847)[2].

*Présid. d'âge,* Sapey. — *Présid. définit.* (29 août 1846), Sauzet.
*Vice-Présid.* (29 août), Bignon, Le Peletier d'Aunay, Hébert. — (1ᵉʳ sept.), F. Delessert. — (22 mars 1847), Léon de Malleville[3].
*Secrèt.* (1ᵉʳ sept.), de Bussières, Oger, Saglio, Lanjuinais.
*Questeurs* (2 sept. 1846), Clément, de l'Espée.

### Session de 1848 (28 déc. 1847 — 24 févr. 1848).

*Présid. d'âge,* Sapey. — *Présid. définit.* (29 déc.), Sauzet.
*Vice-Présid.* (30 déc.), Bignon, Le Peletier d'Aunay, duc d'Isly, F. Delessert.
*Secrèt.* (30 déc.), Saglio, Oger, de Bussières. — (31 déc.), Lacrosse.
*Questeurs*, Clément, de l'Espée.

La victoire remportée par le ministère Guizot, aux élections générales du 1ᵉʳ août 1846, n'a pas empêché la Révolution d'éclater le 24 février 1848. Ce jour-là, pendant la discussion sur la formation d'un gouvernement provisoire, la Chambre des Députés est envahie par le peuple et les gardes nationaux armés, aux cris de : *Vive la République!* En présence du tumulte, le président Sauzet se retire, suivi du Bureau. Le même jour, la Chambre des Députés est dissoute par arrêté du gouvernement provisoire qui vient d'être nommé[4].

1. La Chambre a été dissoute le 6 juillet 1846.
2. La Chambre a été prorogée du 4 sept. 1846 au 11 janv. 1847.
3. En remplacement de M. Hébert, nommé Garde des Sceaux.
4. Voy. Léon Muel. — *Gouvernements, etc., de la France depuis 1789*, pages 207 à 225.

# DEUXIÈME RÉPUBLIQUE

## Assemblée nationale Constituante.

### (1 mai 1848 — 26 mai 1849.)

Le Gouvernement provisoire nommé le 24 février 1848 rend, le 5 mars suivant, un décret où il est dit :

ART. 1er. — Les assemblées électorales de canton sont convoquées pour le 9 avril prochain à l'effet d'élire les représentants du peuple à l'Assemblée nationale qui doit décréter la Constitution.

2. — L'élection aura pour base la population.

3. — Le nombre des représentants est fixé à 900, y compris l'Algérie et les colonies.

5. — Le suffrage sera direct et universel.

6. — Sont électeurs tous les Français âgés de 21 ans, résidant dans la commune depuis 6 mois et non judiciairement privés ou suspendus de l'exercice des droits civiques [1].

7. — Sont éligibles tous les Français âgés de 25 ans et non privés ou suspendus de l'exercice des droits civiques.

8. — Le scrutin sera secret.

9. — Tous les électeurs voteront au chef-lieu de leur canton par scrutin de liste, chaque bulletin contiendra autant de noms qu'il y aura de représentants à élire dans le département. Nul ne pourra être nommé représentant du peuple s'il ne réunit pas 2.000 suffrages.

10. — Chaque député recevra une indemnité de 25 francs par jour, pendant la durée de la session [2].

12. — L'Assemblée nationale Constituante s'ouvrira le 20 avril.

1. C'est la première fois que le suffrage universel est appliqué. Il avait été inscrit dans la Constitution de 1793, mais cette Constitution n'a pas été mise en pratique.

2. Cette indemnité est fixée à 9.000 fr. par an (art. 96 de la loi du 15 mars 1849).

Par un décret du 26 mars, les élections générales ont été reportées au 23 avril et l'ouverture de l'Assemblée nationale au 4 mai suivant.

Au jour fixé, elle se réunit dans une salle construite dans la cour du Palais-Bourbon, sous la présidence de M. Audry de Puyraveau, doyen d'âge. Les membres du Gouvernement provisoire remettent entre les mains de l'Assemblée les pouvoirs qu'ils tenaient du peuple. C'est dans cette même séance que, sur la proposition des représentants de la Seine, l'Assemblée nationale déclare que « la République proclamée le 24 février 1848 est et restera la forme du gouvernement de la France »[1].

Par décret du 9 mai 1848, l'Assemblée nationale confie le pouvoir exécutif à une Commission exécutive de cinq membres, qu'elle nomme le lendemain. Le 15 mai 1848, elle est l'objet d'un attentat de la part des délégués des clubs révolutionnaires qui l'envahissent, suivis d'une foule de manifestants hostiles, et qui tentent de la dissoudre et de nommer un autre gouvernement provisoire. Par décret du même jour, l'Assemblée nationale se déclare en permanence. L'ordre est bientôt rétabli. A la suite d'un nouveau mouvement insurrectionnel du 23 juin suivant, l'Assemblée, par décret du 24 juin, confère la dictature au général Cavaignac, ministre de la guerre, et, par décret du 28 juin, elle lui confie le pouvoir exécutif avec le titre de Président du Conseil des ministres[1]. Le 4 novembre 1848, elle vote, par 739 voix contre 30, la nouvelle Constitution, dont voici les principaux articles qui lui sont relatifs[1] :

ART. 20. — Le peuple français délègue le pouvoir législatif à une Assemblée unique.

21. — Le nombre total des représentants du peuple sera de 750, y compris l'Algérie et les colonies.

22. — Ce nombre s'élèvera à 900 pour les Assemblées appelées à reviser la Constitution.

1. Voy. Léon MUEL. — *Gouvernements, etc., de la France depuis 1789*, pages 231 à 243.

(Les articles 23 et 24 sont la reproduction des art. 2, 5 et 8 du décret du 5 mars 1848.)

25. — Sont électeurs, sans condition de cens, tous les Français âgés de 21 ans et jouissant de leurs droits civils et politiques.

26. — Sont éligibles, sans condition de domicile, tous les électeurs âgés de 25 ans.

28. — Toute fonction publique rétribuée est incompatible avec le mandat de représentant du peuple.

30. — L'élection des représentants se fera par département et au scrutin de liste. Les électeurs voteront au chef-lieu de canton.

31. — L'Assemblée nationale est élue pour 3 ans et se renouvelle intégralement. La nouvelle Assemblée est convoquée de plein droit pour le lendemain du jour où finit le mandat de l'Assemblée précédente.

32. — Elle est permanente.

34. — Les membres de l'Assemblée nationale sont les représentants, non du département qui les nomme, mais de la France entière.

38. — Chaque représentant du peuple reçoit une indemnité à laquelle il ne peut renoncer.

39. — Les séances de l'Assemblée sont publiques.

41. — Aucun projet de loi, sauf les cas d'urgence, ne sera voté définitivement qu'après trois délibérations, à des intervalles de cinq jours au moins.

Le mode d'élection des députés, prescrit par le décret du 5 mars 1848, porte le chiffre des électeurs de 250.000 à plus de 9 millions. Les élections sont favorables au parti républicain modéré. Lamartine obtient 2 millions de voix, il est élu à Paris et dans 9 départements. Les légitimistes comptent 100 sièges. L'ancienne opposition dynastique dont le chef est Odilon Barrot, passe tout entière dans la nouvelle Assemblée, qui comprenait : une droite composée de l'ancienne opposition dynastique et des légitimistes ; une gauche formée par les républicains modérés ; et une extrême gauche composée de socialistes et de communistes.

Le règlement voté le 20 mai 1848, par l'Assemblée nationale, porte : Art. 3. Le Bureau de l'Assemblée nationale se compose du président, de 6 vice-présidents, de 6 secrétaires et de 3 questeurs. — Art. 4. Le président et les vice-présidents sont nommés pour un mois; ils peuvent être réélus. Les secrétaires sont renouvelés chaque mois par tiers. Pour les deux premiers renouvellements, le sort désignera les secrétaires dont les fonctions expireront. Les secrétaires sont toujours rééligibles. — Art. 5. Les questeurs sont élus pour toute la durée de la session. — Art. 6. Le président est nommé en séance publique à la majorité absolue. En cas de ballottage, après deux tours de scrutin, la majorité relative suffit. Les vice-présidents et les secrétaires sont nommés au scrutin de liste et à la majorité relative dans les bureaux.

## LISTE DES MEMBRES DU BUREAU DE L'ASSEMBLÉE NATIONALE CONSTITUANTE.

4 mai 1848.　*Présid. d'âge*, Audry de Puyraveau. — *Secrét. provis.*, Fresneau, Lagrevol, Avond, Astouin, Ferrouillat, Sainte-Beuve.

5 mai —　*Présid. définit.*, Buchez.

　*Vice-Présid.*, Recurt, général Cavaignac, Corbon, Guinard, de Cormenin, Senard. — (19 mai), Armand Marrast, Bethmont[1].

　*Secrét.*, Peupin, Robert (des Ardennes), Degeorge, Félix Pyat, Lacrosse, Emile Péan. — (12 mai), Edmond de Lafayette[2].

5 juin —　*Présid.*, Senard. — (29 juin), Marie[3].

　*Vice-Présid.*, Bethmont, Armand Marrast, Corbon, de Cormenin, Auguste Portalis, Lacrosse. — (10 juin), Georges de Lafayette[4].

　*Secrét.*, Edmond de Lafayette, Landrin, Bérard[5].

1. Élus en remplacement des citoyens Recurt et Cavaignac, nommés, le premier, ministre de l'Intérieur, le deuxième, ministre de la Guerre.
2 Élu en remplacement du citoyen Félix Pyat, démissionnaire.
3. Élu en remplacement du citoyen Senard, nommé ministre de l'Intérieur.
4. Élu en remplacement du citoyen Bethmont, nommé ministre de la Justice.
5. Les citoyens Peupin, Robert (des Ardennes), Emile Péan sont maintenus dans leurs fonctions de secrétaires.

5 juillet 1848. *Présid.*, Marie. — (19 juillet), Armand Marrast[1].
    *Vice-Présid.*, Georges de Lafayette, Corbon, Lacrosse,
    Armand Marrast, de Cormenin, Aug. Portalis. —
    (20 juillet), Bixio[2].
    *Secrét.*, Edmond de Lafayette, Emile Péan[2].

5 août   — *Présid.*, Armand Marrast (réélu le 19 août).
    *Vice-Présid.*, Bixio, Georges de Lafayette, Corbon,
    Gustave de Beaumont, de Cormenin, Lacrosse.
    *Secrét.*, Peupin, Robert (des Ardennes).

5 sept.   — *Présid.*, Armand Marrast (réélu le 19 sept.).
    *Vice-Présid.*, Bixio, Corbon, Georges de Lafayette,
    Lacrosse, Léon de Maleville, Pagnerre.
    *Secrét.*, Landrin, Bérard.

4 oct.   — *Présid.*, Armand Marrast (réélu le 19 oct.).
    *Vice-Présid.*, Corbon, Bixio, Lacrosse, général Bedeau,
    Léon de Maleville, Pagnerre.
    *Secrét.*, Emile Péan, Degeorge.

6 nov.   — *Présid.*, Armand Marrast (réélu le 14 nov.).
    *Vice-Présid.*, Bixio, Lacrosse, général Bedeau, Léon
    de Maleville, Corbon, Havin.
    *Secrét.*, Peupin, de Heeckeren.

6 déc.   — *Présid.*, Armand Marrast (réélu le 14 déc.).
    *Vice-Présid.*, général Bedeau, Lacrosse, Bixio, Havin,
    Goudchaux, Corbon.
    *Secrét.*, Emile Lenglet, Laussedat.

5 janv. 1849  *Présid.*, Armand Marrast (réélu le 15 janvier).
    *Vice-Présid.*, général Bedeau, Goudchaux, général de
    Lamoricière, Corbon, Havin, Billault.
    *Secrét.*, Émile Péan, Degeorge, Jules Richard[4].

5 févr.   — *Présid.*, Armand Marrast (réélu le 14 févr.).
    *Vice-Présid.*, Goudchaux, général de Lamoricière,
    Havin, Corbon, Billault, général Bedeau.
    *Secrét.*, Peupin, Perrée.

1. Elu en remplacement du citoyen Marie, nommé ministre de la Justice, Armand Marrast a été constamment réélu jusqu'à la fin de l'Assemblée Constituante.
2. Elu en remplacement du citoyen Armand Marrast, nommé président.
3. Le compte rendu *in extenso* des séances ne donne que les noms des secrétaires nouvellement élus ou des secrétaires sortants réélus.
4. Elu en remplacement du citoyen Emile Lenglet, démissionnaire.

5 mars 1849.  *Présid.*, Armand Marrast (réélu le 14 mars).

               *Vice-Présid.*, général de Lamoricière, Goudchaux, Havin, Billault, Corbon, Jules Grévy.

               *Secrét.*, Jules Richard, Laussedat.

4 avril —  *Présid.*, Armand Marrast (réélu le 14 avril).

               *Vice-Présid.*, général de Lamoricière, Goudchaux, Havin, Billault, Corbon, Jules Grévy.

               *Secrét.*, Émile Péan, Degeorge.

Le 15 mai, sur la proposition du citoyen Crémieux, l'Assemblée décide que les membres actuels du Bureau resteront en fonctions jusqu'à la dissolution de l'Assemblée nationale Constituante.

*Questeurs.*

5 mai 1848.  Degousée, Bureaux de Puzy, général Négrier. — (4 juil. 1848), général Le Breton[1].

Le 20 décembre 1848, l'Assemblée Constituante proclame Louis-Napoléon Bonaparte président de la République française [2]. Le 29 décembre, M. Rateau dépose une proposition de loi tendant à fixer au 19 mars 1849 l'élection de l'Assemblée législative. M. Jules Grévy, dans son rapport, conclut au rejet de cette proposition ; celle-ci est alors remplacée par un amendement de M. Lanjuinais qui, appuyé par M. Dufaure, est adopté le 14 février 1849. L'article 2 de cette loi est ainsi conçu :

ART. 2. — Les élections de l'Assemblée législative auront lieu le premier dimanche qui suivra la clôture définitive des listes électorales dans tous les départements. L'Assemblée législative se réunira quinze jours après la réunion des collèges électoraux.

Après un remarquable discours de son président Armand Marrast, l'Assemblée Constituante se sépare, le 26 mai 1849, pour faire place à l'Assemblée législative.

1. Élu en remplacement du général Négrier, décédé le 25 juin 1848.
2. Voy. Léon MUEL. — *Gouvernements, etc., de la France depuis 1789*, pages 243 et suiv.

# Assemblée nationale Législative.

## (28 mai 1849 — 2 déc. 1851.)

L'Assemblée législative est élue les 13 et 14 mai 1849 conformément à la loi électorale du 15 mars 1849. Cette loi fixe à 750 le nombre des représentants à élire à l'Assemblée législative. Sont électeurs tous les Français âgés de 21 ans accomplis, jouissant de leurs droits civils et politiques et habitant dans la commune depuis six mois au moins. Les 734 élections connues[1] se répartissent ainsi : Modérés ou parti de l'ordre (orléanistes, légitimistes, bonapartistes), 505 membres ; ultra-démocrates, 229. 341 membres de l'Assemblée Constituante ont été réélus.

L'Assemblée législative tient sa première séance au Palais-Bourbon, le 28 mai 1849. Son Bureau est tout d'abord composé comme celui de l'Assemblée Constituante ; mais le 27 juin suivant, elle adopte un nouveau règlement ainsi conçu :

ART. 1er. — A la séance d'ouverture, le doyen d'âge occupe le fauteuil.

2. — Il est nommé immédiatement un président et un vice-président provisoires.

5. — Après la vérification des pouvoirs, l'Assemblée forme son Bureau définitif qui se compose d'un président, de 4 vice-présidents, de 6 secrétaires et de 3 questeurs.

6. — Le président, les vice-présidents et les secrétaires sont élus pour trois mois. Les questeurs sont élus pour un an.

LISTE DES MEMBRES DU BUREAU DE L'ASSEMBLÉE LÉGISLATIVE.

28 mai 1849.  *Présid. d'âge*, de Kératry.
1er juin —  *Présid. définit.*, Dupin (de la Nièvre)[2].
      *Vice-Présid.*, Baroche, général Bedeau, Jules de Lasteyrie, Benoist d'Azy, de Sèze, de Tocqueville. — (5 juin), Daru[3].

1. Ce chiffre ne comprend pas les élections de l'Algérie et des colonies.
2. Réélu constamment jusqu'à la fin de l'Assemblée législative.
3. En remplacement de M. de Tocqueville, nommé ministre des Affaires étrangères.

1ᵉʳ juin 1819. *Secrét.*, Arnaud (de l'Ariège), Peupin, Lacaze, Chapot, de Heeckeren, Bérard.

2 juil. — *Présid.*, Dupin (de la Nièvre).
*Vice-Présid.*[1], Daru, Baroche, Benoist d'Azy, général Bedeau.
*Secrét.*, Arnaud (de l'Ariège), Lacaze, Peupin, Chapot, Bérard, de Heeckeren.

2 oct. — *Présid.*, Dupin (de la Nièvre).
*Vice-Présid.*, Baroche, Daru, Benoist d'Azy, général Bedeau.
*Secrét.*, Arnaud (de l'Ariège), Chapot, Lacaze, Peupin, de Heeckeren, Bérard.

4 janv. 1850. *Présid.*, Dupin (de la Nièvre)[2].
*Vice-Présid.*, Daru, Baroche, Benoist d'Azy, général Bedeau.
*Secrét.*, Arnaud (de l'Ariège), Lacaze, Peupin, Chapot, Bérard, de Heeckeren.

4 avril 1850. *Présid.*, Dupin (de la Nièvre).
*Vice-Présid.*, général Bedeau, Daru, Léon Faucher, Jules de Lasteyrie[3].
*Secrét.*, Arnaud (de l'Ariège), Lacaze, Chapot, Bérard, Peupin, de Heeckeren.

4 juillet — *Présid.*, Dupin (de la Nièvre).
*Vice-Présid.*, général Bedeau, Daru, Benoist d'Azy, Léon Faucher.
*Secrét.*, Arnaud (de l'Ariège), Lacaze, Peupin, de Heeckeren, Chapot, Bérard.

12 nov. — *Présid.*, Dupin (de la Nièvre).
*Vice-Présid.*, général Bedeau, Daru, Léon Faucher, Benoist d'Azy.
*Secrét.*, Arnaud (de l'Ariège), Lacaze, Chapot, Bérard, de Heeckeren, Peupin.

12 févr. 1851. *Présid.*, Dupin (de la Nièvre).
*Vice-Présid.*, général Bedeau, Daru, Léon Faucher, Benoist d'Azy.
*Secrét.*, Arnaud (de l'Ariège), Lacaze, Chapot, Peupin, Bérard, de Heeckeren. — (4 avril), Yvan[4].

1. Il n'y a plus désormais que 4 vice-présidents (application du règlement du 27 juin 1849).
2. Démissionne puis est réélu le 7 janvier suivant.
3. Démissionne puis est réélu le 8 avril suivant.
4. Élu en remplacement de M. Arnaud (de l'Ariège), démissionnaire.

12 mai 1851. *Présid.*, Dupin (de la Nièvre).
        *Vice-Présid.*, général Bedeau, Daru, Lacrosse, Benoist
         d'Azy.
        *Secrét.*, Lacaze, Chapot, Peupin, Bérard, Yvan, Moulin.

31 juillet — *Présid.*, Dupin (de la Nièvre).
        *Vice-Présid.*, général Bedeau, Benoist d'Azy, Daru,
         Lacrosse.
        *Secrét.*, Yvan, Chapot, Lacaze, Moulin, Peupin, Bérard.

5 nov. — *Présid.*, Dupin (de la Nièvre).
        *Vice-Présid.*, général Bedeau, Daru, Benoist d'Azy,
         Vitet.
        *Secrét.*, Yvan, Chapot, Lacaze, Moulin, Grimault,
         Peupin.

### *Questeurs.*

2 juin 1849. Général Le Flô. — (4 juin 1849), de Panat, Baze.
4 juin 1850. Général Le Flô, Baze, de Panat.
4 juin 1851. Baze, général Le Flô, de Panat.

Le 13 juin 1849, un attentat est commis contre l'Assemblée législative, à propos de l'intervention de l'armée française en faveur du Pape (le général Oudinot s'était emparé de Rome, le 3 juin précédent). La Montagne ou extrême-gauche demande la mise en accusation du Prince-président de la République et des ministres. L'Assemblée la repousse, le 12 juin, par 377 voix. Sous la conduite de Ledru-Rollin, l'extrême-gauche quitte la salle des séances. Le lendemain, elle se constitue en Convention dans une salle du Conservatoire des Arts et Métiers, prononce la dissolution de l'Assemblée législative, et met le Prince-président hors la loi. Paris et Lyon sont mis en état de siège. Les troupes dispersent les insurgés dont plusieurs sont arrêtés et jugés à Versailles par la Haute Cour de justice.

La loi électorale du 15 mars 1849 avait été abrogée par celle du 31 mai 1850. Celle-ci ne convenait pas à Louis-Napoléon. « Cette loi disait, en substance : Le Prince-président, dans son message du 4 novembre 1851, en exigeant de l'électeur trois ans de domicile, supprime trois millions d'électeurs[1]. » Louis-Napoléon Bonaparte, qui se préoccupait déjà de sa prochaine réélection[2], veut à tout prix l'abrogation de cette loi. A cet effet, il fait déposer le jour même, 4 novembre, sur le bureau de l'Assemblée législative, par M. de Thorigny, ministre de l'intérieur, un projet de loi dans ce sens. Le 11 novembre, M. Daru dépose son rapport qui conclut au maintien de la loi. L'Assemblée législative suit son rapporteur, et, le 13 novembre, par 353 voix contre 347, elle rejette le projet de loi du Prince-président. Celui-ci répond à ce vote par le Coup d'État du 2 décembre 1851, qui dissout l'Assemblée législative et rétablit le suffrage universel, en abrogeant la loi du 31 mai 1850 (décret du 2 déc. 1851)[1].

## Commission consultative.

### (2 déc. 1851 — 29 mars 1852.)

En même temps qu'il dissout l'Assemblée législative, Louis-Napoléon Bonaparte institue, par décret du 2 décembre 1851, une Commission consultative qui fait l'intérim du pouvoir législatif jusqu'à l'ouverture du Corps législatif. Par décret du 3 décembre, le nombre des membres de cette Commission est porté à 178, dont 135 sortent des rangs de l'Assemblée législative. Son rôle consistait à se soumettre aux ordres du Prince-président. Par décret du 11 décembre 1851, elle est chargée du recensement général des votes exprimés dans les scrutins plébiscitaires des 20 et 21 décembre 1851. Elle était présidée par le Président de la République et, en son absence, par M. Baroche, vice-président. Le 31 décembre 1851, elle se rend, à 8 heures 1/2 du soir, au Palais de l'Élysée, sous la conduite de M. Baroche, pour

---

1. Voy. Léon MUEL. — *Gouvernements, etc., de la France depuis 1789*, pages 260 à 272.

2. Son mandat expirait le 2e dimanche du mois de mai 1852.

présenter à Louis-Napoléon le résultat du recensement des votes émis sur le plébiscite proposé, le 20 décembre, à l'acceptation du peuple français [1]. Ce plébiscite délègue le pouvoir constituant à Louis-Napoléon Bonaparte, qui promulgue alors la Constitution du 14 janvier 1852. La Commission consultative cesse d'exister le jour de l'ouverture du Corps législatif créé par cette Constitution.

1. Voy. Léon Muel. — *Gouvernements, etc., de la France depuis 1789*, pages 277 et 278.

# SECOND EMPIRE

## Sénat impérial [1].

### (14 janv. 1852 — 4 sept. 1870.)

La Constitution du 14 janvier 1852, décrétée par Louis-Napoléon, président de la République [2], contient les articles suivants relatifs au Sénat :

ART. 4. — La puissance législative s'exerce collectivement par le Président de la République, le Sénat et le Corps législatif.

(Cette Constitution crée donc un Sénat « seconde Assemblée, formée de toutes les illustrations du pays, pouvoir pondérateur, gardien du pacte fondamental et des libertés publiques ».)

19. — Le nombre des sénateurs ne pourra excéder 150 ; il est fixé, pour la première année, à 80.

20. — Il se compose : 1° des cardinaux, des maréchaux, des amiraux ; 2° des citoyens que le Président de la République juge convenable d'élever à la dignité de sénateur.

21. — Ils sont inamovibles et à vie.

22. — Les fonctions de sénateur sont gratuites ; néanmoins, le Président de la République pourra accorder à des sénateurs, en raison de services rendus et de leur position de fortune, une dotation personnelle qui ne pourra excéder 30.000 francs par an [3].

23. — Le président et les vice-présidents du Sénat sont nommés par le Président de la République et choisis parmi les sénateurs. Ils sont nommés pour un an. Le traitement du président du Sénat est fixé par un décret [4].

24. — Le Président de la République convoque et proroge le Sénat. Il fixe la durée de ses sessions par un décret. Les séances du Sénat ne sont pas publiques.

1. Le Sénat impérial ne commence à vrai dire que le 2 déc. 1852.
2. Voy. Léon MUEL. — *Gouvernements, etc., de la France depuis 1789*, pages 280 et suiv.
3. Cette dotation est étendue à tous les sénateurs (art. 11 du S.-C. du 25 déc. 1852).
4. Ce traitement est de 100.000 fr. par an, plus 50.000 fr. de frais de représentation (décr. du 18 mars 1852).

25. — Le Sénat est le gardien du pacte fondamental et des libertés publiques. Aucune loi ne peut être promulguée avant de lui avoir été soumise.

(L'article 26 donne au Sénat le droit de s'opposer à la promulgation des lois qu'il juge inconstitutionnelles ou nuisibles à l'intérêt public.)

31. — Il peut également proposer des modifications à la Constitution. Si la proposition est adoptée par le pouvoir exécutif, il y est statué par un sénatus-consulte.

33. — En cas de dissolution du Corps législatif et, jusqu'à une nouvelle convocation, le Sénat, sur la proposition du Président de la République, pourvoit, par des mesures d'urgence, à tout ce qui est nécessaire à la marche du gouvernement.

Le rôle du Sénat consistait surtout à voter des sénatus-consultes, à interpréter et modifier la Constitution.

Le décret du 22 mars 1852, qui règle les rapports du Sénat et du Corps législatif avec le Président de la République et le Conseil d'État, porte : « Art. 10. Le Sénat, n'ayant à statuer que sur la question de la promulgation des lois, son vote ne comporte la présentation d'aucun amendement. — Art. 14. Le président du Sénat proclame en ces termes le résultat du scrutin : *Le Sénat s'oppose*, ou, *Le Sénat ne s'oppose pas* à la promulgation.

L'article 39 de ce décret affecte au Sénat les Palais du grand et du petit Luxembourg.

Le sénatus-consulte du 25 décembre 1852 donne à l'Empereur le droit de présider le Sénat quand il le juge convenable (art. 2). Il déclare les princes français membres du Sénat quand ils ont l'âge de 18 ans ; mais ils ne peuvent y siéger qu'avec l'agrément de l'Empereur (art. 7). Le nombre des sénateurs nommés directement par l'Empereur ne peut excéder 150 (art. 10). Une dotation annuelle et viagère de 30.000 francs est affectée à la dignité de sénateur (art. 11).

Le sénatus-consulte du 8 septembre 1869 rend au Corps législatif l'initiative des lois, mais il conserve au Sénat son droit de *veto*, et lui maintient son pouvoir constituant. L'article 4 porte que les séances du Sénat sont publiques. Le sénatus-consulte du 21 mai 1870, qui fixe la Constitution de l'Empire, rétablit le gouvernement parlementaire en retirant au Sénat le pouvoir constituant qui lui était attribué. Les modifications qu'il comporte sont les suivantes :

ART. 12. — L'initiative des lois appartient à l'Empereur, au Sénat et au Corps législatif.

26. — Le nombre des sénateurs peut être porté aux deux tiers de celui des membres du Corps législatif, y compris les sénateurs de droit.

30. — Le Sénat discute et vote les projets de lois.

Un premier décret du 26 janvier 1852, contresigné par M. de Casabianca, ministre d'État, nomme 72 sénateurs. Un second décret du 27 mars suivant en nomme sept. Un décret du 30 janvier 1852 porte que le président du Sénat, le premier vice-président et le grand-référendaire sont logés aux frais de l'État.

Par décret du 6 mars 1852, le Sénat est convoqué pour le 29 mars suivant. Ce jour-là, le Prince-Président de la République fait l'ouverture de la session du Sénat et du Corps législatif au Palais des Tuileries, dans la salle des Maréchaux, disposée pour cette solennité. Une salve de 101 coups de canon annonce le commencement de la cérémonie. A une heure, le Président de la République, précédé de sa maison militaire, et suivi de ses Ministres, prend place sur un fauteuil, au milieu de l'estrade. Debout et découvert, le Prince prononce un grand discours :

Messieurs les Sénateurs,
Messieurs les Députés,

La dictature que le peuple m'avait confiée cesse aujourd'hui. Les choses vont reprendre leur cours régulier. C'est avec un sentiment de satisfaction réelle que je viens proclamer ici la mise en vigueur de la Constitution, car ma préoccupation constante a été non seulement de rétablir l'ordre, mais de le rendre durable en dotant la France d'institutions appropriées à ses besoins. . . . . . . . . . . . . . . . . . . . . . . . . . . . . . . .

Ce discours se termine ainsi :

La Providence, qui jusqu'ici a si visiblement béni mes efforts, ne voudra pas laisser son œuvre inachevée ; elle nous animera tous de ses inspirations, et nous donnera la sagesse et la force nécessaires pour consolider un ordre de choses qui assurera le bonheur de notre patrie et le repos de l'Europe.

Ce discours est souvent interrompu par d'unanimes acclamations. Le Ministre d'État [1] lit la formule du serment qui est ainsi conçue : « Je jure obéissance à la Constitution et fidélité au Président de la République. » Après cette lecture, tous les Sénateurs et les Députés, à l'appel de leurs noms, lèvent la main et répondent : *Je le jure !* Le Ministre d'État déclare ensuite, au nom du Prince-Président de la République, que la session est ouverte pour l'année 1852. Le lendemain 30 mars, le Sénat et le Corps législatif se réunissent dans leurs palais respectifs.

Le Bureau du Sénat se compose d'un président, de quatre vice-présidents [2], d'un grand-référendaire et d'un secrétaire du Sénat, nommés par le Président de la République. De plus, le règlement du 2 juin 1852 porte : Art. 2. A l'ouverture de chaque session, le Président appelle au Bureau, comme secrétaires provisoires, les deux plus jeunes membres présents à la séance. — Art. 3. Dans la deuxième séance au plus tard, le Sénat nomme au scrutin de liste : 1° deux de ses membres pour remplir conjointement avec le Secrétaire du Sénat, pendant le cours de la session, les fonctions de secrétaires ; 2° deux vice-secrétaires. Le Secrétaire du Sénat est spécialement chargé de surveiller la rédaction du procès-verbal. Le 4 janvier 1870, le Sénat décide qu'il nommera à l'avenir trois secrétaires et trois vice-secrétaires.

---

1. M. Xavier de Casabianca

2. Le premier vice-président reçoit 20.000 fr. par an de frais de représentation et le grand-référendaire 40.000 fr. (décr. du 18 avril 1852).

## LISTE DES MEMBRES DU BUREAU DU SÉNAT IMPÉRIAL

### Sessions de 1852.

Ord. (29 mars — 5 juil.). — Extraord. [1] (4 nov. — 28 déc.).

*Présid.* [2], maréchal prince Jérôme-Napoléon Bonaparte, gouverneur des Invalides [3].

1er *Vice-Présid.* [2], Mesnard. — *Vice-Présid.*, Drouyn de Lhuys, Troplong, général de division comte Baraguey-d'Hilliers.

*Grand-Référend.* [2], général de division comte d'Hautpoul.

*Secrét. du Sénat* [2], baron de Lacrosse.

*Secrét. provis.,* baron de Heeckeren, Le Verrier.

*Secrét. élus* (30 mars), général comte Regnaud de Saint-Jean-d'Angely, de Cambacérès.

*Vice-Secrét.* (17 juin), comte Siméon. comte de Lariboisière.

### Session de 1853 (14 févr. — 7 juin).

*Présid.*, le Premier Président Troplong [4] (décret du 30 déc. 1852).

1er *Vice-Présid.*, le président Mesnard. — *Vice-Présid.*, Drouyn de Lhuys, général comte Baraguey - d'Hilliers, général comte Regnaud de Saint-Jean-d'Angely (décret du 25 janvier 1853).

*Grand-Référend.*, général marquis d'Hautpoul.

*Secrét. du Sénat*, baron de Lacrosse.

*Secrét. élus* (15 févr.), comte de Lariboisière, Amédée Thayer.

*Vice-Secrét.* (15 févr.), comte de Beaumont, vice-amiral comte Cécille.

### Session de 1854 (2 mars — 10 juin).

*Présid.* [5], S. Exc. le premier président Troplong.

*Vice-Présid.* [5] (Les mêmes qu'à la session de 1853).

*Grand-Référend.* [5], général marquis d'Hautpoul.

*Secrét. du Sénat* [5], baron de Lacrosse.

*Secrét. élus* (3 mars), comte de Lariboisière, Amédée Thayer.

*Vice-Secrét.* (3 mars), comte de Beaumont, vice-amiral comte Cécille.

1. Le Bureau élu pour la session ordinaire reste en fonctions pour la session extraordinaire.

2. Grand dignitaire du Sénat nommé par décret du 28 janvier 1852, conformément à l'article 23 de la Constitution.

3. Dernier frère de Napoléon I<sup>er</sup>, et par conséquent oncle du Prince Président.

4. Premier Président à la Cour de Cassation. N'a cessé d'être Président du Sénat jusqu'à sa mort (1er mars 1869).

5. Il n'existe pas de décret de nomination pour cette session

## *Sessions de* 1855.

Ord. (26 déc. 1854 — 28 avril 1855). — Extraord. (2 — 14 juil. 1855).

*Présid.*, S. Exc. le premier président Troplong (décret du 4 déc. 1854).
*Vice-Présid.* (Les mêmes qu'à la session de 1853) (décret du 4 déc. 1854).
*Grand-Référend.*, général marquis d'Hautpoul.
*Secrét. du Sénat*, baron de Lacrosse.
*Secrét. élus* (27 déc. 1854), comte de Beaumont, vice-amiral comte
    Cécille.
*Vice-Secrét.* (27 déc. 1854), de Goulhot de Saint-Germain, de
    Ladoucette.

## *Session de* 1856 (3 *mars* — 12 *juillet*).

*Présid.*, S. Exc. le premier président Troplong (décret du 24 déc. 1855).
1ᵉʳ *Vice-Présid.*, le président Mesnard. — *Vice-Présid.*, Drouyn de
    Lhuys [1], général comte Baraguey - d'Hilliers, général comte
    Regnaud de Saint-Jean-d'Angely (décret du 24 déc. 1855).
*Grand-Référend.*, général marquis d'Hautpoul.
*Secrét. du Sénat*, baron de Lacrosse.
*Secrét. élus* (4 mars), de Ladoucette, de Goulhot de Saint-Germain.
*Vice-Secrét.* (4 mars), duc de Padoue, comte Le Marois.

## *Session de* 1857 (16 *févr.* — 10 *juin*).

*Présid.*, S. Exc. le premier président Troplong (décret du 14 déc. 1855).
1ᵉʳ *Vice-Présid.*, le président Mesnard. — *Vice-Présid.*, S. Exc. le
    maréchal comte Baraguey-d'Hilliers, S. Exc. le maréchal comte
    Regnaud de Saint-Jean-d'Angely, S. Exc. le maréchal Pélissier,
    duc de Malakoff (décret du 14 déc. 1856).
*Grand-Référend.*, général marquis d'Hautpoul.
*Secrét. du Sénat*, baron de Lacrosse.
*Secrét. élus* (17 févr.), duc de Padoue, comte Le Marois.
*Vice-Secrét.* (17 févr.), général comte de Mac-Mahon, général mar-
    quis de Grouchy.

## *Session de* 1858 (18 *janvier* — 19 *mai*).

*Présid.*, S. Exc. le premier président Troplong (décret du 26 déc. 1857).
*Vice-Présid.* (Les mêmes qu'à la session de 1857) (décret du 26 déc. 1857).
*Grand-Référend.*, général marquis d'Hautpoul.

1. Donne sa démission de Sénateur, le 4 mars 1856; n'a été remplacé comme Vice-Président qu'à la session suivante.

*Secrèt. du Sénat,* baron de Lacrosse.

*Secrèt. élus* (19 janv.), général marquis de Grouchy, général comte de Mac-Mahon.

*Vice-Secrèt.* (19 janv.), Ferdinand Barrot. général comte de Salles.

### Session de 1859 (7 févr. — 6 juin).

*Présid.,* S. Exc. le premier président Troplong (décret du 26 déc. 1858).

*Vice-Présid.* (Les mêmes qu'à la session de 1857) (décret du 26 déc. 1858).

— De Royer [1], premier vice-président (décret du 5 mai 1859).

*Grand-Référend.,* général marquis d'Hautpoul.

*Secrèt. du Sénat,* baron de Lacrosse.

*Secrèt. élus* (8 févr.), Ferdinand Barrot, général Carrelet.

*Vice-Secrèt.* (8 févr.), Edouard Thayer, Laity.

### Session de 1860 (1er mars — 24 juillet).

*Présid.,* S. Exc. le premier président Troplong (décret du 24 déc. 1859).

1er *Vice-Présid.,* de Royer. — *Vice-Présid.,* maréchal comte Baraguey-d'Hilliers, maréchal comte Regnaud de Saint-Jean-d'Angely, maréchal Pélissier, duc de Malakoff (décret du 24 déc. 1859).

*Grand-Référend.,* général marquis d'Hautpoul.

*Secrèt. du Sénat,* baron de Lacrosse.

*Secrèt. élus* (2 mars), Laity, comte de Grossolles-Flamarens.

*Vice-Secrèt.* (2 mars), Dariste, Mérimée.

### Sessions de 1861.

1er Sess. extr. (2 — 21 déc. 1860). — 2e Sess. extr. (22 janv. — 1er févr. 1861). — Sess. ord. (4 févr. — 29 juin 1861).

*Présid.,* S. Exc. le premier président Troplong (décret du 15 déc. 1860).

*Vice-Présid.* (Les mêmes qu'à la session de 1860) (décret du 15 déc. 1860).

*Grand-Référend.,* général marquis d'Hautpoul.

*Secrèt. du Sénat,* baron de Lacrosse.

*Secrèt. élus* (5 févr.), Dariste, Mérimée.

*Vice-Secrèt.* (5 févr.), vicomte de Barral, général marquis de Cramayel.

### Session de 1862 (27 janv. — 2 juillet).

*Présid.,* S. Exc. le premier président Troplong (décret du 14 déc. 1861).

*Vice-Présid.* (Les mêmes qu'à la session de 1860) (décret du 14 déc. 1861).

1. Nommé en remplacement de M. Mesnard, décédé le 24 décembre 1858.

*Grand-Référend.*, général marquis d'Hautpoul.
*Secrét. du Sénat*, baron de Lacrosse.
*Secrét. élus* (28 janv.), général marquis de Cramayel, vicomte de
  Barral.
*Vice-Secrét.* (28 janv.), baron de Heeckeren, Bonjean.

### Session de 1863 (12 janv. — 9 mai).

*Présid.*, S. Exc. le premier président Troplong (décret du 14 déc. 1862).
*Vice-Présid.* (Les mêmes qu'à la session de 1860) (décret du 14 déc. 1862).
*Grand-Référend.*, général marquis d'Hautpoul.
*Secrét. du Sénat*, baron de Lacrosse.
*Secrét. élus* (13 janv.), baron de Heeckeren, Bonjean.
*Vice-Secrét.* (13 janv.), Le Roy de Saint-Arnaud, général comte de
  Goyon.

### Session de 1864 (5 nov. 1863 — 1er juin 1864).

*Présid.*, S. Exc. le premier président Troplong (décret du 14 déc. 1863).
1" *Vice-Présid.*, Rouland[1] (décret du 26 juin 1863). — Delangle
  (décret du 18 oct. 1863)[2].
*Vice-Présid.*, maréchal comte Baraguey-d'Hilliers, maréchal comte
  Regnaud de Saint-Jean-d'Angely, maréchal Pélissier, duc de
  Malakoff[3], de Royer[4] (décret du 14 déc. 1863).
*Grand-Référend.*, général marquis d'Hautpoul.
*Secrét. du Sénat*, baron de Lacrosse.
*Secrét. élus* (6 nov. 1863), Le Roy de Saint-Arnaud, général comte
  de Goyon.
*Vice-Secrét.* (6 nov. 1863), Dumas, comte de Béarn.

### Session de 1865 (15 févr. — 7 juillet).

*Présid.*, S. Exc. le premier président Troplong (décret du 21 déc.
  1864).
1" *Vice-Présid.*, Delangle. — *Vice-Présid.*, maréchal comte Baraguey-
  d'Hilliers, maréchal comte Regnaud de Saint-Jean-d'Angely, de
  Royer (décret du 21 déc. 1864).
*Grand-Référend.*, général marquis d'Hautpoul.

1. En remplacement de M. de Royer, nommé premier président de la Cour des comptes
et maintenu vice-président du Sénat, par décret du 26 juin 1863.
2. En remplacement de M. Rouland, nommé ministre, présidant le Conseil d'Etat.
3. Mort le 22 mai 1864, étant gouverneur général de l'Algérie.
4. Nommé de nouveau vice-président du Sénat.

*Secrét. du Sénat,* baron de Lacrosse. — Boudet[1] (décret du 31 mars 1865).

*Secrét. élus* (16 févr.), Dumas, comte de Béarn.

*Vice-Secrét.* (16 févr.), général baron Charon, comte Boulay de la Meurthe.

### Session de 1866 (23 *janvier* — 14 *juillet*).

*Présid.*, S. Exc. le premier président Troplong (décret du 23 déc. 1865).

1er *Vice-Présid.,* Boudet[2]. — *Vice-Présid.*, maréchal comte Baraguey-d'Hilliers, maréchal comte Regnaud de Saint-Jean-d'Angely, de Royer, le procureur général Delangle (décret du 23 déc. 1865).

*Grand-Référend.*, Thouvenel[3] (décret du 4 août 1865).

*Secrét. du Sénat,* Ferdinand Barrot[4] (décret du 17 nov. 1865).

*Secrét. élus* (24 janv.), comte Boulay de la Meurthe, général baron Charon.

*Vice-Secrét.* (24 janv.), Tourangin, général Mellinet.

### Session de 1867 (14 *février* — 27 *juillet*).

*Présid.*, S. Exc. le premier président Troplong (décret. du 27 déc. 1866).

*Vice-Présid.* (Les mêmes qu'à la session de 1866) (décret du 27 déc. 1866).

*Grand-Référend.*, Ferdinand Barrot[5] (décret du 22 janv. 1867).

*Secrét. du Sénat,* Chaix d'Est-Ange[6] (décret du 22 janv. 1867).

*Secrét. élus* (15 févr.), général Mellinet, Tourangin.

*Vice-Secrét.* (15 févr.), de Mentque, Hubert-Delisle.

### Session de 1868 (18 *nov.* 1867 — 30 *juillet* 1868).

*Présid.*, S. Exc. le premier président Troplong (décret du 21 déc. 1867).

*Vice-Présid.* (Les mêmes qu'à la session de 1866) (décret du 21 déc. 1867).

*Grand-Référend.*, Ferdinand Barrot.

*Secrét. du Sénat,* Chaix d'Est-Ange.

*Secrét. élus* (19 nov. 1867), de Mentque, Hubert-Delisle.

*Vice-Secrét.* (19 nov. 1867), général comte de La Rûe, Suin.

1. Nommé en remplacement du baron de Lacrosse, décédé le 28 mars 1865.
2. En remplacement de M. Delangle, nommé procureur général à la Cour de cassation et maintenu par le même décret Vice-Président du Sénat.
3. Nommé en remplacement du général marquis d'Hautpoul, décédé le 28 juillet 1865.
4. En remplacement de M. Boudet, nommé premier Vice-Président.
5. Nommé en remplacement de M. Thouvenel, décédé le 18 octobre 1866.
6. En remplacement de M. Ferdinand Barrot, nommé grand-référendaire.

## Sessions de 1869.

. Ord. (18 janv. — 30 avril). — Extr. (2 août — 6 sept.).

*Présid.*, S. Exc. le premier président Troplong (décret du 19 déc. 1868).
— S. Exc. M. Rouher [1] (décret du 20 juillet 1869).
*Vice-Présid.* (Les mêmes qu'à la session de 1866) (décret du 19 déc. 1868)
*Grand-Référend.*, Ferdinand Barrot.
*Secrét. du Sénat*, Chaix d'Est-Ange.
*Secrét. élus* (19 janv.), général comte de La Rûe, Suin.
*Vice-Secrét.* (19 janv.), Béhic, vice-amiral comte Bouët-Willaumez.

## Sessions de 1870.

Ord. (29 nov. 1869 — 23 juil. 1870). — Extr. (9 août — 4 sept. 1870).

*Présid.*, S. Exc. M. Rouher (décret du 27 déc. 1869).
1ᵉʳ *Vice-Présid.*, Boudet. — *Vice-Présid.*, maréchal comte Baraguey-
d'Hilliers, maréchal comte Regnaud de Saint-Jean-d'Angely [2],
de Royer, Devienne (décret du 27 déc. 1869).
*Grand-Référend.*, Ferdinand Barrot.
*Secrét. du Sénat*, Chaix d'Est-Ange.
*Secrét. élus* (30 nov. 1869), vice-amiral comte Bouët-Willaumez,
Behic. — (18 janv. 1870), comte de Nieuwerkerke [3].
*Vice-Secrét.* (30 nov. 1869), général Vinoy, comte de Nieuwerkerke.
— (18 janv. 1870), Silvestre de Sacy, Gressier [4].

Les principaux actes du Sénat impérial sont : le vote du
sénatus-consulte du 7 novembre 1852 qui rétablit l'Empire ;
le vote du sénatus-consulte du 8 septembre 1869, qui modifie profondément la Constitution, et enfin le vote du
sénatus-consulte du 21 mai 1870 qui fixe la Constitution et
rétablit le gouvernement parlementaire en retirant au Sénat
le pouvoir constituant qui lui était attribué par la Constitution du 14 janvier 1852.

A la suite des échecs de nos troupes, au début de la guerre

1. Nommé pour la session extraordinaire en remplacement de M. Troplong, décédé le 1ᵉʳ mars 1869.
2. Décédé le 2 février 1870. M. Delangle, vice-président, est mort le 26 décembre 1869.
3. Elu par application du nouveau règlement adopté le 4 janvier 1870 qui porte à trois le nombre des Secrétaires et des Vice-Secrétaires.
4. Elus en remplacement du comte de Nieuwerkerke, élu secrétaire, et par applica-
tion du règlement du 4 janvier 1870.

de 1870, le Sénat et le Corps législatif sont convoqués pour le 9 août, par un décret du 7 août, signé par l'impératrice Eugénie[1]. Le 3 septembre, il reçoit du gouvernement la communication du désastre de Sedan. Le 4 septembre, il se réunit à midi et demi sous la présidence de M. Rouher. Informé de ce qui se passe au Corps législatif, il est indécis sur ce qu'il doit faire : rester en permanence, ou bien suspendre sa séance. Sur la proposition de M. Boudet, premier vice-président, il décide de « se réunir le lendemain lundi, à son heure ordinaire (2 heures), sans tenir compte des événements extérieurs, pour recevoir, s'il y a lieu, les communications du Corps législatif, à moins que les circonstances exigent que M. le Président le convoque auparavant ». Puis il se sépare à 3 heures et demie. Le soir même, vers 10 heures, M. Charles Floquet, adjoint au maire de Paris, vient, sur l'ordre de M. Eugène Pelletan, membre du gouvernement, mettre les scellés sur la porte de la salle des séances du Palais du Luxembourg, malgré la protestation de M. Ferdinand Barrot, grand-référendaire[1]. Par décret du même jour, rendu par le Gouvernement de la Défense nationale, le Sénat impérial est aboli.

## Corps législatif.

(14 janv. 1852 — 4 sept. 1870.)

Le Corps législatif a été créé par la Constitution du 14 janvier 1852[2] dont voici les principaux articles qui le concernent :

ART. 34. — L'élection a pour base la population.

35. — Il y aura un député au Corps législatif à raison de 35.000 électeurs.

36. — Les députés sont élus par le suffrage universel, sans scrutin de liste.

1. Voy. Léon MUEL. — *Gouvernements, etc., de la France depuis 1789*, pages 317 à 337.
2. Voy. suprà, l'article 4, page 111.

37. — Ils ne reçoivent aucun traitement.

38. — Ils sont nommés pour six ans.

39. — Le Corps législatif discute et vote les projets de lois et l'impôt.

41. — Les sessions ordinaires du Corps législatif durent trois mois ; ses séances sont publiques, etc.....

43. — Le président et les vice-présidents du Corps législatif sont nommés par le Président de la République pour un an ; ils sont choisis parmi les députés. Le traitement du président du Corps législatif est fixé par un décret.

44. — Les ministres ne peuvent être membres du Corps législatif.

45. — Le droit de pétition s'exerce auprès du Sénat. Aucune pétition ne peut être adressée au Corps législatif.

46. — Le Président de la République convoque, ajourne, proroge et dissout le Corps législatif. En cas de dissolution, le Président de la République doit en convoquer un nouveau dans le délai de six mois.

L'article 14 du sénat.-cons. du 25 déc. 1852 alloue aux députés une indemnité de 2.500 fr. par mois, pendant la durée de chaque session ordinaire ou extraordinaire [1].

Le décret organique du 2 février 1852 complète les dispositions électorales. Il porte à 261 le nombre des députés, en attribuant un député de plus à chaque département possédant une fraction de 25.000 électeurs au-dessus de 35.000 (art. 1er). L'Algérie et les colonies ne nomment pas de députés. Le suffrage est direct et universel. Le scrutin est secret (art. 3). Chaque département est divisé en circonscriptions électorales ; chaque circonscription élit un député (art 2). Les opérations électorales sont vérifiées par le Corps législatif qui est seul juge de leur validité (art. 5). Sont électeurs sans condition de cens tous les Français âgés de 21 ans, jouissant de leurs droits civils et politiques (art. 12). Sont éligibles sans conditions de domicile tous les électeurs âgés de 25 ans (art. 26). Les électeurs se réunissent au chef-lieu de leur commune.

1. L'art. 4 du S.-C. du 18 juil. 1866 fixe cette indemnité à 12.500 fr. pour chaque sess. ord. En cas de sess. extr., elle est réglée suivant l'art. 14 du S.-C. du 25 déc. 1852.

Le sénatus-consulte du 27 mai 1857 porte le nombre des députés de 261 à 267, en attribuant un député de plus à chaque fraction de 17.500 habitants au-dessus de 35.000. Le sénatus-consulte du 18 juillet 1866 supprime la disposition de l'article 41 de la Constitution du 14 janvier 1852, qui limite à trois mois la durée des sessions ordinaires. Un décret de l'Empereur prononce la clôture de la session. Le même sénatus-consulte fixe à 12.500 fr. l'indemnité à accorder aux députés pour chaque session ordinaire, quelle que soit sa durée. En cas de session extraordinaire, l'indemnité continue à être réglée conformément à l'article 14 du sénatus-consulte du 25 décembre 1852[1]. Par le décret du 24 novembre 1860, l'Empereur augmente les prérogatives du Sénat et du Corps législatif.

L'article 1er du sénatus-consulte du 8 septembre 1869 donne au Corps législatif l'initiative parlementaire concurremment avec l'Empereur. L'article 11 porte que le Sénat et le Corps législatif font leur règlement intérieur.

Les premières élections générales du Corps législatif ont eu lieu les 29 février — 14 [mars 1852 (décret du 2 févr.). Les candidats officiels ont été nommés à une majorité considérable[2].

L'opposition compte 7 membres seulement, entre autres 2 républicains : le général Cavaignac et M. Hippolyte Carnot, élus à Paris. M. Audren de Kerdrel, légitimiste, est élu à Fougères. A Paris, les candidats du Gouvernement obtiennent 133.513 voix, ceux de l'opposition 89.732 voix ; il y a 91.772 abstentions. Aux élections générales des 21 juin — 5 juillet 1857, le Gouvernement obtient une forte majorité. A Paris, sur 10 candidats de l'opposition, 5 sont élus, entre autres MM. H. Carnot, Cavaignac et Emile Ollivier ; M. Jules Favre, le défenseur d'Orsini, est élu à Paris le 27 avril 1858 et M. Ernest Picard, le 10 mai suivant.

---

1. Voy. suprà cet article, page 112.
2. Par décrets du 9 janvier 1852, les principaux membres de l'opposition avaient été exilés ou transportés à Cayenne.

C'est à la suite des élections générales de 1857 que s'est constitué le groupe des Cinq[1].

Aux élections générales des 31 mai — 14 juin 1863, l'opposition gagne du terrain ; 34 de ses candidats sont élus. Sur ce chiffre, 9 sont élus à Paris, entre autres MM. Thiers, Emile Ollivier, Ernest Picard, Jules Favre, Jules Simon et Eugène Pelletan. Dans les départements, l'opposition nomme MM. Magnin (Côte-d'Or), Berryer (Marseille), Dorian (Loire), Glais-Bizoin (Côtes-du-Nord).

« C'est alors que se forme le parti dit *des réformes* ayant pour chef M. Latour-Dumoulin, et auquel adhèrent bientôt MM. Buffet, de Talhouët, Martel, de Tillancourt, de Janzé, Chevondier de Valdrôme. Il prend place entre la gauche et le centre droit, devient en 1866 le *tiers-parti*, et, plus tard, en 1869, le *centre gauche* sur lequel s'appuie Emile Ollivier[2] ».

Aux élections générales des 24 mai — 6 juin 1869, l'opposition obtient un succès considérable, surtout à Paris où elle gagne près de 80.000 voix et où sont élus MM. Gambetta, Ernest Picard, Jules Simon, Eugène Pelletan. Au scrutin de ballottage, sur 59 députés à élire, 34 de l'opposition sont élus, entre autres Thiers, Jules Favre, Garnier-Pagès. Le résultat général est celui-ci : Députés gouvernementaux, 199 ; députés de l'opposition, 93, dont 26 républicains. C'est ce dernier groupe qui, le 4 septembre 1870, à la suite du désastre de Sedan, a renversé l'Empire en faisant proclamer la République.

Le nombre des membres du Corps législatif va sans cesse en augmentant. En 1852, il compte 261 membres ; en 1857, 267 ; en 1863, 283, et en 1869, 292 membres.

Le Bureau du Corps législatif est composé d'un président, de 2 vice-présidents et de 2 questeurs nommés pour un an par le Chef de l'État (art. 43 de la Constitution). En outre, l'article 42 du règlement du 22 mars 1852 dit : « Les 4 plus jeunes députés présents à la première séance rempliront

---

1. MM. Hénon, Emile Ollivier, Ernest Picard, Jules Favre, Darimon.
2. Grande encyclopédie.

les fonctions de secrétaires pendant toute la durée de la session. »

Par décret du 3 février 1861, le nombre des secrétaires est porté à 6 ; ils sont nommés par le Corps législatif pour la durée de la session. L'article 6 du sénatus-consulte du 8 septembre 1869 porte qu'à « l'ouverture de chaque session, le Corps législatif nomme son président, ses vice-présidents, ses secrétaires et ses questeurs ». Cet article est confirmé par l'article 34 du sénatus-consulte du 21 mai 1870.

A partir de 1867, le Bureau compte 3 vice-présidents ; la session de 1870 en compte 4. Le nouveau règlement adopté par le Corps législatif le 2 février 1870 porte que le Bureau se compose d'un président, de quatre vice-présidents, de six secrétaires et de deux questeurs [1].

### Liste des Membres du Bureau du Corps législatif.

#### Sessions de 1852.

Ord. (29 mars — 28 juin). — Extr. (25 nov. — 3 déc.).

*Présid.*, Billault (décret du 9 mars).

*Vice-Présid.*, Schneider, Réveil (décret du 24 mars).

*Secrét.* [1], Edouard Dalloz, Macdonald duc de Tarente, baron Eschassériaux, Dugas.

*Questeurs*, général baron Vast-Vimeux, Hébert (décret du 24 mars) [2].

#### Session de 1853 (14 févr. — 28 mai).

*Présid.*, Billault (décret du 25 janv. 1853).

*Vice-Présid.*, Schneider, Réveil (décret du 25 janv. 1853).

*Secrét.*, Ed. Dalloz, Macdonald duc de Tarente, baron Eschassériaux, Dugas.

*Questeurs*, général baron Vast-Vimeux, Hébert (décret du 25 janv. 1853).

#### Session de 1854 (2 mars — 1er juin).

*Présid.*, Billault (décret du 23 déc. 1853).

*Vice-Présid.*, Schneider, Réveil (décret du 23 déc. 1853).

---

1. Le traitement du président est de 100.000 fr. par an (décret du 18 avril 1852), et celui des questeurs de 10.000 fr. (arr. du présid. du C. l. du 13 avril 1852).

2. Voy. suprà l'art. 42 du règlement du 22 mars 1852, page 121.

3. Ce même décret fixe le traitement annuel des questeurs à 10.000 francs.

*Secrét.*, comte Joachim Murat, Ed. Dalloz, duc de Tarente, baron Eschassériaux.

*Questeurs*, général baron Vast-Vimeux, Hébert (décret du 23 déc. 1853).

### Session ord. de 1855 (26 déc. 1854 — 14 avril 1855).

*Présid.*, comte de Morny [1] (décret du 12 nov. 1854).

*Vice-Présid.*, Schneider, Réveil (décret du 4 déc. 1854).

*Secrét.*, comte Joachim Murat, marquis de Chaumont-Quitry, Ed. Dalloz, duc de Tarente.

*Questeurs*, général baron Vast-Vimeux, Hébert (décret du 4 déc. 1854).

### Session extraord. de 1855 (2 — 13 juillet).

(Mêmes président, vice-présidents et questeurs qu'à la session. ordinaire.)

*Secrét.*, comte Joachim Murat, marquis de Chaumont-Quitry, Tesnière, Edouard Dalloz.

### Session de 1856 (3 mars — 2 juillet).

*Présid.*, comte de Morny (décret du 10 nov. 1855).

*Vice-Présid.*, Schneider, Réveil (décret du 24 déc. 1855).

*Secrét.*, comte Joachim Murat, marquis de Chaumont-Quitry, Tesnière, Edouard Dalloz.

*Questeurs*, général baron Vast-Vimeux, Hébert (décret du 24 déc. 1855)

### Session de 1857 (16 févr. — 28 mai).

*Présid.*, comte de Morny (décret du 14 déc. 1856).

*Vice-Présid.*, Schneider [2], Réveil (décret du 14 déc. 1856).

*Secrét.*, comte Joachim Murat, marquis de Chaumont-Quitry, Tesnière, Edouard Dalloz.

*Questeurs*, général baron Vast-Vimeux, Hébert (décret du 14 déc. 1856).

### Session de 1858 (28 nov. 1857 — 8 mai 1858).

*Présid.*, comte de Morny (décret du 2 juillet 1857).

*Vice-Présid.*, Schneider, Réveil (décret du 2 juillet 1857).

*Secrét.*, comte de Kersaint, comte Joachim Murat, marquis de Chaumont-Quitry, Tesnière.

*Questeurs*, général baron Vast-Vimeux, Hébert (décret du 2 juil. 1857).

1. En remplacement de M. Billault, nommé ministre de l'Intérieur le 23 juin 1854.
2. M. Schneider a rempli, pendant toute la session, les fonctions de président en l'absence de M. le comte de Morny.

*Session de* 1859 (*7 févr. — 27 mai*).

*Présid.*, comte de Morny (décret du 24 juin 1858).

*Vice-Présid.*, Schneider, Réveil (décret du 24 juin 1858).

*Secrét.*, comte Louis de Cambacérès, comte Léopold Le Hon, baron
    Roguet, comte Henri de Kersaint. — (9 avril 1859), comte
    Joachim Murat [1].

*Questeurs,* général baron Vast-Vimeux, Hébert (décret du 24 juin 1858).

*Session de* 1860 (*1ᵉʳ mars — 21 juillet*).

*Présid.*, comte de Morny [2].

*Vice-Présid.*, Schneider, Réveil [2].

*Secrét.*, comte Louis de Cambacérès, comte Léopold Le Hon, comte
    Henri de Kersaint, comte Joachim Murat.

*Questeurs,* Hébert [2]. — Général Perrot [3] (décret du 21 oct. 1859).

*Session de* 1861 (*4 févr. — 27 juin*).

*Présid.*, S. Exc. M. le comte de Morny [4].

*Vice-Présid.*, Schneider, Réveil [4].

*Secrét.* [5], (7 févr.), Vernier, comte Joachim Murat, de Saint-Germain,
    marquis de Talhouët, baron David, comte Le Peletier d'Aunay.

*Questeurs,* Hébert, général Perrot [4].

*Session de* 1862 (*27 janv. — 27 juin*).

*Présid.*, S. Exc. M. le comte de Morny [6].

*Vice-Présid.*, Schneider, Réveil [6].

*Secrét.* (28 janv.) (Les mêmes qu'à la session de 1861).

*Questeurs,* Hébert, général Perrot [6].

*Session de* 1863 (*12 janv. — 7 mai*).

*Présid.*, S. Exc. M. le duc de Morny (décret du 7 juin 1862).

*Vice-Présid.*, Schneider, Réveil (décret du 7 juin 1862).

*Secrét.* (14 janv. 1863) (Les mêmes qu'à la session de 1861).

*Questeurs,* Hébert, général Perrot (décret du 7 juin 1862).

1. Elu en remplacement du baron Roguet, décédé.
2. Décrets des 19 juin 1859 et 9 juin 1860.
3. Nommé en remplacement de M. le général baron Vast-Vimeux, décédé
4. Décrets des 9 juin 1860 et 7 juin 1861.
5. Application des art. 48 et 51 du décret du 3 février 1861 qui porte à 6 le nombre
des secrétaires élus désormais par le Corps législatif.
6. Décrets des 7 juin 1861 et 7 juin 1862.

*Session de* 1864 (5 *nov.* 1863 — 28 *mai* 1864).

*Présid.*, S. Exc. M. le duc de Morny (décret du 23 juin 1863).

*Vice-Présid.*, Vernier (décret du 29 juin 1863). — Alfred Le Roux 1 (décret du 12 août 1863).

*Secrét.* (14 nov. 1863), Busson-Billault, comte Joachim Murat, comte Le Peletier d'Aunay, marquis de Talhouët, Séverin Abbattucci, Noubel.

*Questeurs*, Hébert, de Romeuf (décret du 29 juin 1863).

*Session de* 1865 (15 *févr.* — 8 *juillet*)[2].

*Présid.*, S. Exc. M. le duc de Morny[3] (décret du 14 juin 1864).

*Vice-Présid.*, Schneider, Alfred Le Roux (décret du 14 juin 1864).

*Secrét.* (17 févr.), Busson-Billault, comte Le Peletier d'Aunay, Severin Abbattucci, Darimon, Lafond de Saint-Mûr, de Saint-Germain.

*Questeurs*, Hébert, de Romeuf (décrets des 14 juin 1864 et 12 juin 1865).

*Session de* 1866 (22 *janv.* — 30 *juin*).

*Présid.*, S. Exc. le comte Walewski (décrets des 1er sept. 1865 et 9 juin 1866).

*Vice-Présid.*, Schneider, Alfred Le Roux (décrets des 12 juin 1865 et 9 juin 1866).

*Secrét.* (21 janv.), Lafond de Saint-Mûr, Busson-Billault, S. Abbattucci, Darimon, Thoinnet de la Turmélière, comte Welles de La Valette.

*Questeurs*, Hébert, de Romeuf (décrets des 12 juin 1865 et 9 juin 1866).

*Session de* 1867 (14 *févr.* — 24 *juillet*).

*Présid.*, S. Exc. le comte Walewski (décret du 9 juin 1866). — S. Exc. M. Schneider (décret du 2 avril 1867)[4].

*Vice-Présid.*, Schneider, Alfred Le Roux[5] (décret du 9 juin 1866). — Gouin, baron Jérôme David (décret du 17 avril 1867).

*Secrét.* (16 févr.), baron Lafond de Saint-Mûr, Mège, Darimon, comte Welles de La Valette, marquis de Conegliano, de Guilloutet.

*Questeurs*, Hébert, de Romeuf (décret du 8 juin 1867).

1. En remplacement de M. Vernier qui, nommé conseiller d'Etat par décret du 12 août 1863, a cessé de faire partie du Corps législatif.

2. La dernière séance a eu lieu le 4 juillet.

3. Décédé le 10 mars 1865. C'est M. Schneider, vice-président, qui a présidé pendant toute la durée de la session.

4. Nommé en remplacement de M. le comte Walewski, démissionnaire, le 29 mars 1867.

5. M. Alfred Le Roux a été nommé de nouveau, par décret du 8 juin 1867.

*Session de* 1868 (18 *nov.* 1867 — 28 *juillet* 1868).

*Présid.*, S. Exc. M. Schneider (décrets des 2 avril 1867 et 18 mars 1868).

*Vice-Présid.*, Alfred Le Roux (décrets des 8 juin 1867 et 6 juin 1868).

— Baron Jérôme David (décrets des 17 avril 1867 et 15 avril 1868).

— Du Miral (décret du 18 nov. 1867).

*Secrét.* (20 nov.), Mège, marquis de Conegliano, de Guilloutet, Bournat, comte Welles de La Valette, Martel.

*Questeurs*, Hébert, baron de Romeuf (décret du 6 juin 1868).

*Session ordinaire de* 1869 (18 *janv.* — 26 *avril*)[1].

*Présid.*, S. Exc. M. Schneider (décrets du 18 mars 1868 et du 16 mars 1869).

*Vice-Présid.*, Alfred Le Roux (décret du 6 juin 1868). — Baron Jérôme David (décrets du 15 avril 1868 et du 10 avril 1869). — Du Miral (décret du 17 nov. 1868).

*Secrét.* (20 janv.), Mège, Bournat, marquis de Conegliano, Martel, de Guilloutet, Dollfus.

*Questeurs*, Hébert, de Romeuf (décret du 6 juin 1868).

*Session extraord. de* 1869 (28 *juin* — 27 *déc.*)[2].

*Présid. d'âge* (30 nov.), colonel Réguis. — *Présid. définit.* (1ᵉʳ déc.), Schneider.

*Vice-Présid.* (1ᵉʳ déc.), marquis de Talhouët, du Miral, Chevandier de Valdrôme, baron Jérôme David.

*Secrét.* (12 juillet), Bournat, Martel, Dollfus, de Beauchamp, Terme, Peyrusse.

*Questeurs* (1ᵉʳ déc.), général Le Breton, Hébert.

*Session ordin. de* 1870 (27 *déc.* 1869 — 23 *juillet* 1870)[3].

*Présid. d'âge*, colonel Réguis. — *Présid. définit.* (28 déc.), Schneider.

1. Par décret du 27 avril 1869, le Corps législatif, « étant arrivé à la dernière année de son mandat », est dissous et les collèges électoraux sont convoqués pour le 23 mai suivant.

2. Cette session a été prorogée du 13 juillet au 30 novembre. C'est à cette dernière date que le Bureau du Corps législatif a été élu, conformément à l'article 6 du sénatus-consulte du 8 septembre 1869 (Voy. cet article supra, page 125), sauf en ce qui concerne les secrétaires qui avaient été élus le 12 juillet.

3. Le décret du 27 décembre 1869, qui clôture la session extraordinaire de 1869, ouvre en même temps la session ordinaire de 1870. Le 27 décembre, après la lecture de ce décret, M. le président Schneider cède le fauteuil au doyen d'âge, M. le colonel Réguis. Le procès-verbal de cette séance, qui a été lu à la séance suivante, contenait donc la fin d'une session et le commencement de l'autre. La session ordinaire de 1870 a été close de fait le 21 juillet, l'ordre du jour étant épuisé, mais le décret de clôture est daté du 23 juillet.

*Vice-Présid.* (28 déc.), marquis de Talhouët, Chevandier de Valdrôme, baron Jérôme David, comte Daru. — (11 janv. 1870), Mège, Busson-Billault, Alfred Le Roux[1]. — (20 mai), marquis de Talhouët[2].

*Secrét.* (28 déc.), Bournat, Martel, Terme, Peyrusse, Magnin, Josseau.

*Questeurs* (28 déc.), Hébert, général Le Breton.

### Session extraord. de 1870 (9 août — 4 sept.).

Aux termes de l'article 10 du règlement, les membres du Bureau de la session ordinaire restent en fonctions pendant la session extraordinaire. MM. Alfred Le Roux et le marquis de Talhouët étaient seuls vice-présidents, MM. le baron Jérôme David et Busson-Billault ayant été nommés ministres par décret du 9 août et n'ayant pas été remplacés.

Le Corps législatif, comme le Sénat impérial, s'est réuni pour la dernière fois le 4 septembre 1870. C'est dans son sein qu'a éclaté ce jour-là la révolution qui a renversé l'Empire et proclamé la République. Pendant que la Commission nommée à cet effet discute sur la déchéance de l'Empereur et la formation d'un gouvernement provisoire, la salle des séances est envahie par la foule aux cris de : *la déchéance ! Vive la République !* Le président Schneider, qui ne peut plus se faire entendre, lève la séance et se retire suivi des ministres. Il était trois heures et quelques minutes. Le même jour, le Corps législatif est dissous par décret du Gouvernement de la Défense nationale[3].

1. Élus en remplacement de MM. le marquis de Talhouët, Chevandier de Valdrôme et le comte Daru, nommés ministres le 2 janvier 1870.

2. Élu en remplacement de M. Mège, nommé ministre de l'Instruction publique le 15 mai.

3. Voy. l'historique de la Révolution du 4 septembre 1870 (Léon MUEL. — *Gouvernements, etc., de la France depuis 1789*, pages 322 à 336).

# TROISIÈME RÉPUBLIQUE

## Assemblée nationale.

(12 févr. 1871 — 8 mars 1876.)

L'armistice signé le 28 janvier 1871 par M. Jules Favre et le prince de Bismarck portait :

ART. 2. — L'armistice convenu a pour but de permettre au Gouvernement de la Défense nationale de convoquer une Assemblée librement élue qui se prononcera sur la question de savoir si la guerre doit être continuée ou à quelles conditions la paix doit être faite. L'Assemblée se réunira dans la ville de Bordeaux. Toutes les facilités seront données par les armées allemandes pour l'élection et la réunion des députés qui la composeront[1].

Par décrets des 29, 31 janvier et 2 février 1871, le Gouvernement de la Défense nationale convoque les collèges électoraux pour le 8 février suivant, à l'effet d'élire l'Assemblée nationale. L'élection a lieu au scrutin de liste par département, conformément à la loi du 15 mars 1849[2]. Le nombre des Députés est de 759, non compris les représentants des colonies. Sont électeurs tous les citoyens français âgés de 21 ans, inscrits sur les listes électorales. Le vote a lieu au chef-lieu de canton[3]. Sont éligibles tous les

1. Voy. Léon MUEL. — *Gouvernements, etc., de la France depuis 1789*, page 342.
2. Voy. cette loi, page 105.
3. La loi du 10 avril 1871 rétablit le vote au chef-lieu de chaque commune.

électeurs ayant atteint l'âge de 25 ans [1]. L'Assemblée nationale se réunira à Bordeaux le 12 février.

Les élections du 8 février 1871 ont amené, dans l'Assemblée nationale, environ 500 conservateurs (orléanistes, légitimistes et bonapartistes) et 150 républicains. Tous les membres du Gouvernement de la Défense nationale sont élus. M. Jules Favre est élu dans 5 départements, M. Gambetta dans 10, M. Thiers dans 26. A Paris, qui comptait 574.858 inscrits et 328.970 votants, Louis Blanc est élu le premier par 216.530 voix.

L'Assemblée nationale tient sa première séance à Bordeaux, le 12 février 1871, dans la salle du Grand-Théâtre, sous la présidence de M. Benoist d'Azy, doyen d'âge. Le même jour, elle constitue son bureau provisoire. Le lendemain 13, elle décide, sur la proposition de M. Adolphe Cochery, d'appliquer provisoirement le règlement de l'Assemblée législative du 27 juin 1849. Le 16 février, elle nomme son Bureau définitif, composé d'un président, de 4 vice-présidents, de 6 secrétaires et de 3 questeurs [2].

### LISTE DES MEMBRES DU BUREAU DE L'ASSEMBLÉE NATIONALE.

12 févr. 1871. *Présid. d'âge*, comte Benoist d'Azy.

*Secrét. provis.*, L'Ebraly, marquis de Castellane, Paul de Rémusat, comte Duchâtel.

16 févr. — *Présid. définit.*, Jules Grévy.

*Vice-présid.*, Martel, comte Benoist d'Azy, Vitet, Léon de Maleville.

*Secrét.*, Bethmont, Paul de Rémusat, baron de Barante, Johnston. — (17 févr.), marquis de Castellane, vicomte de Meaux [3].

16 mai. — *Présid.*, Jules Grévy.

*Vice-Présid.*, Vitet, comte Benoist d'Azy, Martel, Léon de Maleville.

1. M. Gambetta, alors ministre de l'Intérieur à la délégation de Bordeaux, avait signé, le 31 janvier, un décret frappant d'inéligibilité les anciens fonctionnaires politiques de l'Empire. Le prince de Bismarck ayant protesté, ce décret a été annulé le 4 février; c'est alors que M. Gambetta a démissionné le 6 février 1871.

2. Le 1er sept. 1871, l'Assembl. nation. fixe l'indemnité du président à 72.000 fr. par an, et celle des questeurs à 9.000 fr.

3. Voy. plus loin la liste des questeurs, page 136.

16 mai 1871.   *Secrét.*, Bethmont, vicomte de Meaux, Johnston, baron de Barante, marquis de Castellane, Paul de Rémusat.

16 août     —   *Présid.*, Jules Grévy.

*Vice-Présid.*, Vitet, Martel, comte Benoist d'Azy, Saint-Marc-Girardin.

*Secrét.*, Bethmont, Paul de Rémusat, vicomte de Meaux, Johnston, baron de Barante, marquis de Castellane.

5 déc.     —   *Présid.*, Jules Grévy.

*Vice-Présid.*, Martel, comte Benoist d'Azy, Saint-Marc-Girardin, Vitet.

*Secrét.*, Bethmont, Paul de Rémusat, vicomte de Meaux, Johnston, baron de Barante, marquis de Castellane.

5 mars 1872.   *Présid.*, Jules Grévy.

*Vice-Présid.*, Martel, Saint-Marc-Girardin, comte Benoist d'Azy, Vitet.

*Secrét.*, Albert Desjardins, baron de Barante, marquis de Costa de Beauregard, vicomte de Meaux, Paul de Rémusat, Francisque Rive.

5 juin     —   *Présid.*, Jules Grévy.

*Vice-Présid.*, Martel, comte Benoist d'Azy, Saint-Marc-Girardin, Vitet.

*Secrét.*, Francisque Rive, marquis de Costa de Beauregard, Paul de Rémusat, Albert Desjardins, baron de Barante, vicomte de Meaux.

12 nov.     —   *Présid.*, Jules Grévy.

*Vice-Présid.*, Martel, comte Benoist d'Azy, Vitet, Saint-Marc-Girardin.

*Secrét.*, Fr. Rive, Albert Desjardins, baron de Barante, Paul de Rémusat, vicomte de Meaux, de Cazenove de Pradine.

12 févr. 1873.   *Présid.*, Jules Grévy.

*Vice-Présid.*, Martel, comte Benoist d'Azy, Saint-Marc-Girardin [1], Vitet.

*Secrét.*, Fr. Rive, de Cazenove de Pradine, Albert Desjardins, vicomte Blin de Bourdon, Félix Voisin, Grivart.

_____
1. Décédé le 11 avril 1873.

2 avril 1873. *Présid.*, Jules Grévy [1]. — (4 avril). Buffet [2].

20 mai   — *Présid.*, Buffet.

       *Vice-Présid.*, de Goulard, comte Benoist d'Azy, Vitet [3], Martel.

       *Secrét.*, Félix Voisin, vicomte Blin de Bourdon, Albert Desjardins, de Cazenove de Pradine, Grivart, Fr. Rive.

6 nov.   — *Présid.*, Buffet.

       *Vice-Présid.*, Martel, comte Benoist d'Azy, de Goulard, général baron de Chabaud-La Tour.

       *Secrét.*, F. Voisin, Fr. Rive, Albert Desjardins, vicomte Blin de Bourdon, Grivart, de Cazenove de Pradine. — (2 déc.), comte Louis de Ségur [4].

6 févr. 1874. *Présid.*, Buffet.

       *Vice-Présid.*, Martel, comte Benoist d'Azy, de Goulard, général baron de Chabaud-La Tour.

       *Secrét.*, F. Voisin, Rive, comte Louis de Ségur, vicomte Blin de Bourdon, de Cazenove de Pradine, Grivart.

13 mai   — *Présid.*, Buffet.

---

1. Réélu après démission. A la séance du 1er avril 1873, M. Le Royer, député du Rhône, qualifie du mot *bagage* les développements du rapport de M. le vicomte de Meaux sur l'organisation municipale de Lyon. « C'est une impertinence », s'écrie M. le marquis de Grammont, membre de la droite. M. le président Grévy rappelle l'interrupteur à l'ordre. Une vive agitation se produit dans l'Assemblée ; l'attitude du président est vivement blâmée par la droite. A la suite de cet incident, M. Jules Grévy donne sa démission de président qui est annoncée le lendemain 2 avril par M. Vitet, vice-président et membre de la droite. Sur la demande de la gauche, l'Assemblée procède immédiatement à un scrutin pour l'élection d'un président. M. Jules Grévy obtient 349 voix et M. Buffet, candidat de la droite, 231. Malgré cette réélection, M. Jules Grévy adresse à l'Assemblée, le lendemain 3 avril, une nouvelle lettre où il maintient sa démission. A la séance du 4 avril, présidée par M. de Saint-Marc-Girardin, M. Buffet est élu président de l'Assemblée nationale par 304 voix contre 285 à M. Martel, vice-président.

2. Elu en remplacement de M. Jules Grévy, démissionnaire. Représentant des Vosges le 23 avril 1848 à l'Assemblée constituante ; réélu à l'Assemblée législative de 1849 ; député au Corps législatif de 1864 à 1870, élu représentant à l'Assemblée nationale de 1871, ministre de l'Agriculture et du Commerce du 29 déc. 1848 au 2 juin 1849 et du 10 avril au 26 oct. 1851 ; ministre des Finances du 2 janv. au 14 avril 1870, et le 19 février 1871 (n'a pas accepté) ; président de l'Assemblée nationale du 4 avril 1873 au 10 mars 1875 ; vice-président du Conseil, ministre de l'Intérieur du 10 mars 1875 au 23 février 1876 ; battu aux élections législatives du 20 février 1876, est élu sénateur inamovible le 17 juin suivant ; membre de l'Académie des sciences morales et politiques.

3. Décédé le 6 juin 1873.

4. Elu en remplacement de M. Albert Desjardins, nommé sous-secrétaire d'État au ministère de l'Instruction publique.

13 mai 1874. *Vice-Présid.*, Martel, comte Benoist d'Azy, général baron de Chabaud-La Tour, de Goulard[1].

*Secrèt.*, Rive, vicomte Blin de Bourdon, de Cazenove de Pradine, comte Louis de Ségur, F. Voisin, Grivart. — (6 juin), Vandier[2].

1er déc. — *Présid.*, Buffet.

*Vice-Présid.*, Martel, comte Benoist d'Azy, Audren de Kerdrel, duc d'Audiffret-Pasquier.

*Secrèt.*, F. Voisin, Vandier, de Cazenove de Pradine, vicomte Blin de Bourdon, comte Louis de Ségur, comte Duchâtel.

1er mars 1875. *Présid.*, Buffet. — (15 mars), duc d'Audiffret-Pasquier[3].

*Vice - Présid.*, Martel, duc d'Audiffret - Pasquier, Audren de Kerdrel, Ricard. — (16 mars), Duclerc[4].

*Secrèt.*, de Cazenove de Pradine, comte Duchâtel, comte Louis de Ségur, F. Voisin, Lamy, vicomte Blin de Bourdon.

1er juin — *Présid.*, duc d'Audiffret-Pasquier.

*Vice-Présid.*, Martel, Duclerc, Audren de Kerdrel, Ricard.

*Secrèt.*, F. Voisin, de [Cazenove de Pradine, comte Louis de Ségur, vicomte Blin de Bourdon, comte Duchâtel, Lamy.

5 nov.[5] — *Présid.*, duc d'Audiffret-Pasquier.

*Vice-Présid.*, Duclerc, Martel, Audren de Kerdrel, Ricard.

*Secrèt.*, de Cazenove de Pradine, F. Voisin, comte Louis de Ségur, vicomte Blin de Bourdon, Lamy, comte Duchâtel.

---

1. Décédé le 3 juillet 1874.

2. Elu en remplacement de M. Grivart, nommé ministre de l'Agriculture et du Commerce.

3. Elu Président par 418 voix sur 598 votants en remplacement de M. Buffet, nommé vice-président du Conseil, ministre de l'Intérieur. M. le duc d'Audiffret-Pasquier a échoué deux fois (7 janv. 1866 et 24 mai 1869) aux élections législatives de l'Orne, comme candidat de l'opposition contre M. le baron de Mackau. Elu représentant de l'Orne à l'Assemblée constituante le 8 février 1871 ; vice-président de l'Assemblée nationale du 1er déc. 1874 au 15 mars 1875; président de l'Assemblée nationale du 15 mars 1875 au 8 mars 1876 ; sénateur inamovible en déc. 1875; président du Sénat du 13 mars 1876 au 15 janvier 1879; membre de l'Académie française.

4. En remplacement de M. le duc d'Audiffret-Pasquier, nommé Président de l'Assemblée nationale.

5. Ce dernier bureau a été maintenu en fonctions jusqu'au 8 mars 1876.

*Questeurs de l'Assemblée nationale.*

16 févr. 1871.  Baze, général Martin des Pallières. — (17 février),
Princeteau.

20 févr. 1872.  Baze, Princeteau, général Martin des Pallières.

20 févr. 1873.  Baze, Princeteau[1], général Martin des Pallières.

21 févr. 1874.  Baze, général Martin des Pallières. — (25 févr.), Toupet
des Vignes.

1ᵉʳ mars 1875.  Baze, Toupet des Vignes, général Martin des Pallières.

A la première séance de l'Assemblée nationale, le 12 février 1871, M. Jules Favre remet entre les mains de l'Assemblée les pouvoirs du Gouvernement de la Défense nationale.
Par une résolution du 17 février 1871, l'Assemblée nationale nomme M. Thiers, chef du Pouvoir exécutif[2]. Le
10 mars suivant, elle adopte une résolution ayant pour objet
de transporter à Versailles le siège de l'Assemblée nationale.
L'article 2 de cette résolution fixe au lundi 20 mars sa
première réunion dans cette ville. C'est alors qu'éclate
l'insurrection du 18 mars qui a été réprimée définitivement
le 28 mai 1871 par l'armée de Versailles[3].

Le 18 mai 1871, l'Assemblée nationale adopte le traité
de Francfort, qui met fin à la guerre franco-allemande.

Le 31 août 1871, elle adopte une loi portant que le chef
du pouvoir exécutif prendra le titre de *Président de la
République française*. Le premier paragraphe de l'exposé
des motifs de cette loi affirme le pouvoir constituant de
l'Assemblée nationale[4].

Le 24 mai 1873, l'Assemblée nationale renverse M. Thiers
et nomme à sa place M. le maréchal de Mac-Mahon[5]. Elle
vote ensuite la Constitution du 25 février 1875 qui crée
deux Assemblées : la Chambre des députés et le Sénat. Elle
vote la loi du 24 février 1875 relative à l'organisation du

1. Par lettre du 6 février 1874, M. Princeteau décline la candidature aux fonctions de
questeur.

2. Voy. Léon MUEL. — *Gouvernements, etc., de la France depuis 1789*, pages 343 à 352.

3. *Idem*, pages 353 et suiv.

4. *Idem*, pages 357 et suiv.

5. *Idem*, pages 361 et suiv.

Sénat, la loi constitutionnelle du 16 juillet 1875 sur les rapports des pouvoirs publics, la loi du 30 décembre 1875, relative à la date de l'élection des sénateurs et des députés, et fixant l'époque de sa propre dissolution [1]. Elle nomme les 75 sénateurs inamovibles [2] (séances des 9, 10, 11, 13, 14, 15, 16, 17, 18, 20 et 21 décembre 1875), et se proroge le 31 décembre, après avoir nommé une commission de permanence.

L'article 5 de la loi du 30 décembre 1875 est ainsi conçu : « Le Sénat et la Chambre des députés se réuniront à Versailles, le mercredi 8 mars 1876. Les pouvoirs de l'Assemblée nationale prendront fin le jour de cette réunion. »

Au jour indiqué, 8 mars 1876, l'Assemblée nationale se réunit à Versailles, sous la présidence de M. le duc d'Audiffret-Pasquier, qui remet aux deux nouvelles Chambres et au Gouvernement, « au nom de l'Assemblée nationale, les pouvoirs souverains que la nation lui avait donnés ». M. le Président déclare ensuite que les Bureaux provisoires du Sénat et de la Chambre des Députés étant constitués, les pouvoirs de l'Assemblée nationale sont épuisés [3].

## Sénat.

### (8 mars 1876 — 16 janv. 1896.)

Le Sénat a été créé par l'article 1er de la Constitution du 25 février 1875, ainsi conçu : « Le pouvoir législatif s'exerce par deux assemblées : la Chambre des Députés et le Sénat. La composition, le mode de nomination et les attributions du Sénat seront réglés par une loi spéciale [4]. »

1. Voy. Léon MUEL. — *Gouvernements, etc., de la France depuis 1789*, pages 377 et suiv.

2. Le premier élu est M. le duc d'Audiffret-Pasquier, et le dernier, M. le marquis Léon de Maleville.

3. Voy. la transmission des pouvoirs de l'Assemblée nationale (Léon MUEL. — *Gouvernements, etc., de la France depuis 1789*, pages 383 et 384).

4. Voy. Léon MUEL. — *Gouvernements, etc., de la France depuis 1789*, pages 377 à 379.

Cette loi spéciale est celle du 24 février 1875 dont voici les principaux articles [1] :

ART. 1er. — Le Sénat se compose de 300 membres : 225 élus par les départements et les colonies, et 75 élus par l'Assemblée nationale.

3. — Nul ne peut être sénateur s'il n'est Français, âgé de 40 ans au moins et s'il ne jouit de ses droits civils et politiques.

4. — Les sénateurs des départements et des colonies sont élus au scrutin de liste par un collège réuni au chef-lieu du département, et composé des députés du département, des conseillers généraux, des conseillers d'arrondissement et des délégués élus, un par chaque conseil municipal, parmi les électeurs de la commune.

6. — Les sénateurs des départements et des colonies sont élus pour neuf années et renouvelables par tiers tous les trois ans. Au début de la 1re session, les départements seront divisés en trois séries, contenant chacune un égal nombre de sénateurs. Il sera procédé par la voie du tirage au sort, à la désignation des séries qui devront être renouvelées à l'expiration de la 1re et de la 2e période triennale [2].

7. — Les sénateurs élus par l'Assemblée sont inamovibles. En cas de vacance par décès, démission ou tout autre cause, il sera, dans les deux mois, pourvu au remplacement par le Sénat lui-même.

8. — Le Sénat a, concurremment avec la Chambre des Députés, l'initiative et la confection des lois. Toutefois, les lois de finances doivent être, en premier lieu, présentées à la Chambre des Députés et votées par elle.

10. — Il sera procédé à l'élection du Sénat un mois avant l'époque fixée par l'Assemblée pour sa séparation. Le Sénat entrera en fonctions et se constituera le jour même où l'Assemblée nationale se séparera.

---

1. En vertu de l'art. 3 de la loi constitutionnelle des 13-14 août 1884, les art. 1 à 7 de cette loi ont perdu leur caractère constitutionnel. (Voy. la loi du 9 déc. 1884, page 140.)

2. Le tirage au sort a eu lieu dans la séance du 29 mars 1876. Les séries sont sorties dans l'ordre suivant :
Série B (de la Haute-Garonne à l'Oise, plus Constantine et la Martinique).
Série C (de l'Orne à l'Yonne, plus Oran et les Indes françaises).
Série A (de l'Ain au Gard, plus Alger, la Guadeloupe et la Réunion).

La loi constitutionnelle du 16 juillet 1875 contient, entre autres, les articles suivants relatifs au Sénat :

Art. 1er. — Le Sénat et la Chambre des Députés se réunissent chaque année[1], le second mardi de janvier, à moins d'une convocation antérieure faite par le Président de la République. — Les deux Chambres doivent être réunies en session, cinq mois au moins chaque année. La session de l'une commence et finit en même temps que celle de l'autre.

11. — Le Bureau de chacune des deux Chambres est élu chaque année pour la durée de la session et pour toute session extraordinaire qui aurait lieu avant la session ordinaire de l'année suivante. Lorsque les deux Chambres se réunissent en Assemblée nationale, leur bureau se compose des président, vice-présidents et secrétaires du Sénat.

14. — Aucun membre de l'une ou de l'autre Chambre ne peut, pendant la durée de la session, être poursuivi ou arrêté en matière criminelle ou correctionnelle qu'avec l'autorisation de la Chambre dont il fait partie, sauf le cas de flagrant délit.

La loi organique du 2 août 1875 règle les conditions d'élection des sénateurs des départements, en ce qui concerne la formation des collèges électoraux, et aussi le mode d'élection des sénateurs inamovibles. Les élections des sénateurs des départements se font à la charge de l'État, conformément à l'article 17 ci-après :

Art. 1er. — Un décret du Président de la République, rendu au moins six semaines à l'avance, fixe le jour où doivent avoir lieu les élections pour le Sénat et en même temps celui où doivent être choisis les délégués des conseils municipaux. Il doit y avoir un intervalle d'un mois au moins entre le choix des délégués et l'élection des sénateurs.

17. — Les délégués qui auront pris part à tous les scrutins recevront, sur les fonds de l'État, s'ils le requièrent, sur la présentation de leur lettre de convocation, visée par le président du

---

1. De plein droit et sans décret de convocation. De simples lettres de convocation sont adressées par les Présidents aux membres des deux Chambres.

Collège électoral, une indemnité de déplacement qui leur sera payée, etc...[1].

24. — L'élection des sénateurs nommés par l'Assemblée nationale est faite en séance publique, au scrutin de liste et à la majorité absolue des votants, quel que soit le nombre des épreuves.

L'article 26 de cette même loi attribue aux sénateurs la même indemnité qu'aux députés[2].

L'article 1er de la loi du 30 décembre 1875 fixe au dimanche 16 janvier 1876 la réunion des conseils municipaux, à l'effet de nommer leurs délégués pour l'élection des sénateurs, conformément à la loi organique du 2 août 1875.

L'article 2 porte : « Les Collèges électoraux chargés d'élire les sénateurs se réuniront au chef-lieu de chaque département, le dimanche 30 janvier 1876. »

ART. 5. — Le Sénat et la Chambre des Députés se réuniront à Versailles, le mercredi 8 mars 1876.

La loi du 9 décembre 1884 apporte des modifications aux lois organiques sur l'organisation du Sénat et les élections des sénateurs. Voici les principaux articles de cette loi :

ART. 1er. — Le Sénat se compose de 300 membres élus par les départements et les colonies.

(Cet article supprime l'institution des 75 sièges inamovibles créée par les articles 1 et 7 de la loi du 24 février 1875. L'article 2 répartit ces 75 sièges entre différents départements.)

3. — Dans les départements où le nombre des sénateurs est augmenté par la présente loi, l'augmentation s'effectuera à mesure des vacances qui se produiront parmi les sénateurs inamovibles. A cet effet, il sera, dans la huitaine de la vacance, procédé en séance publique à un tirage au sort pour déterminer le département qui sera appelé à élire un sénateur.

Cette élection aura lieu, dans le délai de trois mois, à partir du

---

1. Par décret du 26 décembre 1875, cette indemnité est fixée à 2 fr. 50 par myriamètre parcouru, tant en allant qu'en revenant. — La distance se compte du chef-lieu de la commune du délégué au chef-lieu du département.

2. Cette indemnité est de 9.000 francs par an.

tirage au sort ; toutefois, si la vacance survient dans les six mois qui précèdent le renouvellement triennal, il n'y sera pourvu qu'au moment de ce renouvellement. Le mandat ainsi conféré expirera en même temps que celui des autres sénateurs du même département.

L'article 4 se termine ainsi : « Les membres des familles qui ont régné sur la France sont inéligibles au Sénat. »

L'article 6 remplace, en le modifiant, l'article 4 de la loi du 24 février 1875, relatif à la composition du collège électoral. L'article 7, qui vise tous les membres du Sénat, n'est que la reproduction de l'article 6 de la loi du 24 février 1875. L'article 9 abroge les articles 1 à 7 de la loi du 24 février 1875, et 24 et 25 de la loi du 2 août 1875, relatifs aux sénateurs inamovibles.

Sur les 75 sénateurs inamovibles élus par l'Assemblée nationale du 9 au 21 décembre 1875, il y avait 50 républicains et 25 conservateurs. MM. Buffet et le duc de Broglie n'avaient pas réussi à se faire élire. Sur les 225 sénateurs élus par les départements, le 30 janvier 1876, il y avait 79 monarchistes, 36 bonapartistes, 15 constitutionnels et 95 républicains de toutes nuances.

Conformément à l'article 6 de la loi du 24 février 1875, et à l'ordre des séries adopté le 29 mars 1876, le Sénat a été renouvelé aux époques suivantes :

Série B[1] — 5 janvier 1879 ; 5[2] janvier 1888.
Série C — 8 janvier 1882 ; 4 janvier 1891.
Série A — 25 janvier 1885 ; 7 janvier 1894.

Le 22 juin 1877, le Sénat vote, par 150 voix contre 130, la dissolution de la Chambre des Députés proposée par M. le duc de Broglie, président du Conseil des ministres[3]. Au renouvellement du 5 janvier 1879, sur 82 sièges, les républicains en gagnent 66 à la faveur de la division qui régnait alors

1. Voy. la désignation des départements, page 138, note 2.
2. Le 5 janvier est le point de départ des neuf années que doit durer chaque série. Les élections pour le renouvellement du Sénat ont toujours lieu le dimanche ; par exception, elles ont eu lieu le jeudi en 1888.
3. Voy. l'historique du Seize-Mai (Léou MUEL. — *Gouvernements, etc., de la France depuis 1789*, pages 389 à 411).

parmi les groupes de la droite, qui n'obtient que 16 sièges.
Le Sénat comprend 177 républicains de toutes nuances. Cet
échec de la droite provoque la démission du maréchal de
Mac-Mahon remplacé à la présidence de la République par
M. Jules Grévy, le 30 janvier 1879[1]. Le renouvellement du
8 janvier 1882 donne aux républicains 63 sièges sur 79. La
droite perd 24 sièges et le centre gauche 3. Le parti républicain compte alors au Sénat 201 membres. Au renouvellement du 25 janvier 1885, la gauche gagne encore 22 sièges.
Sur 87 sièges, 67 sont attribués aux républicains et 20 aux
conservateurs. La droite ne compte plus que 67 membres.
MM. le duc de Broglie, de Fourtou et Brunet ne sont pas
réélus. La majorité républicaine, y compris le centre gauche,
présidé par M. Jules Simon, compte 233 membres. Au renouvellement de janvier 1888, la droite regagne 6 sièges. Sur 82,
61 appartiennent aux républicains et 21 aux conservateurs.
Le renouvellement de janvier 1891, qui porte sur 81 sièges,
donne 64 républicains et 17 conservateurs. La droite perd
10 sièges. Le Sénat comprend en tout 244 républicains et
56 conservateurs. Au renouvellement du 7 janvier 1894, la
gauche gagne 8 sièges sur les 91 qui sont à pourvoir; 22 sénateurs sortants ne sont pas réélus.

Le tableau ci-dessous indique la progression du mouvement républicain dans les élections triennales du Sénat :

|  | 1876 | 1879 | 1882 | 1885 | 1888 | 1891 | 1894 |
|---|---|---|---|---|---|---|---|
| Républicains élus | 141 | 177 | 201 | 233 | 227 | 244 | 257[2] |
| Conservateurs — | 159 | 123 | 99 | 67 | 73 | 56 | 43 |

Nous donnons ici, à titre de document, la teneur de deux
discours qui sont considérés comme des chefs-d'œuvre
d'éloquence parlementaire définissant parfaitement le rôle
du Sénat.

1. Voy. Léon MUEL. — *Gouvernements, etc., de la France depuis 1789*, pages 415
et suiv.
2. Dans ce chiffre de 257, figurent 4 ralliés.

*Discours de M. Jules Ferry, Président du Sénat.*

(27 févr. 1893.)

Le 27 février 1893, jour de son installation au fauteuil présidentiel, M. Jules Ferry, qui avait été nommé Président du Sénat, le 24 février, prononce l'allocution suivante :

MESSIEURS ET CHERS COLLÈGUES,

J'essaierais en vain de dissimuler sous des formules étudiées les sentiments dont mon âme est pleine. Ce sont ceux d'une fierté que vous jugerez légitime, puisqu'elle me vient de vous, et d'une gratitude infinie. L'honneur que vous faites à celui que vous appelez à votre tête est des plus grands qui soient au monde.

Je ne me targue pas de l'avoir mérité. En me choisissant parmi tant d'hommes si dignes d'occuper cette haute charge, le Sénat a voulu faire avant toutes choses un acte de haute et paternelle bienveillance. Il a mis un terme à une longue épreuve ; il a décidé que l'ostracisme, cet enfant irrité de la Cité antique, n'aurait pas de place dans notre démocratie libérale et tolérante. (*Très bien et applaudissements.*)

La tâche que votre confiance m'impose m'apparaît plus élevée encore quand je songe à tous ceux dont les talents, l'éloquence et le caractère ont brillé à cette place. Et parmi ceux-ci, je veux saluer à mon tour, au nom du Sénat reconnaissant, le Sage qui, pendant douze années consécutives et non des moins orageuses de notre histoire parlementaire, a dirigé les travaux de cette Assemblée. (*Applaudissements.*)

M. Le Royer a quitté volontairement cette présidence, qu'il avait en quelque sorte façonnée à son image, modelée sur cet idéal de loyauté, de bonté et de justice, qui est la lumière et le guide de sa vie. (*Nouveaux applaudissements.*)

Il a marqué la fonction d'une trop forte empreinte pour que ses exemples y soient jamais oubliés.

Au milieu des orages des Congrès, dans ces labeurs de la Haute Cour, comme dans la direction des débats ordinaires de l'Assemblée, on l'a toujours vu égal à lui-même, se mettant sans

effort à la hauteur des plus grands devoirs, interposant dans les
circonstances les plus difficiles une autorité d'une nature parti-
culière faite de bonne grâce et de fermeté, et qui a sa source
dans la haute probité de l'esprit et la droiture souveraine de la
conscience. (*Applaudissements répétés.*)

Et l'impartialité absolue dont il demeure l'éclatant modèle
n'est point, chez ce maître vénéré, chez ce républicain impec-
cable, le fruit du scepticisme de l'esprit ou de l'indifférence du
cœur. Avant d'être l'arbitre du camp, M. Le Royer avait été des
plus ardents à la bataille, des plus tenaces dans le combat.

Nous l'avons vu dans les premières et difficiles épreuves de
notre évolution républicaine, à la tête de cette petite phalange
qui barrait obstinément la route au retour du passé, et aucun
des témoins de ces heures rudes et glorieuses — j'en vois ici
beaucoup autour de moi — n'a oublié cette éloquence chaleu-
reuse et sobre où tressaillait en accents sincères et puissants
l'amour profond du droit et de la liberté. (*Vifs applaudissements.*)

Celui qui recueille aujourd'hui ce noble et lourd héritage a
pris aussi sa large part des mêlées brûlantes de la politique. Sa
vie politique n'a été qu'un long combat. Vous ne l'avez cepen-
dant pas jugé incapable de ce rôle élevé d'arbitre qui semblait
peu fait pour lui.

Vous avez pensé que l'adversité ne porte pas les mêmes fruits
dans toutes les âmes; que si les unes en sortent aigries et ré-
voltées, d'autres s'y retrempent et s'y instruisent à la clarté des
jours d'épreuve. (*Applaudissements répétés.*) L'expérience des
hommes et des choses est une grande école d'équité.

La vie parlementaire serait odieuse si l'on n'y apprenait pas à
se respecter et à s'estimer les uns les autres. N'est-ce pas là
précisément l'état d'esprit de cette grande Assemblée, ce qui
donne à vos débats tant de noblesse, ce qui assure ici aux relations personnelles tant de charme et de dignité ?

Et se peut-il imaginer une plus admirable école de respect mu-
tuel que ce Sénat illustré par tant de grands noms et dans lequel
se rencontrent, comme par l'effet d'une secrète attraction, les
orateurs et les hommes d'État qui ont porté le plus haut, dans
l'opposition comme dans le Gouvernement, l'honneur de cette
tribune, pour le plus grand renom de la patrie française.
(*Applaudissements.*)

Messieurs, il y a dix-huit ans, presque jour pour jour, que nous avons fondé dans ce pays, impatient de se reposer sous un Gouvernement définitif, la République parlementaire. Dans une démocratie comme la nôtre, la tentative était hardie, on peut dire que dans le monde entier, elle n'avait pas de précédent.

Notre République parlementaire avait contre elle certaines traditions et cette habitude invétérée de l'esprit français, qui tend à confondre le meilleur avec le plus simple, comme si dans tous les ordres de phénomènes la complexité n'était pas l'attribut des organismes supérieurs, comme si le despotisme n'était pas à la fois le plus simple et le pire des gouvernements. (*Très bien ! Très bien !*)

L'expérience s'est faite ; elle se poursuit, et, sans dissimuler les difficultés qu'elle soulève sur son chemin, qui oserait dire qu'elle n'a pas réussi ? La République parlementaire s'est-elle montrée inférieure aux grandes tâches d'un gouvernement ?

L'ordre maintenu, sans effort et sans troubles, les finances rétablies, l'armée refaite et grandement fortifiée, la République conquérant en Europe, à force de sagesse, de puissantes et précieuses amitiés, peut-on reconnaître à des signes plus certains un gouvernement vivant et durable ? (*Très bien! Très bien !*)

Des trois pouvoirs qui constituent le mécanisme gouvernemental, le Sénat était encore, il y a quelques années, le plus attaqué. Les événements ont pris sa défense et se sont chargés de le justifier.

Un jour est venu, jour de péril immense et de suprême angoisse, où l'institution, dénoncée comme un obstacle, est apparue comme une sauvegarde. L'action fut rapide, résolue, efficace ; la dictature était vaincue. J'ose dire que, dans le pays républicain tout entier, la leçon a été comprise.

Mais ces services éclatants autant qu'exceptionnels n'épuisent pas le rôle de cette Assemblée. Il ne suffit pas au Sénat d'être le gardien armé et vigilant de la Constitution ; le meilleur moyen de défendre une Constitution attaquée, c'est encore de la pratiquer.

La véritable forme du gouvernement parlementaire n'est ni le conflit des pouvoirs, ni leur équilibre qui ressemble trop à l'impuissance. C'est l'harmonie, l'harmonie qui laisse à chacun son rôle, mais tout son rôle.

L'harmonie cesse où l'effacement commence. (*Très bien ! Très bien !*)

Le jour où l'un des trois pouvoirs absorberait les deux autres, c'en serait fait du régime parlementaire. Nous n'avons à cette heure rien de fatal à redouter. Il n'existe entre les pouvoirs de l'État que des rapports de collaboration bienveillante et de mutuelle déférence.

Le Sénat ne saurait jamais être un instrument de discorde ni un organe rétrograde. (*Très bien ! Très bien !*)

Il n'est point l'ennemi des nouveautés généreuses, ni des hardies initiatives.

Il demande seulement qu'on les étudie. (*Très bien ! Très bien !*) Dans l'ordre politique comme dans l'ordre économique, il faut savoir envisager les transformations nécessaires.

Notre République est ouverte à tous ; elle n'est la propriété d'aucune secte, d'aucun groupe, ce groupe fût-il celui des hommes qui l'ont fondée.

Elle accueille tous les hommes de bonne foi et de bonne volonté ; mais, pour leur faire une place, les républicains n'ont pas besoin, j'imagine, de se déclarer la guerre les uns aux autres. (*Très bien !*)

Ce serait bien mal comprendre le grand mouvement de ralliement qui s'opère dans les masses profondes et qui, en dépit des incidents et des accidents, poursuit sa marche imperturbable, parce qu'il est conduit par la force des choses et par les intérêts les plus élevés de la patrie. (*Applaudissements prolongés.*)

Un mois après exactement, le 27 mars 1893, M. Jules Ferry, qui était mort le 17 mars, est remplacé au fauteuil présidentiel par M. Challemel-Lacour qui, le lendemain de son élection, prononce l'allocution suivante :

MESSIEURS LES SÉNATEURS,

Le poste où votre confiance vient de m'élever est au niveau des plus orgueilleuses ambitions ; il dépasse de beaucoup toutes mes espérances.

En recevant un tel honneur, je ne puis que vous en témoigner ma profonde reconnaissance ; si j'en éprouve une satisfaction légitime, je m'empresse d'ajouter, et je suis sûr que cette parole ne sera pas taxée par vous de modestie affectée, que cette satisfaction est tempérée par la crainte de rester au-dessous des devoirs dont je me fais une si haute idée.

Il n'y a d'ailleurs guère de place en ce moment pour la joie dans mon cœur. Il est encore rempli, comme les vôtres, par l'amère tristesse qu'y a laissée la disparition inattendue de l'homme supérieur choisi par vous, il y a un mois à peine, pour présider à vos travaux.

Ce choix, bien moins préparé par une entente formelle que par une sympathie tacite, mais générale, pour cet homme d'Etat, cet orateur, ce citoyen intègre et courageux, soumis à de si longues et de si rudes épreuves, avait honoré le Sénat. Il avait été une manifestation éclatante de votre grand esprit de justice ; il avait mis en lumière la délicatesse, l'élévation et l'indépendance des sentiments dont vous êtes animés.

Vous n'aviez fait en le nommant que devancer, et sans doute de bien peu, le retour de l'opinion ; vous donniez à celle-ci un signal qu'elle avait compris et qu'on la voyait déjà suivre avec empressement.

Jules Ferry était de ceux dont une pensée unique remplit et gouverne la vie ; elle les domine, quelquefois elle les entraîne, mais elle augmente leur force et leur assure l'ascendant sur les esprits.

Pendant plus de trente ans, depuis l'époque où je le rencontrai, simple journaliste, n'ayant d'autre arme que sa plume, sous un régime qui n'aimait ni la plume ni la parole, jusqu'au temps où il commença d'avoir part aux affaires et où il exerça bientôt un si grand pouvoir, jusqu'au jour cruel où, blessé dans la lutte, il s'était vu condamné tout à coup, non pas à l'inaction qu'il ne connut jamais, mais à l'impuissance, Ferry n'avait eu qu'une pensée : poursuivre l'établissement en France d'un Gouvernement libre, conforme à l'état nouveau de la société et des esprits, digne de la grandeur historique de la France et de sa place parmi les nations civilisées, fonctionnant dans des conditions compatibles avec l'ordre et avec le progrès. *(Très bien ! Très bien ! à gauche et au centre.)*

Il avait sur ces conditions des idées très arrêtées, quoiqu'il n'eut rien de l'esprit doctrinaire. Son ardeur à les défendre, égale à son courage pour les appliquer, oserai-je le dire ? une certaine âpreté de pensée et de langage contractée dans une suite de luttes sans trêve, avaient à la longue accumulé contre lui bien des préventions, et ces préventions exploitées par des inimitiés, qui sont l'inévitable lot des hommes de cette valeur, avaient fini par l'évincer de la vie publique.

Il y a deux ans, il s'était réfugié parmi vous ; vous l'aviez accueilli avec respect, et déjà l'opinion, longtemps entraînée et égarée par un de ces torrents d'erreur aussi difficiles à contenir qu'à expliquer et où se perdent parfois, englouties sans retour, des forces précieuses, commençait à s'émouvoir en sa faveur.

Vous ne l'avez pas attendue, Messieurs. Vous avez offert à Jules Ferry une réparation qui fut peut-être la plus grande joie de sa vie, mais qui fut la dernière. Le repos forcé, en un temps où la lutte est encore loin d'être close et où il voyait tant de choses à faire, avait laissé un germe mortel dans ce cœur toujours affamé d'activité.

Le jour où vous l'aviez appelé à diriger vos travaux, il avait conçu pour le Sénat l'idée d'une grande tâche, qui n'avait d'ailleurs rien de chimérique, car elle consistait simplement dans l'accomplissement total de sa fonction constitutionnelle. Il vous a donné, en termes présents à toutes les mémoires, une rapide esquisse de ce plan, où il n'y a rien à retrancher.

A l'heure qu'il est, tout le monde reconnaît, et nous pouvons dire sans orgueil, mais sans crainte de nous abandonner trop complaisamment aux illusions de l'esprit de corps, que le Sénat est entouré de la confiance publique. Les années ont passé, les événements se déroulent ; et, en dépit des critiques et des théories décevantes, l'autorité du Sénat n'a pas cessé de grandir.

De jour en jour l'opinion se rend plus clairement compte de son rôle dans l'ensemble des pouvoirs publics et de la fonction qui lui est dévolue. Aussi attend-elle de lui qu'il maintienne, dans un invariable esprit de conciliation et de progrès réfléchi, mais avec fermeté, les droits qui sont les siens, ou plutôt qui sont ceux de la République elle-même. *(Très bien ! Très bien !)* Le Sénat n'en est que le dépositaire.

Il n'y a pas de républicain éclairé qui ne sente que la République, sa force et son avenir, sont intéressés au premier chef à ce que la Constitution soit pratiquée avec scrupule dans toutes ses parties. *(Nouvelle approbation.)* Il n'y a pas d'esprit amoureux de réformes qui ne doive souhaiter, pour leur triomphe durable, que ses idées passent par l'étamine devant ce grand corps, recruté parmi ceux qui ont donné le plus de gages à la France, à la République, à la démocratie, et qui ont amassé dans la pratique des affaires la plus large provision d'expérience et de savoir. *(Très bien ! Très bien !)*

Mais, Messieurs, les droits se maintiennent surtout par l'usage. Les attaques contre la République se réduisent de plus en plus aux agitations de groupes irréconciliables que le temps diminue à vue d'œil. Les partis peuvent être irréductibles, un peuple ne l'est jamais. *(Très bien ! Très bien !)*

A mesure que la France devient plus républicaine, de nouvelles questions se posent, des nécessités imprévues se révèlent, et la tâche imposée aux pouvoirs publics grandit.

La nation voit toujours dans le Sénat sa plus sûre sauvegarde contre les agitations, encore renouvelées par intervalle, à l'aide de procédés qui ne varient pas, mais de plus en plus vaines des partis expirants. Elle voit en lui une garantie contre les tentatives hasardeuses ou détournées de réformes précipitées et mal conçues ; mais elle attend de lui davantage.

Elle espère que le Sénat, attentif au renouvellement qui s'opère dans les conditions économiques et morales de la société, si étranger aux utopies, mais en relations si intimes avec la démocratie et si attaché à ses intérêts, utilisera sa riche expérience pour aborder, de concert avec le Gouvernement, les plus pressantes de ces questions. *(Marques d'approbation.)* Elles offrent un champ inépuisable à votre activité, et ce champ est si vaste qu'il me suffit de l'indiquer du doigt.

Je n'ai point, Messieurs, la témérité de vous tracer un programme. Témoin de vos travaux depuis dix-huit ans, je sais que vous êtes accoutumés à étudier toutes les questions avec la gravité et le sérieux qu'elles méritent, à ne vous inspirer que de la justice, à consulter toujours et avant tout l'intérêt de la patrie.

Vous m'avez élevé à cette place pour aider dans la mesure de mes forces à vos travaux. Quoique je veuille rester sobre d'assurances, je ne crains pas de vous donner celle que vous pouvez compter sur un collaborateur assidu et sur tout mon dévouement. *(Applaudissements prolongés.)*

Le Sénat occupe d'abord l'ancienne salle des séances de l'Assemblée nationale située dans l'aile nord du Palais de Versailles, local qui lui est affecté par la loi du 26 mai 1873. Il y siège jusqu'au 2 août 1879. L'article 9 de la Constitution du 25 février 1875 ayant été abrogé par la loi des 19-21 juin 1879, la loi du 22 juillet 1879 fixe le siège du pouvoir exécutif et des deux Chambres à Paris, et la date de leur première réunion dans cette ville, à partir du 3 novembre suivant. Cette même loi affecte au Sénat le Palais du Luxembourg où il tient sa première séance le 27 novembre 1879. C'est là qu'il a siégé comme Haute Cour le 7 avril 1889 pour juger le procès du général Boulanger[1]. Depuis sa formation, le Sénat s'est réuni plusieurs fois à la Chambre des Députés pour se former en Assemblée nationale à Versailles[2].

Le règlement voté par le Sénat, le 11 mars 1876, porte que la séance d'ouverture de chaque session ordinaire est présidée par le doyen d'âge. Les six plus jeunes sénateurs présents à la séance remplissent les fonctions de secrétaires jusqu'à l'élection du Bureau définitif qui, élu pour l'année, comprend : un président, 4 vice-présidents, 6 secrétaires et 3 questeurs[3]. Le 18 mars 1892, le Sénat modifie l'article 4 de ce règlement, en portant de 6 à 8 le nombre des secrétaires.

### LISTE DES MEMBRES DU BUREAU DU SÉNAT.

#### Sessions de 1876.

Ord. (8 mars — 12 août). — Extraord. (16 oct. — 30 déc.).

*Présid. d'âge*, Gaulthier de Rumilly. — *Secrét. d'âge*, Lacave-Laplagne, Vandier, comte de Saint-Vallier, de Colombet, vicomte de Rainneville, Scheurer-Kestner.

*Présid. définit.* (13 mars), duc d'Audiffret-Pasquier[4].

*Vice-Présid.*, Martel, Duclerc, général de Ladmirault, Audren de Kerdrel.

---

1. Voy. plus loin l'article : *Hautes Cours de Justice*.
2. Voy. plus loin l'article : *Assemblée nationale* (réunion des deux Chambres).
3. L'indemnité du président est fixée à 72.000 fr. par an et celle des questeurs à 9.000 fr. (Résol. du Sénat du 19 déc. 1876.)
4. Élu président par 203 voix sur 274 votants. (Voy. suprà page 135, note 3.

*Secrét.*, comte de Saint-Vallier, Scheurer-Kestner, Lacave-Laplagne, vicomte de Rainneville, Vandier. — (14 mars), de Colombet.

*Questeurs*, Baze, Toupet des Vignes, général d'Aurelles de Paladines.

### Session de 1877 (9 janv. — 18 déc.)[1].

*Présid. d'âge*, Gaulthier de Rumilly.

*Présid. définit.* (10 janv.), duc d'Audiffret-Pasquier.

*Vice-Présid.*, général de Lamirault, Audren de Kerdrel, Duclerc, comte Rampon.

*Secrét.*, comte de Saint-Vallier, de Colombet, Lacave-Laplagne, Vandier, Scheurer-Kestner, vicomte de Rainneville.

*Questeurs*, Toupet des Vignes, Baze, général d'Aurelles de Paladines.

### Session de 1878 (8 janv. — 21 déc.)[2].

*Présid. d'âge*, Gaulthier de Rumilly.

*Présid. définit.* (10 janv.), duc d'Audiffret-Pasquier.

*Vice-Présid.*, Duclerc, comte Rampon, général de Ladmirault, Audren de Kerdrel.

*Secrét.*, Lacave-Laplagne, vicomte de Rainneville, Scheurer-Kestner, Bernard (Meurthe-et-Moselle), de Colombet, Vandier. — (4 nov.), Léon Clément[3].

*Questeurs*, Toupet des Vignes, Baze. — (12 janv.), général Pélissier[4].

### Sessions de 1879.

Ord. (14 janv. — 2 août). — Extraord. (27 nov. — 20 déc.).

*Présid. d'âge*, Gaulthier de Rumilly.

*Présid. définit.* (15 janv.), Martel[5].

1. Il n'y a eu qu'une session. Par suite de la dissolution de la Chambre des Députés, le Sénat s'est ajourné depuis le 25 juin jusqu'au 7 novembre.

2. Le Sénat s'est ajourné du 14 juin au 28 octobre.

3. Élu en remplacement de M. Vandier, décédé le 23 août 1878.

4. Élu en remplacement de M. le général d'Aurelles de Paladines, décédé le 13 décembre 1877.

5. Élu président par 153 voix sur 243 votants. Représentant du Pas-de-Calais à l'Assemblée législative de 1849; député au Corps législatif de 1863 à 1870; à l'Assemblée nationale, de 1871 à 1876; secrétaire du Corps législatif du 20 nov. 1868 au 4 sept. 1870; vice-président de l'Assemblée nationale, du 16 févr. 1871 au 8 mars 1876; sénateur inamovible, le 8 déc. 1875; vice-président du Sénat, du 13 mars au 12 déc. 1876; garde des sceaux, du 12 déc. 1876 au 17 mai 1877; président du Sénat du 15 janv. 1879 au 20 mai 1880; démissionne le 20 mai, pour raison de santé; préside le Congrès des deux Chambres à Versailles les 30 janvier et 18 juin 1879; mort le 4 mars 1892.

*Vice-Présid.*, comte Rampon, Le Royer, Eugène Pelletan. — (16 janv.), général de Ladmirault. — (13 févr.), Calmon [1].

*Secrét.*, Bernard, Scheurer-Kestner, Mazeau, Casimir Fournier (Nord). (16 janv.), vicomte de Rainneville, Lacave-Laplagne. — (12 mai), baron Lafond de Saint-Mûr, Beraldi [2]. — (15 mai), Léon Clément [3].

*Questeurs*, Toupet des Vignes, Baze, général Pélissier.

## Sessions de 1880.

Ord. (13 janv. — 15 juil.). — Extraord. (9 nov. — 28 déc.).

*Présid. d'âge*, Gaulthier de Rumilly.
*Présid. définit.* (14 janv.), Martel. — (25 mai), Léon Say [4].
*Vice-Présid.*, comte Rampon, Eugène Pelletan, Calmon. — (15 janv.), général de Ladmirault. — (16 janv.) Barthélemy-Saint-Hilaire [5].
*Secrét.*, Casimir Fournier, Bernard, Mazeau, Barne, Lafond de Saint-Mûr. — (15 janv.), Léon Clément.
*Questeurs*, Toupet des Vignes, Baze, général Pélissier.

## Sessions de 1881.

Ord. (11 janv. — 29 juil.). — Extraord. (28 oct. — 16 déc.).

*Présid. d'âge*, Gaulthier de Rumilly.
*Présid. définit.* (20 janv.), Léon Say.
*Vice-Présid.*, comte Rampon, Le Royer, Calmon, baron de Larcy.
*Secrét.*, Émile Labiche, baron Lafond de Saint-Mûr, Casimir-Fournier, Émile Lenoël, Barne, Léon Clément.
*Questeurs*, Toupet des Vignes, général Pélissier, Eugène Pelletan [6].

1. Elu en remplacement de M. Le Royer, nommé garde des sceaux.
2. Elus en remplacement de MM. le vicomte de Rainneville et Lacave-Laplagne, démissionnaires le 8 mai.
3. Elu en remplacement de M. Beraldi, démissionnaire le jour même de son élection.
4. Elu président par 147 voix sur 276 votants, en remplacement de M. Martel démissionnaire ; député de la Seine à l'Assemblée constituante, le 8 février 1871 ; préfet de la Seine le 5 juin suivant, en remplacement de M. Jules Ferry ; ministre des Finances du 7 déc. 1872 au 25 mai 1873, du 10 mars 1875 au 17 mai 1877, du 13 déc. 1877 au 28 déc. 1879 et du 30 janv. au 7 août 1882 ; ambassadeur à Londres du 30 avril au 25 mai 1880 ; élu sénateur de Seine-et-Oise le 30 janvier 1876 ; président du Sénat du 25 mai 1880 au 30 janv. 1882 ; élu député des Basses-Pyrénées aux élections générales de 1889, il donne le 22 nov. suivant sa démission de sénateur ; membre de l'Académie française et de l'Académie des sciences morales et politiques.
5. Elu en remplacement de M. le général de Ladmirault, démissionnaire le jour même de son élection. Démissionne à son tour le 11 nov. 1880.
6. Elu en remplacement de M. Baze, décédé le 14 avril 1881.

## Sessions de 1882.

Ord. (10 janv. — 9 août). — Extraord. (9 nov. — 29 déc.).

*Présid. d'âge*, Gaulthier de Rumilly.
*Présid. définit.* (16 janv)., Léon Say. — (2 févr.), Le Royer[1].
*Vice-Présid.*, comte Rampon, Le Royer, Calmon, baron de Larcy[2].
— (9 févr.), Peyrat[3].
*Secrét.*, Emile Lenoël, baron Lafond de Saint-Mûr, Emile Labiche, Barne, Roger-Marvaise, Léon Clément.
*Questeurs*, Toupet des Vignes, général Pélissier, Eug. Pelletan. — (10 juil ), Rampont[4].

## Sessions de 1883.

Ord. (9 janv. — 2 août). — Extraord. (23 oct. — 29 déc.).

*Présid. d'âge*, Gaulthier de Rumilly.
*Présid. définit.* (11 janv.), Le Royer.
*Vice-Présid.* (12 janv.), Peyrat, Gustave Humbert, Calmon. — (15 janv.), Teisserenc de Bort.
*Secrét.* (11 janv.), Paul de Rémusat, Roger-Marvaise, Honnoré, Edouard Millaud, Emile Gayot. — (12 janv.), Léon Clément.
*Questeurs*, général Pélissier, Rampont, Eug. Pelletan.

## Sessions de 1884.

Ord. (8 janv. — 16 août). — Extraord. (14 oct. — 29 déc.).

*Présid. d'âge*, Hippolyte Carnot[5].
*Présid. définit.* (10 janv.), Le Royer.
*Vice-Présid.* (11 janv.), G. Humbert, Peyrat, Teisserenc de Bort. — (12 janv.), Magnin.

---

1. Elu président par 168 voix sur 233 votants, en remplacement de M. Léon Say, nommé ministre des Finances. Député du Rhône, le 8 févr. 1871, à l'Assemblée nationale; sénateur inamovible en 1876; vice-président du Sénat du 15 janvier au 4 févr. 1879, et du 20 janv. 1881 au 2 févr. 1882; garde des sceaux du 4 févr. au 28 déc. 1879; président du Sénat du 2 févr. 1882 au 24 févr. 1893; a démissionné pour raison de santé; a présidé le Congrès à Versailles les 4 août 1884, 28 déc. 1885 et 3 déc. 1887, et la Haute Cour de justice en 1889.
2. Décédé le 7 nov. 1882.
3. Elu en remplacement de M. Le Royer, nommé président du Sénat.
4. Elu en remplacement de M. Toupet des Vignes, décédé le 22 juin 1882.
5. Fils du grand Carnot et père de M. Carnot, président de la République.

*Secrét.* (11 janv.), Ed. Millaud, Honnoré, Barbey, Emile Gayot, Vivenot [1], Léon Clément [2].

*Questeurs* (11 janv.), Rampont, Eug. Pelletan [3], général Pélissier.

## Sessions de 1885.

Ord. (13 janv. — 6 août). — Extraord. (10 nov. — 29 déc.).

*Présid. d'âge*, Hippolyte Carnot.

*Présid. provis.* [4] (13 janv.), Le Royer. — *Vice-Présid. provis.*, G. Humbert.

*Présid. définit.* (2 févr.), Le Royer.

*Vice-Présid.*, G. Humbert, Teisserenc de Bort, Peyrat, Magnin.

*Secrét.*, Emile Gayot, Gustave Denis, Ed. Millaud, Barbey, de Verninac, Léon Clément.

*Questeurs*, général Pélissier, Rampont, Corbon [5].

## Sessions de 1886.

Ord. (12 janv. — 15 juil.). — Extraord. (14 oct. — 18 déc.).

*Présid. d'âge*, H. Carnot.

*Présid. définit.* (14 janv.), Le Royer.

*Vice-Présid.*, G. Humbert, Peyrat, Teisserenc de Bort, Magnin.

*Secrét.*, G. Denis, Barbey, Frézoul, de Verninac, Guyot-Lavaline, Léon Clément.

*Questeurs*, Corbon, Rampont, général Pélissier.

## Sessions de 1887.

Ord. (11 janv. — 22 juil.). — Extraord. (25 oct. — 17 déc.).

*Présid. d'âge*, H. Carnot.

*Présid. définit.* (13 janv.), Le Royer.

*Vice-Présid.*, Magnin, Teisserenc de Bort, G. Humbert, Peyrat.

*Secrét.*, G. Denis, Emile Loubet, de Verninac, Frézoul, Guyot-Lavaline, Léon Clément.

*Questeurs*, général Pélissier, Corbon, Rampont.

1. Décédé le 14 nov. 1884.
2. Démissionnaire le 12 janvier et réélu le 15 janvier 1884.
3. Décédé le 13 décembre 1884.
4. C'est sur la demande de M. Tolain qu'il a été procédé à la nomination d'un bureau provisoire, en raison du renouvellement triennal du Sénat.
5. Elu en remplacement de M. Eug. Pelletan, décédé.

## Sessions de 1888.

Ord. (10 janv. — 18 juil.). — Extraord. (15 oct. — 29 déc.).

*Présid. d'âge*, H. Carnot.

*Présid. définit.* (12 janv.), Le Royer.

*Vice-Présid.*, G. Humbert, Magnin, Teisserenc de Bort, Peyrat.

*Secrét.*, Guyot - Lavaline, Frézoul, Pradal, Hippolyte Maze. — (13 janv.), Huon de Penanster, Goujon.

*Questeurs*, Rampont, amiral Peyron [1], Corbon.

## Sessions de 1889.

Ord. (8 janv. — 15 juil.). — Extraord. (12 nov. — 23 déc.).

*Présid. d'âge*, comte de Bondy.

*Présid. définit.* (10 janv.), Le Royer.

*Vice-Présid.*, G. Humbert, Magnin, Challemel-Lacour. — (11 janv.), Tirard. — (8 mars), Bardoux [2].

*Secrét.*, Hugot, Goujon, Pradal. — (11 janv.), Hipp. Maze, Franck-Chauveau, Huon de Penanster.

*Questeurs*, Emile Gayot [3], Corbon, amiral Peyron.

## Sessions de 1890.

Ord. (14 janv. — 6 août). — Extraord. (20 oct. — 24 déc.).

*Présid. d'âge*, Kiener.

*Présid. définit.* (16 janv.), Le Royer.

*Vice-Présid.*, Challemel-Lacour, Magnin, G. Humbert, Bardoux. — (27 févr.), Merlin [4].

*Secrét.*, Franck - Chauveau, Hugot, Goujon, Pradal, Hipp. Maze Huon de Penanster.

*Questeurs*, Emile Gayot, amiral Peyron, Jules Cazot [5].

## Sessions de 1891.

Ord. (13 janv. — 18 juil.). — Extr. (15 oct. 1891 — 11 janv. 1892).

*Présid. d'âge*, comte Henri de Lur-Saluces.

*Présid. définit.* (15 janv.), Le Royer.

1. Elu en remplacement de M. le général Pélissier, décédé le 3 août 1887.
2. Elu en remplacement de M. Tirard, nommé président du Conseil des ministres.
3. Elu en remplacement de M. Rampont, décédé le 24 novembre 1888.
4. Elu en remplacement de M. G. Humbert, démissionnaire le 20 février 1890, par suite de sa nomination comme premier président de la Cour des Comptes. M. G. Humbert est décédé le 25 septembre 1894.
5. Elu en remplacement de M. Corbon, démissionnaire.

*Vice-Présid.*, Bardoux, Challemel-Lacour, Merlin, Demôle.

*Secrét.*, Hugot, Cabanes, Franck-Chauveau, Alcide Dusolier, marquis de Carné, Morellet,

*Questeurs*, amiral Peyron, Emile Gayot, Jules Cazot.

## Sessions de 1892.

Ord. (12 janv. — 13 juil.). — Extraord. (18 oct. — 24 déc.).

*Présid. d'âge*, Kiener.

*Présid. définit.* (13 janv.), Le Royer.

*Vice-Présid.*, Bardoux, Merlin, Challemel-Lacour, Demôle.

*Secrét.*, Alcide Dusolier, marquis de Carné, Eug. Guérin, Victor Lourties, Sébline, Morellet. — (25 mars), Isaac [1], Paul Dutreil [1].

*Questeurs*, Emile Gayot, Jules Cazot, général Deffis [2]. — (15 nov.), Margaine [3].

## Sessions de 1893.

Ord. (10 janv. — 22 juil.). — Extraord. (14 nov. — 20 déc.).

*Présid. d'âge*, Théry.

*Présid. définit.* (10 janv.), Le Royer. — (24 févr.), Jules Ferry [4]. — (27 mars), Challemel-Lacour [5].

1. Elus par suite d'une modification à l'article 4 du règlement du Sénat, qui porte de 6 à 8 le nombre des secrétaires (résolution du 18 mars 1892).

2. Elu en remplacement de M. l'amiral Peyron, décédé le 9 janvier 1892.

3. Elu en remplacement de M. le général Deffis, décédé le 25 octobre 1892.

4. Elu président du Sénat par 148 voix sur 249 votants, en remplacement de M. Le Royer, démissionnaire. Député de Paris aux élections législatives de 1869 ; membre et secrétaire du gouvernement de la Défense nationale, le 4 septembre 1870 ; délégué à la mairie centrale de Paris, le 15 novembre 1870; député des Vosges à l'Assemblée nationale, le 8 février 1871; préfet de la Seine, le 24 mai 1871; ministre de France à Athènes, du 15 mai 1872 au 24 mai 1873; député de Saint-Dié aux élections générales de 1876; ministre de l'Instruction publique et des Beaux-Arts, du 4 février 1879 au 14 novembre 1881, du 30 janvier au 7 août 1882, et du 21 février au 20 novembre 1883 ; ministre des Affaires étrangères, du 20 novembre 1883 au 6 avril 1885; président du Conseil des ministres du 23 septembre 1880 au 14 novembre 1881 et du 21 février 1883 au 6 avril 1885; battu aux élections législatives du 22 septembre 1889, il est élu sénateur des Vosges le 4 janvier 1891; président du Sénat le 24 février 1894 ; décédé le 17 mars suivant.

5. Elu président du Sénat par 172 voix sur 238 votants, en remplacement de M. J. Ferry, décédé. Préfet du Rhône et commissaire de la République, du 4 septembre 1870 au 5 février 1871; député des Bouches-du-Rhône à l'Assemblée nationale, le 7 janvier 1872; sénateur des Bouches-du-Rhône, le 30 janvier 1876; ambassadeur d'abord à Berne, le 14 janvier 1879, ensuite à Londres, le 11 juin 1880; ministre des Affaires étrangères, du 21 février au 20 novembre 1883 ; vice-président du Sénat, du 10 janvier 1889 au 27 mars 1893; élu membre de l'Académie française, le 23 mars 1893, en remplacement de M. Renan ; président du Sénat, le 27 mars suivant.

*Vice-Présid.*, Merlin, Bardoux, Demôle, Challemel-Lacour. — (12 mai), Emile Lenoël [1]. — (20 nov.), Combes [2].

*Secrét.* (11 janv.), Isaac, Eug. Guérin, Alcide Dusolier, Lourties, Sébline, Morellet, Paul Dutreil, marquis de Carné. — (12 mai), Hippol. Morel [3].

*Questeurs* (10 janv.), Margaine, Jules Cazot, Emile Gayot. — (20 nov.), Tolain [4].

## Sessions de 1894.

Ord. (9 janv. — 28 juil.). — Extraord. (23 oct. — 27 déc.).

*Présid. d'âge*, Kiener.

*Présid. définit.* (12 janv.), Challemel-Lacour.

*Vice-Présid.*, Demôle, Magnin, Combes, Bérenger.

*Secrét.*, Gadaud, Isaac, Barrière, Lourties, Jules Godin, H. Morel, Aug. Ollivier, Paul Dutreil. — (12 juin), Pazat [5].

*Questeurs*, Jules Cazot, Emile Gayot, Tolain.

## Sessions de 1895.

Ord. (8 janv. — 13 juillet). — Extraord. (22 oct. — 28 déc.).

*Présid. d'âge*, comte de Laubespin.

*Présid. définit.* (10 janv.), Challemel-Lacour.

*Vice-Présid.*, Chalamet, Magnin, Bérenger, Combes. — (7 nov.), Peytral [6]. — (12 déc.), Scheurer-Kestner [7].

*Secrét.*, Hipp. Morel, Barrière, Pazat, Gadaud, Aug. Ollivier, Jules Godin, Merlet, Maxime Lecomte. — (5 févr.), Durand-Savoyat [8].

*Questeurs*, Emile Gayot, Jules Cazot, Tolain.

1. Elu en remplacement de M. Challemel-Lacour, nommé président du Sénat.
2. Elu en remplacement de M. Lenoël, décédé le 23 octobre 1893.
3. Elu en remplacement de M. Eugéne Guérin, nommé garde des sceaux.
4. Elu en remplacement de M. Margaine, décédé le 13 octobre 1893.
5. Elu en remplasement de M. Lourties, nommé ministre du Commerce, de l'Industrie, des Postes et des Télégr.
6. Elu en remplacement de M. Chalamet, décédé le 5 déc. 1895.
7. Elu en remplacement de M. Combes, nommé ministre de l'Instruct. publ.
8. Elu en rempalcement de M. Gadaud, nommé ministre de l'Agriculture.

*Session ord. de* 1896 (14 *janvier*).

*Présid. d'âge*, Henri Wallon.
*Présid. définit.* (16 janv.), Emile Loubet[1].
*Vice-Présid.* (16 janv.), Bérenger, Peytral, Magnin, Scheurer-Kestner.
*Secrét.* (16 janv.), Emile Durand-Savoyat, Barrière, Pazat, Merlet,
     Morel, Aug. Ollivier, Jules Godin, Maxime Lecomte.
*Questeurs* (16 janv.), Jules Cazot, Emile Gayot, Tolain.

Le 20 janvier 1896, jour de son installation au fauteuil
présidentiel, M. Loubet prononce le discours d'usage. Après
avoir remercié le Sénat de l'honneur qui lui était fait, et
formé des vœux pour le rétablissement de son prédécesseur,
M. Challemel-Lacour, M. Loubet s'exprime ainsi :

Le Sénat, si violemment attaqué autrefois, a vu grandir son
autorité au fur et à mesure qu'il défendait contre l'utopie et la
dictature les libertés conquises. (*Très bien ! Très bien !*).....

Le moment n'est pas venu, Messieurs, de nous départir de notre
vigilance. Plus que jamais nous devons étudier avec toute la
maturité que justifie leur importance les projets qui ont un reten-
tissement sur nos budgets.

Nous avons pour devoir d'examiner les réformes fiscales qui
nous viennent d'une autre enceinte. Mais, en se livrant à cette
étude, le Sénat ne perdra jamais de vue les intérêts généraux du
pays, l'impossibilité d'augmenter encore les charges déjà si
lourdes de l'agriculture et la nécessité de maintenir l'égalité
devant l'impôt. (*Très bien ! Très bien ! — Vifs applaudissements.*)

Le Sénat n'a jamais manqué à ses devoirs, et si parfois on l'a
taxé de lenteur, c'est parce qu'on ne rendait pas pleine justice
à sa conscience. (*Très bien ! Très bien ! — Applaudissements.*)

1. Elu par 186 voix sur 243 votants, en remplacement de M. Challemel-Lacour qui
ne s'est pas représenté pour cause de santé. M. Emile Loubet est né à Marsanne
(Drôme), le 31 décembre 1838; docteur en droit, avocat, maire de Montélimar ; député
de la Drôme depuis le 20 février 1876; constamment réélu ; élu sénateur du même
département au renouvellement triennal du 25 janvier 1885; secrétaire du Sénat pour
l'année 1887 ; rapporteur général du budget du Sénat de 1887 ; min. des Travaux
publics du 12 déc. 1887 au 3 avril 1888; présid. du Cons., min. de l'Intér. du 27 févr.
au 6 décembre 1892; min. de l'Intérieur du 6 déc. 1892 au 11 janv. 1893; président de
la Commission des Finances du Sénat en 1889, 1890, 1891, 1893 et 1894; a prononcé
en cette qualité, le 2 avril 1895, au sujet du budget de 1895, un magnifique discours
dont l'affichage dans toutes les communes de France a été ordonné le 3 avril, par le
Sénat, sur la proposition de M. Le Royer, ancien président du Sénat.

## Chambre des Députés.

(8 mars 1876 — 16 janv. 1896.)

La Chambre des Députés a été créée par l'article 1<sup>er</sup> de la Constitution du 25 février 1875, dont voici les principaux articles :

ART. 1<sup>er</sup>. — Le pouvoir législatif s'exerce par deux Assemblées : la Chambre des Députés et le Sénat. La Chambre des Députés est nommée par le suffrage universel, dans les conditions déterminées par la loi électorale[1].

3. — Le Président de la République a l'initiative des lois, concurremment avec les membres des deux Chambres. Il promulgue les lois lorsqu'elles ont été votées par les deux Chambres.

5. — Le Président de la République peut, sur l'avis conforme du Sénat, dissoudre la Chambre des Députés avant l'expiration légale de son mandat.

9. — Le siège du pouvoir exécutif et des deux Chambres est à Versailles[2].

La loi constitutionnelle du 16 juillet 1875 contient des articles communs au Sénat et à la Chambre des Députés[3].

La loi organique du 30 novembre 1875, relative à l'élection des députés, contient, entre autres, les articles ci-après :

L'art. 2 porte que les militaires des armées de terre et de mer ne peuvent voter que lorsqu'ils sont en congé ou en non activité, et dans la commune où ils sont inscrits.

6. — Tout électeur est éligible, sans condition de cens, à l'âge de 25 ans accomplis.

14. — Les députés sont élus au scrutin individuel à raison d'un député par arrondissement de 100.000 habitants, et d'un député de plus par 100.000 ou fraction de 100.000 habitants.

1. Voy. ci-après la loi du 30 novembre 1875.
2. Cet article a été abrogé par la loi constitutionnelle des 19-21 juin 1879. — Voy. plus loin la loi du 22 juillet 1879, page 161.
3. Voy. les art. 1, 11 et 14 de cette loi, page 139.

Dans ce dernier cas, les arrondissements seront divisés en circonscriptions dont le tableau sera établi par une loi [1].

15. — Les députés sont élus pour 4 ans. La Chambre se renouvelle intégralement.

17. — Les députés reçoivent une indemnité [2].

L'article 3 de la loi du 30 décembre 1875 convoque les collèges électoraux chargés d'élire les députés pour le 20 février
1876. L'article 5 convoque les deux Chambres à Versailles,
pour le 8 mars 1876.

Conformément à cet article, la Chambre des Députés, élue
les 20 février et 5 mars, s'est réunie le 8 mars, dans l'aile
gauche du Palais de Versailles [3], sous la présidence de
M. F.-V. Raspail, doyen d'âge. Elle comprenait 533 membres ainsi répartis : 349 républicains de toutes nuances,
24 constitutionnels, 57 monarchistes, 27 légitimistes purs,
76 bonapartistes [4]. Les différents groupes comprenaient : la
gauche républicaine, 193 membres ; l'extrême gauche, 98 ;
le centre gauche, 48 ; le groupe constitutionnel, 22 ; l'extrême droite (légitimistes), 24 ; la droite et le centre droit,
130. Après la chute du ministère Jules Simon et l'avènement du ministère du 16 mai (ministère de Broglie), la
Chambre des Députés est d'abord ajournée pour un mois
par décret du 18 mai 1877, puis dissoute par décret du
25 juin suivant. C'est à la séance du 19 juin précédent qu'a
été adopté l'ordre du jour des 363 [5].

Par décret du 21 septembre 1877, les élections de la nouvelle Chambre sont fixées au 14 octobre suivant. Ces élections, qui ont eu lieu les 14 et 28 octobre, ont amené dans

1. Cet article a été modifié par les lois du 24 décembre 1875 et du 28 juillet 1881 et
abrogé par la loi du 16 juin 1885.
2. Cette indemnité, qui est de 9.000 francs par an, est fixée par l'article 96 de la loi
électorale du 15 mars 1849.
3. Cette partie du Palais de Versailles a été affectée à la Chambre des Députés par
la loi du 26 mai 1875.
4. Voy. Léon MUEL. — *Gouvernements, etc., de la France depuis 1789*, pages 382
et suiv.
5. Voy. l'historique du Seize-Mai (Léon MUEL. — *Gouvernements, etc., de la
France depuis 1789*, pages 389 et suiv.).

la nouvelle Chambre 325 républicains et 208 conservateurs.
Ce nouvel échec des conservateurs amène la chute du ministère de Broglie. Le 15 novembre 1877, la Chambre adopte,
par 312 voix contre 205, un projet de résolution de
M. Albert Grévy, ayant pour objet de nommer une Commission de trente-trois membres, « chargée de faire une en-
quête sur les actes qui, depuis le 16 mai, ont eu pour objet
d'exercer sur les élections une pression illégale ». Le 24 novembre suivant, la Chambre des Députés renverse le ministère Rochebouët, en adoptant, par 315 voix contre 207,
un ordre du jour de M. de Marcère [1]. La période du Seize-
Mai prend fin par l'avènement du ministère Dufaure [2].

La loi du 22 juillet 1879 fixe le siège du pouvoir exécutif
et des deux Chambres à Paris. L'article 2 de cette loi affecte
à la Chambre des Députés le Palais Bourbon où, conformément à l'article 4, elle tient sa première séance le
27 novembre 1879 [3].

Pendant la 2e législature (7 nov. 1877 — 29 juillet 1881),
la Chambre des Députés a vu tomber ou renversé un président de la République (le maréchal de Mac-Mahon) et sept
ministères : les ministères Dufaure (2e), Jules Simon, de
Broglie (1er et 2e), Rochebouët, Dufaure (3e), Waddington,
de Freycinet (1er) [4].

La Chambre des Députés, dont le mandat expirait le
14 octobre 1881, a été renouvelée par les élections générales
des 21 août et 4 septembre 1881. Sur 557 membres dont
elle se composait [5], elle comprenait 466 républicains et
91 conservateurs dont 45 bonapartistes. Les groupes de la
majorité républicaine étaient ainsi composés : gauche républicaine, 168; union républicaine, 204; centre gauche, 39;
extrême gauche, 46.

1. Voy. l'historique du Seize-Mai. (Léon MUEL). — *Gouvernements, etc , de la France depuis 1789*, pages 407 et 408.
2. *Idem*, pages 409 à 411.
3. *Idem*, pages 420 et 421.
4. Voy. Léon MUEL. — *Gouvernements, etc., de la France depuis 1789*, pages 385 à 428.
5. Loi du 23 juillet 1881.

Pendant la 3ᵉ législature (28 octobre 1881 — 6 août 1885), la Chambre des Députés a renversé ou vu démissionner six ministères : les ministères Jules Ferry (1ᵉʳ), Gambetta, de Freycinet (2ᵉ), Duclerc, Fallières, Jules Ferry (2ᵉ)[1].

Les élections générales pour le renouvellement de la Chambre (4ᵉ législature) ont eu lieu d'après la loi du 16 juin 1885, qui abroge l'article 14 de la loi du 30 novembre 1875 et dont l'article 1ᵉʳ rétablit le scrutin de liste. L'article 2 porte que « chaque département élira le nombre de députés qui lui est attribué par le tableau annexé à la loi, à raison d'un député par 70.000 habitants, les étrangers non compris. Chaque département élit au moins trois députés[2] ». Le 26 janvier 1882, le ministère Gambetta a été renversé sur cette question du scrutin de liste. M. Gambetta demandait son rétablissement. Par 268 voix contre 218, la Chambre des Députés le repousse[3]. Trois ans plus tard (9 juin 1885), sous le ministère Brisson, elle l'adopte par 385 voix contre 71[4].

La loi du 16 juin 1885 porte à 584 le nombre des députés. Les élections générales des 4 et 18 octobre 1885, grâce au scrutin de liste, renforcent les rangs de l'opposition conservatrice. Le scrutin du 4 octobre donne 176 conservateurs et 127 républicains. Celui du 18 octobre donne 25 conservateurs et 245 républicains. Au total : 383 républicains dont 223 sortants réélus, et 201 conservateurs dont 7 sortants réélus. Les conservateurs se répartissent ainsi : 65 bonapartistes, 73 monarchistes et 64 conservateurs de nuance indéterminée. La droite avait plus que doublé et la gauche avait perdu près de 100 sièges. Cet échec du parti républi-

---

1. Voy. Léon MUEL. — *Gouvernements, etc., de la France depuis 1789*, pages 428 à 446.

2. Les listes électorales, closes le 31 mars 1885, comprenaient 10.276.573 électeurs.

3. Voy. Léon MUEL. — *Gouvernements, etc., de la France depuis 1789*, page 431.

4. Le scrutin de liste a été appliqué, pour la première fois, en l'an III. Supprimé par la loi du 19 avril 1831, il est rétabli par l'Assemblée constituante de 1848 ; supprimé de nouveau par l'Empire, il est rétabli en 1870 jusqu'à la loi du 30 nov. 1875 qui lui substitue le scrutin d'arrondissement ; rétabli de nouveau par la loi du 16 juillet 1885, il est de nouveau supprimé par la loi du 13 février 1889.

cain s'est encore accentué par suite des élections multiples
du général Boulanger dans la Dordogne, le Nord, la
Charente-Inférieure, et enfin à Paris, le 27 janvier 1889, où
il est élu par 245.236 voix contre 162.875 à M. Jacques.
Pour enrayer le mouvement plébiscitaire, M. Charles
Floquet, président du Conseil, ministre de l'intérieur, propose le rétablissement du scrutin uninominal (ou d'arrondissement) qui est voté par la Chambre des Députés, le
11 février 1889, par 268 voix contre 222 (Loi du 13 février 1889).

La 4e législature (10 nov. 1885 — 15 juillet 1889) a été
marquée par des événements et des incidents d'une grande
importance. Le 28 décembre 1885, les deux Chambres,
réunies à Versailles en Assemblée nationale, réélisent
M. Grévy président de la République pour sept ans [1]. Deux
ans après, à la suite du trafic des décorations, pratiqué par
son gendre, M. Wilson, député d'Indre-et-Loire, M. Jules Grévy
est mis en demeure, par les deux Chambres, de donner sa
démission de Président de la République (2 déc. 1887). Le
lendemain 3 décembre, l'Assemblée nationale, réunie à
Versailles, élit M. Carnot président de la République pour
sept ans [2]. Vient ensuite l'histoire du Boulangisme, auquel le
Sénat a mis fin en 1889 par le procès de la Haute Cour [3]. La
même année, a eu lieu le centenaire du 5 mai 1789, présidé
par M. Carnot, et, enfin, la splendide Exposition universelle
de 1889.

Pendant la 4e législature, la Chambre des Députés a vu ou
provoqué la démission de six cabinets; les cabinets Brisson,
de Freycinet (3e), René Goblet, Rouvier (1er, 2e et 3e),
Tirard (1er) et Charles Floquet [4].

Les élections générales pour la 5e législature ont eu lieu
les 22 septembre et 6 octobre 1889. Elles se sont faites au

1. Voy. Léon MUEL. — *Gouvernements, etc., de la France depuis 1789*, pages 446
et suiv.
2. *Idem*, pages 454 à 463.
3. Voy. plus loin : Hautes Cours de Justice, page 181.
4. Voy. Léon MUEL. — *Gouvernements, etc., de la France depuis 1789*, pages 446
à 471.

scrutin uninominal (ou d'arrondissement) rétabli par la loi du 13 février 1889. Les arrondissements de plus de 100.000 habitants nomment un député de plus par 100.000 habitants ou fraction de 100.000 habitants. Ils sont alors divisés en circonscriptions. De plus, pour empêcher toute tentative plébiscitaire, les deux Chambres avaient voté la loi du 17 juillet 1889 portant que « nul ne peut être candidat dans plus d'une circonscription », et obligeant tout citoyen qui se présente à une élection législative à faire connaître dans quelle circonscription il entend être candidat.

Les élections générales ont amené, dans la nouvelle Chambre, 366 républicains dont 100 radicaux, et 210 conservateurs dont 168 royalistes ou bonapartistes et 42 boulangistes. Ce succès des conservateurs était dû à un mécontentement général de l'opinion publique contre le Gouvernement, et aussi à l'agitation produite par le boulangisme faisant cause commune avec le parti conservateur.

La 5e législature (12 nov. 1889 — 22 juil. 1893) a été troublée par les scandales de l'*Affaire de Panama*[1]. Elle a vu ou provoqué la chute de cinq ministères : les ministères Tirard (2e), de Freycinet (4e), Loubet, Ribot (1er et 2e)[2].

Les élections générales pour la 6e législature ont eu lieu les 20 août et 3 septembre 1893, au scrutin d'arrondissement. Le nombre des députés à élire est porté à 581 (loi du 22 juillet 1893). La loi du 14 août 1893 porte que « nul ne peut être investi de fonctions publiques électives s'il ne justifie avoir satisfait aux obligations imposées par la loi sur le recrutement de l'armée[3] ». Les élections ont amené, dans la nouvelle Chambre, 303 républicains, 104 radicaux, 52 radicaux-socialistes, 30 socialistes, 30 ralliés[4] et 62 conser-

---

1. Voy. l'historique de cette Affaire (Léon MUEL. — *Gouvernements, etc....* — Supplément, page 24).

2. Voy. *Idem*, pages 472 à 477 et supplément, pages 1 à 46.

3. Cette loi n'a pas empêché de se produire le cas très bizarre de M. Mirman, le député soldat. (Voy. Léon MUEL. — *Gouvernements, etc., de la France depuis 1789*, supplément, page 118.)

4. A la suite du succès persistant des élections républicaines et de l'exhortation du

vateurs dont 1 socialiste chrétien[1]. Dans ces élections, plusieurs hommes politiques éminents ont perdu leur siège de député, entre autres MM. Charles Floquet[2], Clémenceau, Paul de Cassagnac, le comte de Mun[3], Jacques Piou, Yves Guyot.

Cette nouvelle législature, qui a commencé le 14 novembre 1893, a été inaugurée par un heureux événement : la visite des marins russes à Toulon et à Paris (13-29 octobre 1893). Mais bientôt elle est assombrie par des attentats anarchistes qui se sont répétés à diverses reprises. Les deux principaux sont celui qui a été commis le 9 décembre 1893, par Vaillant, dans l'enceinte même de la Chambre des Députés[4] ; ensuite celui du 24 juin 1894 qui a plongé la France entière dans le deuil et le monde entier dans la stupeur : l'assassinat de M. Carnot à Lyon par l'Italien Caserio[5]. A la suite de ce dernier attentat, les deux Chambres se sont réunies à Versailles le 27 juin 1894 pour élire M. Casimir-Perier, président de la République[6].

Voici le tableau comparatif du résultat des élections générales de la Chambre des Députés depuis 1876 jusqu'en 1893[7].

|  | 1876. | 1877. | 1881. | 1885. | 1889. | 1893. |
|---|---|---|---|---|---|---|
| Nombre de députés. | 533 | 533 | 557 | 584 | 576 | 581 |
| Républicains élus... | 349 | 325 | 466 | 383 | 366 | 519 |
| Conservateurs....... | 184 | 208 | 91 | 201 | 210 | 62 |

Le 8 mars 1876, la Chambre des Députés, sur la proposition de. son président d'âge, M. F.-V. Raspail, décide

pape Léon XIII à reconnaître le Gouvernement de la République française, un grand nombre de conservateurs ont fini par se rallier à la République ; d'où leur est venu le nom de *ralliés*.

1. L'abbé Lemire, député du Nord. — Ces chiffres m'ont été donnés par le Bureau politique du ministère de l'Intérieur.

2. Battu dans le 11e arrondissement de Paris par M. Faberot, député socialiste. M. Ch. Floquet est élu sénateur de la Seine au renouvellement triennal du 7 janvier 1894.

3. M. le comte de Mun a ensuite été réélu député du Finistère le 21 janvier 1894.

4. A la suite de cet attentat, de nombreux et chaleureux témoignages de sympathie ont été adressés à M. Ch. Dupuy, président de la Chambre des Députés, par la plupart des Parlements de l'Europe.

5. Voy. Léon MUEL. — *Gouvernements, etc.*, supplément page 86.

6. *Idem*, page 94.

7. Voy. plus loin le tableau général des élections législatives, page 199.

d'adopter provisoirement le règlement de la dernière Assemblée nationale. Pour la formation de son Bureau, elle se conforme ensuite au règlement qu'elle a adopté le 17 juin 1876, et dont voici les principaux articles :

ART. 1er. — A l'ouverture de la 1re séance de chaque session, le plus âgé des membres présents occupe le fauteuil ; il est assisté des six plus jeunes membres présents, lesquels remplissent les fonctions de secrétaires jusqu'à l'élection du bureau définitif.

2. — A la première séance d'une nouvelle législature, et après l'installation du président d'âge, il est procédé immédiatement, en séance publique, à la nomination d'un président et de deux vice-présidents provisoires.

7. — Quand les pouvoirs de la moitié plus un des membres de la Chambre ont été vérifiés, il peut être procédé à l'élection du Bureau définitif.

8. — Le Bureau se compose d'un président, de quatre vice-présidents, de huit secrétaires dont quatre au moins doivent siéger à tour de rôle, et de trois questeurs [1].

10. — Les membres du bureau définitif sont élus au commencement de chaque session ordinaire. Ils restent en fonctions jusqu'à l'ouverture de la session ordinaire suivante.

LISTE DES MEMBRES DU BUREAU DE LA CHAMBRE DES DÉPUTÉS.

### 1re Législature (8 mars 1876 — 25 juin 1877).

*Sessions de* 1876.

Ord. (8 mars — 12 août). — Extraord. (16 oct. — 30 déc.).

*Présid. d'âge,* F.-V. Raspail.
*Présid. provis.* (8 mars), Jules Grévy [2]. — *Vice-présid. provis.,* Rameau.
*Secrét. provis.,* René Eschassériaux, Louis Janvier de La Motte, Marcellin Pellet, Louis Roy de Loulay, Sarlande, Jean Casimir-Perier [3] (Aube).

1. L'indemnité du Président de la Chambre des Députés est fixée à 72.000 fr. par an et celle des Questeurs à 9 000 fr. (Résolut. de la Ch. des Dép. du 27 juil. 1876.) Sous la Restauration, l'indemnité annuelle du Président de la Chambre des Députés était de 100.000 fr., et celle des Questeurs de 35.000 fr.
2. Elu Président par 414 voix sur 433 votants.
3. Elu plus tard Président de la République.

*Présid. définit.* (13 mars), Jules Grévy.

*Vice-Présid.*, comte de Durfort de Civrac, Bethmont, Rameau, Lepère.

*Secrét.*, Lamy, Léon Chiris, Sadi Carnot, Savary, Rouvier, prince de Léon, Clémenceau. — (15 mars), duc d'Harcourt.

*Questeurs*, Gailly, colonel Denfert-Rochereau. — (14 mars), Faye. — (26 mai), Margaine [1].

### *Session ord. de 1877 (9 janv. — 23 juin).*

*Présid. d'âge,* Thourel.

*Présid. définit.* (9 janv.), Jules Grévy.

*Vice-Présid.*, Lepère, Rameau, Bethmont, comte de Durfort de Civrac.

*Secrét.*, Chiris, Sadi Carnot, Lamy, Clémenceau, Savary, Rouvier, prince de Léon, duc d'Harcourt. — (11 janv.), comte Le Gonidec de Traissan [2].

*Questeurs* (11 janv.), colonel Denfert-Rochereau, Margaine, Gailly.

## 2e Législature (7 nov. 1877 — 29 juillet 1881).

### *Session extraord. de 1877 [3] (7 nov. — 18 déc).*

*Présid. d'âge,* Desseaux.

*Présid. provis.* (7 nov.), Jules Grévy. — *Vice-présid. provis.*, Rameau, Lepère.

*Présid. définit.* (10 nov.), Jules Grévy.

*Vice-Présid.*, Lepère, Rameau, Bethmont, comte de Durfort de Civrac.

*Secrét.*, Sadi Carnot, Chiris, Etienne Lamy, Savary, Clémenceau, Rouvier. — (12 nov.), comte Le Gonidec de Traissan, prince de Léon.

*Questeurs*, Gailly, colonel Denfert-Rochereau, Margaine.

### *Session de 1878 (8 janv. — 21 déc.) [4].*

*Présid. d'âge,* **Desseaux.**

*Présid. définit.* (10 janv.), Jules Grévy.

1. Elu en remplacement de M. Faye nommé s.-s. d'Etat au minist. de l'Intérieur.
2. Elu en remplacement de M. le duc d'Harcourt, démissionnaire.
3. La Chambre des Députés, dissoute par décret du 25 juin 1877, est, comme le Sénat, convoquée en sess. extraord. par décret du 21 sept. 1877.
4. Il n'y a qu'une seule session. La Chambre des Députés s'est ajournée du 11 juin au 28 octobre, en raison de l'Exposition universelle.

*Vice-Présid.*, Bethmont, Rameau, Henri Brisson, comte de Durfort de Civrac.

*Secrét.*, Chiris, Sadi Carnot, René Brice, Camille Sée, Rouvier, Ménard-Dorian. — (12 janv.), comte Le Gonidec de Traissan, marquis de Valfons. — (9 nov.), Louis Legrand [1].

*Questeurs,* colonel Denfert-Rochereau, Gailly, Margaine. — (28 mai), de Mahy [2].

### Sessions de 1879.

Ord. (14 janv. — 2 août). — Extraord. (27 nov. — 20 déc.).

*Présid. d'âge*, Desseaux.

*Présid. définit.* (14 janv.), Jules Grévy. — (31 janv.), Léon Gambetta [3].

*Vice-Présid.*, Bethmont, Henri Brisson, Jules Ferry, comte de Durfort de Civrac.— (11 fév.), Albert Grévy [4]. — (24 mai), Senard [5].

*Secrét.*, René Brice, Camille Sée, Drumel, Ménard-Dorian, Jean David, Louis Legrand, marquis de Valfons, comte Le Gonidec de Traissan.

*Questeurs*, de Mahy, Margaine, Gailly.

### Sessions de 1880.

Ord. (13 janv. — 15 juil.). — Extraord. (9 nov. — 28 déc.).

*Présid. d'âge*, Desseaux.

*Présid. définit.* (13 janv.), Gambetta.

*Vice-Présid.*, Henri Brisson, Senard, Bethmont [6]. — (15 janv.), comte de Durfort de Civrac.

1. Elu en remplacement de M. Sadi Carnot, nommé sous-secrétaire d'Etat au Ministère des Travaux publics.

2. Elu en remplacement de M. le colonel Denfert-Rochereau, décédé le 11 mai 1878.

3. Elu président, par 314 voix sur 405 votants, en remplacement de M. Jules Grévy, nommé Président de la République. M. Gambetta est élu député de Paris et de Marseille, aux élections législatives de 1869 ; il opte pour Marseille ; membre du Gouvernement de la Défense nationale, le 4 septembre 1870 ; ministre de l'intérieur, du 4 sept. 1870, et, à la fois ministre de l'intérieur et de la guerre, du 9 oct. 1870 au 6 février 1871 ; élu député à l'Assemblée Constituante, le 8 février 1871 ; opte d'abord pour le Bas-Rhin, puis pour Paris ; député du 20e arrondissement de Paris, aux élections générales de 1876, 1877 et 1881 ; président de la Chambre des Députés, du 31 janvier 1879 au 3 nov. 1881 ; président du Conseil, ministre des affaires étrangères, du 14 novembre 1881 au 30 janvier 1882, mort le 31 décembre 1882.

4. Elu en remplacement de M. Jules Ferry, nommé ministre de l'Instruction publique et des Beaux-Arts.

5. Elu en remplacement de M. Albert Grévy, nommé gouverneur général civil de l'Algérie, par décrets des 15 mars — 15 septembre 1879.

6. Démissionne le 9 novembre 1880 étant nommé premier président de la Cour des Comptes.

*Secrét.* (15 janv.), comte Le Gonidec de Traissan, Drumel, marquis de Valfons, Fréminet, Louis Legrand, Crozet-Fourneyron. Marcellin Pellet, Jean David.
*Questeurs* (15 janv.), de Mahy, Margaine, Madier de Montjau [1].

### Session ord. de 1881 (11 *janv.* — 29 *juillet*).

*Présid. d'âge*, Desseaux.
*Présid. définit.* (20 janv.), Léon Gambetta.
*Vice-Présid.*, Henri Brisson, Philippoteaux, Senard. — (21 janv.), Charles Floquet.
*Secrét.*, Renault-Morlière, Armez, Fréminet, Hémon, Crozet-Fourneyron, Marcellin Pellet, comte Le Gonidec de Traissan, marquis de Valfons. — (25 janv.), Sarrien, Maréchal [2].
*Questeurs* (21 janv.), Madier de Montjau, de Mahy, Margaine.

## 3ª Législature (28 oct. 1881 — 6 août 1885).

### Session extraord. de 1881 (28 oct. — 16 déc.).

*Présid. d'âge*, Guichard.
*Présid. provis.* (28 oct.), Léon Gambetta. — *Vice-Présid. provis.*, Henri Brisson, Philippoteaux.
*Présid. définit.* (3 nov.), Henri Brisson [3].
*Vice-Présid.*, Philippoteaux, Paul Devès [4], Lepère, Spuller [5].
*Secrét.*, comte Le Gonidec de Traissan, Armez, Sarrien. — (4 nov.), Bastid, Marcellin Pellet, Hérault, Riotteau, Renault-Morlière.
*Questeurs*, de Mahy, Madier de Montjau, Margaine.

### Sessions de 1882.

Ord. (10 janv. — 9 août). — Extraord. (9 nov. — 29 déc.).

*Présid. d'âge*, Guichard.
*Présid. définit.* (10 janv.), Henri Brisson.

1. Élu en remplacement de M. Gailly, nommé sénateur le 9 mai 1880.
2. Ces deux secrétaires sont élus en remplacement de MM. Hémon et le marquis de Valfons, non acceptants.
3. Élu président par 347 voix sur 442 votants, en remplacement de M. Gambetta (Voy. plus loin, page 175, note 3).
4. Démissionne le 24 nov. 1881, étant nommé ministre de l'Agriculture.
5. Démissionne le 24 nov. 1881, étant nommé sous-secrét. d'État au ministère des Aff. étrang.

*Vice-Présid.* (12 janv.), Lepère, Philippoteaux, René Goblet, Tirard. — (11 févr.), Fallières[1], Boysset[2].

*Secrét.* (12 janv.), Adrien Bastid, Hérault, Armez, Marcellin Pellet Renault-Morlière, Sarrien, Riotteau, Labuze[3]. — (19 janv.), de la Biliais[4], Benazet[4].

*Questeurs* (12 janv.), de Mahy, Madier de Montjau, Margaine. — (11 févr.), Martin Nadaud[5].

### Sessions de 1883.

Ord. (9 janv. — 2 août). — Extraord. (23 oct. — 29 déc.).

*Présid. d'âge,* Guichard.

*Présid. définit.* (9 janv.), Henri Brisson.

*Vice-Présid.* (9 janv.), Lepère, Philippoteaux, Sadi Carnot. — (11 janv.), Spuller.

*Secrét.* (11 janv.), A. Bastid, Riotteau, Benazet, Bizarelli, de la Biliais, Armez. — (13 janv.), Francis Charmes, Jullien.

*Questeurs* (11 janv.), Madier de Montjau, Margaine, Martin Nadaud.

### Sessions de 1884.

Ord. (8 janv. — 16 août). — Extraord. (14 oct. — 29 déc.).

*Présid. d'âge,* Guichard.

*Présid. définit.* (8 janv.), Henri Brisson.

*Vice-Présid.* (10 janv.), Philippoteaux, Spuller, Sadi Carnot, Ch. Floquet.

*Secrét.,* Riotteau, Godefroy Cavaignac, Bizarelli, Benazet, de La Biliais, Rodat, Etienne, Jullien.

*Questeurs,* Margaine, Madier de Montjau, Martin Nadaud.

### Session ord. de 1885 (13 janv. — 6 août).

*Présid. d'âge,* Lecomte (Mayenne).

*Présid. définit.* (13 janv.), Henri Brisson. — (8 avril), Ch. Floquet[6].

1. Elu en remplacement de M. Goblet, nommé min. de l'Intérieur. Démissionne le 9 nov. 1882, étant à son tour nommé min. de l'Intér. et des Cultes.
2. Elu en remplacement de M. Tirard, nommé min. du Commerce.
3. Démissionne le 9 nov. 1882. étant nommé sous-secrét. d'État au minist. des Fin.
4. Elus en remplacement de MM. Hérault et Sarrien, démissionnaires.
5. Elu en remplacement de M. de Mahy, nommé min. de l'Agricult.
6. Elu président par 179 voix contre 175 à M. Fallières, en remplacement de M. Henri Brisson nommé présid. du Cons. des min. Adjoint au maire de Paris le 5 sept. 1870; député de la Seine à l'Assemblée nation. le 8 févr. 1871; présid. du Conseil municipal de Paris en mai 1875; député du 11ᵉ arrond. le 20 févr. 1876;

*Vice-Présid.*, Philippoteaux, Sadi Carnot, Spuller, Ch. Floquet. — (8 avril), Paul Devès [1]. — (5 mai), Anatole de La Forge [2].

*Secrét.*, Riotteau, Rodat, Godefroy Cavaignac, Bizarelli, Eug. Etienne, Jullien, de La Biliais, Benazet. — (7 mai), Compayré [3]

*Questeurs*, Margaine, Madier de Montjau, Martin Nadaud.

### 4e législature (10 nov. 1885 — 15 juillet 1889).

*Session extraord. de* 1885 ( 10 *nov.* — 29 *déc.*).

*Présid. d'âge*, Pierre Blanc.

*Présid. provis.* (10 nov.), Ch. Floquet. — *Vice-Présid. provis.*, Anatole de La Forge, Pierre Blanc.

*Présid. définit.* (14 nov.), Ch. Floquet.

*Vice-Présid.*, Anatole de La Forge, Ernest Lefèvre, Jules Develle, Buyat.

*Secrét.*, Bovier-Lapierre, Dutailly, Emile Brousse, Eug. Etienne, Thiessé, Compayré, de La Biliais, Benazet.

*Questeurs*, Madier de Montjau, Margaine, Martin Nadaud.

*Sessions de* 1886.

Ord. (12 janv. — 15 juil.). — Extraord. (14 oct. — 18 déc.).

*Présid. d'âge*, Pierre Blanc.

*Présid. définit.* (12 janv.), Ch. Floquet.

*Vice-Présid.*, Anatole de La Forge, Buyat, Ernest Lefèvre, Casimir-Perier (Aube) [4].

*Secrét.*, Dutailly, Thiessé, Bovier - Lapierre, Compayré, Etienne, Émile Brousse, Arnous, de Lamarzelle. — (27 mai), Thévenet [5].

*Questeurs*, Margaine, Madier de Montjau. — (14 janv.), Martin Nadaud.

préfet de la Seine le 5 janv. 1882 ; député des Pyrénées-Orientales le 22 oct. 1882 ; vice-présid. de la Chambre des Députés du 21 janvier au 28 oct. 1881 et du 10 janv. 1884 au 8 avril 1885 ; présid. de la Chambre des Députés du 8 avril 1885 au 3 avril 1888 ; présid. du Cons.. min. du 3 avril 1888 au 22 févr. 1889 ; député du 11e arrond. le 6 oct. 1889 ; président de la Chambre des Députés du 12 nov. 1889 au 10 janv. 1893 ; battu aux élections législatives de 1893, il est élu sénateur de la Seine le 7 janv. 1894 en remplacement de M. René Goblet, démissionnaire ; décédé le 18 janvier 1896.

1. Elu en remplacement de M. Sadi Carnot, nommé min. des Travaux publics.

2. Elu en remplacement de M. Ch. Floquet, nommé présid. de la Ch. des Députés.

3. Elu en remplacement de M. Godefroy Cavaignac, nommé s.-s. d'Etat au minist. de la Guerre.

4. Elu en remplacement de M. Jules Develle, nommé min. de l'Agricult.

5. Elu en remplacement de M. Thiessé, démissionnaire.

## Sessions de 1887.

Ord. (11 janv. — 22 juil.). — Extraord. (25 oct. — 17 déc.).

*Présid. d'âge*, Pierre Blanc.
*Présid. définit.* (11 janv.), Ch. Floquet.
*Vice-Présid.*, Anatole de La Forge, Ernest Lefèvre, Buyat, Casimir-Perier (Aube).
*Secrét.*, Arnous, Le Cour, Bovier-Lapierre, Emile Brousse, Dutailly, Compayré, Eug. Étienne, Thévenet.
*Questeurs*, Madier de Montjau, Margaine, Martin Nadaud.

## Sessions de 1888.

Ord. (10 janv. — 18 juillet). — Extraord. (15 oct. — 29 déc.).

*Présid. d'âge*, Pierre Blanc.
*Présid. définit.* (10 janv.), Ch. Floquet. — (4 avril), Méline[1].
*Vice-Présid.*, Anatole de La Forge, Ernest Lefèvre, Casimir-Perier (Aube), Jules Develle.
*Secrét.*, Thévenet, Crémieux, Le Hérissé, Jules Carret, Horteur, Le Cour, Charles Chevalier, Emmanuel Arène.
*Questeurs*, de Mahy, Madier de Montjau. — (12 janv.), Martin Nadaud. — (12 nov.), Royer (Meuse)[2]. — (15 nov.), Guillaumou[2].

## Session ord. de 1889 (8 janv. — 15 juillet).

*Présid. d'âge*, Pierre Blanc.
*Présid. définit.* (8 janv.), Méline.
*Vice-Présid.*, de Mahy, Ernest Lefèvre, Casimir-Perier (Aube), Jules Develle.
*Secrét.*, Horteur, Ch. Chevalier, Boissy d'Anglas, Em. Arène, Hurard, Crémieux. — (10 janv.), Le Cour, Humbert (Gaston).
*Questeurs* (10 janv.), Royer (Meuse), Guillaumou, Martin Nadaud[3].

1. Elu président au bénéfice de l'âge sur M. Clémenceau par 168 voix sur 401 votants, en remplacement de M. Ch. Floquet, nommé président du conseil des ministres. — Adjoint au maire du 1er arrond. de Paris au 4 sept. 1870 ; élu membre de la Commune en mars 1871, a refusé ; élu représentant des Vosges à l'Assemblée nationale le 12 oct. 1872 ; député des Vosges depuis 1876 ; s.-s. d'État au minist. de la Justice et des Cultes du 21 déc. 1876 au 16 mai 1877 ; min. de l'Agricult. du 21 févr. 1883 au 6 avril 1885 ; président de la Chambre des Députés du 4 avril 1888 au 12 nov. 1889.
2. Elus en remplacement de MM. de Mahy et Madier de Montjau, démissionnaires.
3. M. Martin Nadaud n'a pas été réélu député aux élections générales de 1889.

## 5ᵉ Législature (12 nov. 1889 — 22 juillet 1893).

*Session extraord. de* 1889 (12 *nov.* — 23 *déc.*).

*Présid. d'âge*, Pierre Blanc.
*Présid. provis.* (12 nov.), Ch. Floquet. — *Vice-Présid. provis.*, Jules Develle, Casimir-Perier (Aube).
*Présid. définit.* (16 nov.), Ch. Floquet.
*Vice-Présid.*, de Mahy, Jules Develle, Casimir-Perier (Aube), Peytral.
*Secrét.*, Rabier, Pichon, Henri Lavertujon, Boissy d'Anglas, Jumel, Philipon. — (18 nov.), de Kergorlay, Amédée Dufaure.
*Questeurs*, Guillaumou, Royer (Meuse), Duclaud.

### Sessions de 1890.

Ord. (14 janv. — 6 août). — Extraord. (20 oct. — 24 déc.).

*Présid. d'âge*, Pierre Blanc.
*Présid. définit.* (16 janv.), Ch. Floquet.
*Vice-Présid.*, de Mahy, Jules Develle, Casimir-Perier (Aube), Peytral. — (22 mars), Spuller [1].
*Secrét.*, Rabier, Pichon, Philipon, Henri Lavertujon, Boissy d'Anglas, H. Jumel, comte de Kergorlay, Amédée Dufaure.
*Questeurs*, Duclaud, Guillaumou, Royer (Meuse). — (23 oct.), Bizarelli [2].

### Sessions de 1891.

Ord. (13 janv. — 18 juil.). — Extr. (15 oct. 1891 — 11 janv. 1892).
*Présid. d'âge*, De Gasté.
*Présid. définit.* (15 janv.), Ch. Floquet.
*Vice-Présid.*, Casimir-Perier (Aube), Peytral, de Mahy, Spuller.
*Secrét.*, H. Lavertujon, Pichon, Philipon, Rabier, Boissy d'Anglas, Jumel, de Montalembert, comte d'Espeuilles.
*Questeurs*, Royer (Meuse), Bizarelli, Guillaumou.

### Sessions de 1892.

Ord. (12 janv. — 13 juillet). — Extraord. (18 oct. — 24 déc.).
*Présid. d'âge*, Pierre Blanc.
*Présid. définit.* (15 janv.), Ch. Floquet.

1. Elu en remplacement de M. Jules Develle, nommé min de l'Agricult.
2. Elu en remplacement de M. Duclaud, décédé le 6 août 1890.

*Vice-Présid.*, de Mahy, Casimir-Perier (Aube), Peytral, Viette. — (7 mars), Burdeau[1]. — (22 oct.), Eug. Etienne[2].

*Secrét.*, de La Batut, comte de Bar, vicomte de Villebois-Mareuil, Hervieu, Saint-Germain, Dron, Pourquery de Boisserin, Maurice Lasserre.

*Questeurs*, Bizarelli, Guillaumou, Royer (Meuse).

### Session ord. *de* 1893 (10 *janv.* — 22 *juillet*).

*Présid. d'âge*, Pierre Blanc.

*Présid. définit.* (11 janv.), Casimir-Perier (Aube)[3].

*Vice-Présid.*, de Mahy, Peytral, Félix Faure, Eug. Etienne. — (8 mai), Edouard Lockroy[4].

*Secrét.*, de La Batut, Saint-Germain, Hervieu, Maurice Lasserre, Pourquery de Boisserin, Dron, comte de Bar, vicomte de Villebois-Mareuil.

*Questeurs*, Bizarelli, Guillaumou, Royer (Meuse).

### 6ᵉ Législature[5] (14 nov. 1893).

### Session extraord. *de* 1893 (14 *nov.* — 20 *déc.*).

*Présid. d'âge*, Pierre Blanc.

*Présid. provis.* (14 nov.), Casimir-Perier. — *Vice-Présid. provis.*, de Mahy, Ed. Lockroy.

*Présid. définit.* (18 nov.), Casimir-Perier. — (5 déc.), Charles Dupuy[6].

*Vice-Présid.*, de Mahy, Félix Faure, Etienne, Lockroy.

*Secrét.*, de La Batut, Saint-Germain, Maurice Lasserre, Georges Trouillot, Pourquery de Boisserin, Plichon, Chaudey. — (20 nov.), Calvinhac.

*Questeurs*, Bizarelli. — (20 nov.), Royer (Meuse), Guillemet.

1. Elu en remplacement de M. Viette, nommé min. des Trav. publics
2. Elu en remplacement de M. Burdeau, nommé min. de la Marine et des Colonies.
3. Elu président par 254 voix sur 409 votants, en remplacement de M. Ch. Floquet, qui a échoué au premier tour de scrutin ( Voy. Léon MUEL. — *Gouvernements, etc., de la France depuis 1789*, suppl. page 30, note 1).
4. Elu en remplacement de M. Peytral, nommé ministre des Finances.
5. Les pouvoirs de cette législature dureront exceptionnellement jusqu'au 31 mai 1898 (loi du 22 juillet 1893).
6. Elu président par 251 voix contre 213 à M. Henri Brisson, en remplacement de M. Casimir-Perier nommé présid. du Cons. des ministres. Député de la Haute-Loire depuis 1885 ; min. de l'Instruct. publ. et des Beaux-Arts du 6 décembre 1892 au 4 avril 1893 ; présid. du Cons., min. de l'Intérieur du 4 avril au 3 décembre 1893, et depuis le 30 mai 1894.

*Sessions de* 1894.

Ord. (9 janv. — 28 juil.). — Extraord. (23 oct. — 27 déc.).

*Présid. d'âge*, Pierre Blanc.

*Présid. définit.* (11 janv.), Ch. Dupuy. — (2 juin), Casimir-Perier[1]. — (5 juil.), Aug. Burdeau[2]. — (18 déc.), Henri Brisson[3].

*Vice-Présid.*, de Mahy, Félix Faure, Etienne, Lockroy. — (2 juin), Burdeau[4]. — (7 juillet), Clausel de Coussergues[5].

*Secrét.*, Chaudey, de La Batut, Plichon, André Lebon. — (13 janv.), Farjon, Dulau, Rathier, Calvinhac.

*Questeurs*, Bizarelli, Guillemet, Royer (Meuse).


*Sessions de* 1895.

Ord. (8 janv. — 13 juil.). — Extraord. (22 oct. — 28 déc.).

*Présid. d'âge*, Pierre Blanc.

*Présid. définit.* (8 janv.), Henri Brisson.

*Vice-Présid.*, de Mahy, Etienne, Clausel de Coussergues, Ed. Lockroy.

*Secrét.*, Chaudey, Farjon, André Lebon, Dulau, Plichon, Doumergue Pierre Richard. — (10 janv.), Laroze. — (31 janv.), Bézine[6].

*Questeurs*, Guillemet, Royer, Bizarelli.

1. Elu président en remplacement de M. Ch. Dupuy, nommé présid. du Cons. des ministres.

2. Elu président par 259 voix sur 454 votants en remplacement de M. Casimir-Perier, nommé président de la République. Député du Rhône en 1885 ; réélu en 1889 et en 1893, min. de la Marine du 12 juillet 1892 au 11 janv. 1893 ; min. des Fin. du 3 déc. 1893 au 30 mai 1894 ; président de la Chambre des Députés du 5 juillet au 12 déc. 1894, jour de sa mort. Il était âgé de 43 ans.

3. Elu président en remplacement de M. Burdeau, décédé, par 249 voix contre 213 à M. Méline. Adjoint au maire de Paris après le 4 sept. 1870 ; démissionne en même temps que M. Ch. Floquet ; député de la Seine à l'Assemblée nationale le 8 févr. 1871 ; député du Xᵉ arrond. de Paris aux élections de 1876, du Cher en 1885 ; réélu en 1889 par le Xᵉ arrond. de Paris ; vice-présid. de la Chambre des Députés du 10 janv. 1879 au 3 nov. 1881 ; présid. de la Chambre des Députés du 3 nov. 1881 au 6 avril 1885 ; présid. du Cons., min. de la Justice du 6 avril 1885 au 7 janv. 1886 ; candidat à la présidence de la République contre MM. Grévy, Carnot et Casimir-Perier ; président de la Chambre des Députés depuis le 18 déc. 1894.

4. Elu en remplacement de M. Félix Faure, nommé min. de la Marine.

5. Elu en remplacement de M. Burdeau nommé présid. de la Chambre des Députés.

6. Elu en remplacement de M André Lebon, nommé min. du Commerce, de l'Industrie, des Postes et des Télégr.

*Session ord. de* 1896 (*14 janvier*).

*Présid. d'âge,* comte de Maillé.

*Présid. définit.* (16 janv.), Henri Brisson.

*Vice-Présid.*, Raymond Poincaré. — (16 janv.), Sarrien, Clausel de Coussergues, Paul Deschanel.

*Secrét.*, Bézine, Doumergue, Laroze, Mougeot, Codet, Ernest Carnot, Dejean. — (16 janv.), Henry Cochin.

*Questeurs*, Guillemet, Bizarelli, Royer.

## Assemblée nationale.

### (1876 à 1895).

L'article 8 de la Constitution du 25 février 1875 confère le pouvoir constituant aux deux Chambres réunies en Assemblée nationale. Cet article est ainsi conçu :

ART. 8. — Les Chambres auront le droit, par délibérations séparées, prises, dans chacune, à la majorité absolue des voix, soit spontanément, soit sur la demande du Président de la République, de déclarer qu'il y a lieu de reviser les lois constitutionnelles.

Après que chacune des deux Chambres aura pris cette résolution, elles se réuniront en Assemblée nationale pour procéder à la revision.

L'article 3 de la loi constitutionnelle du 16 juillet 1875 porte « qu'un mois avant le terme légal des pouvoirs du Président de la République, les Chambres devront être réunies en Assemblée nationale pour procéder à l'élection du nouveau Président. En cas de décès ou de démission du Président de la République, les deux Chambres se réunissent immédiatement et de plein droit ».

Cette dernière disposition est déjà inscrite dans l'article 7 de la loi constitutionnelle du 25 février 1875 [1].

La loi du 22 juillet 1879, qui fixe à Paris le siège du pouvoir exécutif et des deux Chambres, porte :

ART. 3. — Les divers locaux du palais de Versailles, actuellement occupés par le Sénat et la Chambre des Députés, conservent leur affectation. — Dans le cas où, conformément aux articles 7 et 8 de la loi du 25 février 1875, il y aura lieu à la réunion de l'Assemblée nationale, elle siègera à Versailles, dans la salle actuelle de la Chambre des Députés.

1. Voy. Léon MUEL. — *Gouvernements, etc., de la France depuis 1789,* page 379.

En vertu de ces différents articles de lois, le Sénat et la Chambre des Députés se sont, depuis le 8 mars 1876, réunis sept fois en Assemblée nationale, à Versailles.

1° Le 30 janvier 1879, pour l'élection de M. Jules Grévy comme Président de la République, en remplacement de M. le maréchal de Mac-Mahon, démissionnaire [1].

2° Le 19 juin 1879, pour la revision (abrogation) de l'article 9 de la Constitution du 25 février 1875 (siège du Pouvoir exécutif et des deux Chambres) [2].

3° Du 4 au 13 août 1884, pour la revision du § 2 de l'article 5 et du § 3 de l'article 8 de la Constitution du 25 février 1875, des articles 1 à 7 de la loi constitutionnelle du 24 février 1875 et du § 3 de l'article 1er de la loi du 16 juillet 1875.

4° Le 28 décembre 1885, pour la réélection de M. Jules Grévy comme Président de la République pour sept nouvelles années [3].

5° Le 3 décembre 1887, pour élire M. Carnot, Président de la République, en remplacement de M. Jules Grévy qui avait donné sa démission la veille [4].

6° Le 27 juin 1894, pour nommer M. Casimir-Perier, président de la République, en remplacement de M. Carnot, assassiné à Lyon le 24 juin [5].

7° Le 17 janvier 1895, pour nommer M. Félix Faure président de la République, en remplacement de M. Casimir-Perier, démissionnaire.

L'Assemblée nationale des 30 janvier et 19 juin 1879 comprenait 833 membres (300 sénateurs et 533 députés); celle du 4 août 1884, 857 membres; celles des 28 décembre 1885 et 3 décembre 1887, 884 membres ; enfin, celles des 27 juin 1894 et 17 janvier 1895, 881 membres.

L'art. 11, § 2 de la loi constitutionnelle du 16 juillet

1. Voy. Léon MUEL. — *Gouvernements, etc., de la France depuis 1789*, page 415.
2. *Idem*, page 420.
3. *Idem*, page 446.
4. *Idem*, page 460.
5. *Idem*, Supplément, page 94.

1875 est ainsi conçu : « Lorsque les deux Chambres se réunissent en Assemblée nationale, leur Bureau se compose des président, vice-présidents et secrétaires du Sénat[1]. »

Voici, d'après cet article, la composition du Bureau de l'Assemblée nationale, lors de ses différentes réunions :

### Réunion du 30 janvier 1879.

*Présid.*, Martel.

*Vice-Présid.*, comte Rampon, Le Royer, Eugène Pelletan, général de Ladmirault.

*Secrét.*, Bernard (Meurthe-et-Moselle), Scheurer-Kestner, Mazeau, Casimir-Fournier (Nord), vicomte de Rainneville, Lacave-Laplagne.

### Réunion du 19 juin 1879.

*Présid.*, Martel.

*Vice-Présid.*, comte Rampon, Eugène Pelletan, général de Ladmirault, Calmon.

*Secrét.*, Bernard, Scheurer-Kestner, Mazeau, Casimir-Fournier (Nord), baron Lafond de Saint-Mûr, Léon Clément.

### Réunion du 4 août 1884.

*Présid.*, Le Royer.

*Vice-Présid.*, G. Humbert, Peyrat, Teisserenc de Bort, Magnin.

*Secrét.*, Edouard Millaud, Honnoré, Barbey, Emile Gayot, Vivenot, Léon Clément.

### Réunion du 28 déc. 1885.

*Présid.*, Le Royer.

*Vice-Présid.*, G. Humbert, Teisserenc de Bort, Peyrat, Magnin.

*Secrét.*, Emile Gayot, Gustave Denis, Ed. Millaud, Barbey, de Verninac, Léon Clément.

---

1. La Constitution ne parle pas des questeurs dans la composition du Bureau du Congrès à Versailles ; mais, dans la pratique et par courtoisie, les questeurs de la Chambre des Députés délibèrent avec les questeurs du Sénat sur toutes les mesures à prendre pendant la réunion de l'Assemblée nationale (Eug. PIERRE. — *Droit politique électoral et parlementaire*, art. 24).

## Réunion du 3 déc. 1887.

*Présid.*, Le Royer.

*Vice-Présid.*, Magnin, Teisserenc de Bort, G. Humbert, Peyrat.

*Secrét.*, Gustave Denis, Emile Loubet, de Verninac, Frézoul, Guyot-Lavaline, Léon Clément.

## Réunion du 27 juin 1894.

*Présid.*, Challemel-Lacour.

*Vice-Présid.*, Demôle, Magnin, Combes, Bérenger.

*Secrét.*, Antoine Gadaud, Isaac, Barrière, Jules Godin, Morel, Aug. Ollivier, Paul Dutreil, Pazat.

## Réunion du 17 janvier 1895.

*Présid.*, Challemel-Lacour.

*Vice-Présid.*, Chalamet, Magnin, Bérenger, Combes.

*Secrét.*, Hipp. Morel, Barrière, Gadaud, Pazat, Aug. Ollivier, Jules Godin, Merlet, Maximo Lecomte.

# HAUTES COURS DE JUSTICE

La Cour des Pairs, érigée en Cour de justice, remonte à la monarchie capétienne. Elle jugeait les procès où se trouvaient impliqués des pairs de France. Elle comprenait des membres ordinaires du Parlement, auxquels étaient adjoints des pairs de France. Jusqu'au xviie siècle, elle est présidée par le Roi en personne ; mais, à l'occasion du procès du duc d'Alençon (1458), le Parlement conteste ce droit au Roi. C'est dans le procès du duc de La Valette (1639) que, pour la dernière fois, la Cour des Pairs est présidée par le roi en personne (Louis XIII); à partir de ce moment, elle est présidée par le chancelier de France.

Les causes les plus célèbres jugées par la Cour des Pairs de l'ancienne monarchie sont les procès de Robert de Flandre (1309), de Robert d'Artois (1332), de Jean de Montfort, duc de Bretagne (1379), de Charles le Mauvais, roi de Navarre (1386), du duc d'Alençon (1458), du connétable de Bourbon (1527), du duc de Biron (1602), du duc de La Valette (1639), du duc de Richelieu (1716) et du duc de la Force (1721).

Pendant la Révolution, une Haute Cour provisoire est d'abord établie à Orléans le 25 mars 1791. Par décret du 10 mai suivant, l'Assemblée nationale crée une Haute Cour nationale « pour connaître de tous les crimes et délits dont le Corps législatif se portera accusateur ». Elle ne se formera que quand le Corps législatif aura porté un décret d'accusation. Ce décret n'aura pas besoin d'être sanctionné par le Roi. Cette Haute Cour était composée d'un haut jury comprenant vingt-quatre membres et six hauts jurés adjoints, élus par les départements de la même manière que les députés.

Elle comprenait aussi quatre grands juges. Les hauts jurés en fonctions recevaient la même indemnité que les membres du Corps législatif[1]. Une loi des 15-16 juillet 1791 ordonne que le général marquis de Bouillé, qui avait préparé la fuite de Louis XVI, sera poursuivi avec ses complices devant cette Haute Cour comme criminels de lèse-nation. Le général de Bouillé n'a pas comparu devant la Haute Cour; il s'était réfugié à l'étranger.

Cette Haute Cour prend fin le 20 septembre 1791. Elle est convoquée à nouveau le 9 novembre suivant. L'Assemblée nationale décide, le 12 novembre, que la Haute Cour se réunira à Orléans, et, le 1er décembre, elle rend une proclamation dans ce sens. La Haute Cour entre en fonctions, d'abord le 2 décembre 1791, ensuite le 9 janvier 1792. Le 29 août suivant, l'Assemblée nationale décrète que les jugements de la Haute Cour ne sont point sujets au recours en cassation. Le 10 mars précédent, elle avait décidé que de Lessart, ministre des Affaires étrangères, ayant « par sa lâcheté et sa faiblesse, négligé les intérêts de la nation, était décrété d'accusation, et serait traduit devant la Haute Cour, à Orléans. » Enfermé d'abord dans cette ville pour y être jugé, de Lessart est ramené à Versailles, où il est assassiné le 9 septembre 1792 avec les autres prisonniers de la Haute Cour.

Supprimée par décret du 25 septembre 1792, la Haute Cour nationale est rétablie sous le nom de Haute Cour de justice par la Constitution du 5 fructidor an III, ainsi conçue :

ART. 265. — Il y a une Haute Cour de justice pour juger les accusations admises par le Corps législatif soit contre ses propres membres, soit contre ceux du Directoire exécutif.

266. — La Haute Cour de justice est composée de cinq juges et de deux accusateurs nationaux tirés du tribunal de cassation et de hauts jurés, nommés par les assemblées électorales des départements.

1. Cette disposition est confirmée par la loi du 3 brum. an IV (25 oct. 1795).

267. — Elle ne se forme qu'en vertu d'une proclamation du Corps législatif, rédigée et publiée par le Conseil des Cinq-Cents.

268. — Elle se forme et tient ses séances dans le lieu désigné par la proclamation du Conseil des Cinq-Cents. Ce lieu ne peut être plus près qu'à 12 myriamètres de celui où réside le Corps législatif.

269. — Lorsque le Corps législatif a proclamé la formation de la Haute Cour de justice, le tribunal de cassation tire au sort quinze de ses membres dans une séance publique ; il nomme de suite, dans la même séance, par la voie du scrutin secret, cinq de ces quinze ; les cinq juges ainsi nommés sont les juges de la Haute Cour de justice ; ils choisissent entre eux un président.

270. — Le tribunal de cassation nomme, dans la même séance, deux de ses membres, pour remplir à la Haute Cour de justice les fonctions d'accusateurs nationaux.

271. — Les actes d'accusation sont dressés et rédigés par le Conseil des Cinq-Cents. Les Assemblées électorales de chaque département nomment, tous les ans, un jury pour la Haute Cour de justice.

Un décret du 4 brum. an IV (26 oct. 1795) porte que le traitement des hauts jurés est le même que celui fixé pour les membres du Corps législatif. Une loi du 20 ther-midor an IV (7 août 1796) donne une nouvelle organisation de la Haute Cour de justice. D'après cette loi, le haut jury comprend seize hauts jurés, quatre adjoints et quatre hauts jurés suppléants (art. 1, 2 et 3). Les juges de la Haute Cour nomment un greffier et quatre huissiers (art. 38).

Le 21 thermidor an IV (8 août 1796), le Conseil des Cinq-Cents proclame la formation de la Haute Cour de justice à Vendôme (Loir-et-Cher), à l'effet de juger Drouet, un des membres de ce Conseil [1]. Drouet a été jugé en même temps que Babeuf, Darthé, Germain, Vadier et consorts, décrétés d'accusation les 20 et 29 messidor, comme ayant conspiré contre la sûreté intérieure de la République. Babeuf est arrêté le 21 floréal comme chef du complot qui devait s'exécuter le lendemain. La Haute Cour de justice, présidée

[1]. Drouet, qui a arrêté Louis XVI à Varennes.

par Gandon, nommé le 17 fructidor an IV, tient sa première audience le 2 ventôse an V (20 février 1797) ; le 7 prairial an V, elle rend son arrêt. Gracchus Babeuf et Darthé sont condamnés à mort et exécutés à Vendôme le 8 prairial (27 mai 1797). Drouet s'était évadé.

Sous le premier Empire, cette institution, dont les attributions sont conférées au Sénat, prend le titre de Haute Cour impériale[1]. Son organisation est prévue par la Constitution du 22 frimaire an VIII :

Art. 73. — Le ministre, mis en jugement par un décret du Corps législatif, est jugé par une Haute Cour, sans appel et sans recours en cassation. La Haute Cour est composée de juges et de jurés. Les juges sont choisis par le tribunal de cassation et dans son sein ; les jurés sont pris dans la liste nationale.

Le sénatus-consulte du 28 floréal an XII règle ainsi la composition de la Haute Cour de justice :

Art. 102. — Le siège de la Haute Cour impériale est dans le Sénat.

103. — Elle est présidée par l'Archichancelier de l'Empire. S'il en est empêché, elle est présidée par un autre titulaire d'une grande dignité de l'Empire.

104. — Elle est composée des princes, des grands dignitaires, des grands officiers de l'Empire, du grand juge ministre de la justice, de soixante sénateurs, des six présidents des sections du Conseil d'État, de quatorze conseillers d'État et de vingt membres de la Cour de cassation.

105 et 106. — Il y a, auprès de la Haute Cour impériale, un procureur général et un greffier en chef nommés à vie par l'Empereur.

Les coupables sont dénoncés par le Corps législatif (art. 110). Cette dénonciation ne peut être arrêtée que sur la demande du Tribunat, ou sur la réclamation de cinquante membres du Corps législatif.

Regnaud de Saint-Jean-d'Angely est nommé procureur

---

1. Ce titre lui est donné, non par la Constitution de l'an VIII, mais seulement par le sénatus-consulte du 28 floréal an XII.

général près la Haute Cour impériale, par décret du 17 messidor an XII (6 juillet 1804), et Garnier, greffier en chef (décret du 3 ventôse an XIII (22 févr. 1805).

La Haute Cour impériale n'a jamais fonctionné. Elle a été abolie par la Charte de 1814 qui, ainsi que l'Acte additionnel aux Constitutions de l'Empire du 22 avril 1815, transmettent ses attributions à la Chambre des Pairs. Celle-ci prend le nom de Cour des Pairs quand elle juge comme Cour de justice.

La Charte de 1814 porte :

ART. 33. — La Chambre des Pairs connaît des crimes de haute trahison et des attentats à la sûreté de l'État qui seront définis par la loi.

L'Acte additionnel du 22 avril 1815 porte :

ART. 56. — Tous les crimes et délits qui étaient attribués à la Haute Cour impériale et dont le jugement n'est pas réservé par le présent acte à la Chambre des Pairs, seront portés devant les tribunaux ordinaires.

La Cour des Pairs est maintenue par l'article 28 de la Charte de 1830. De 1814 à 1848, elle a jugé de nombreux procès dont voici les principaux :

PROCÈS DU MARÉCHAL NEY. — Le maréchal Ney a été traduit devant la Cour des Pairs, le 21 novembre 1815 (ordon. des 11 et 12 nov.), comme accusé de haute trahison[1]. La Cour des Pairs a siégé à Paris du 4 au 6 décembre. Le maréchal Ney est condamné à mort le 6 décembre et fusillé le 7 décembre 1815.

*Président de la Cour des Pairs*, le chancelier Dambray ; *procureur général*, Bellart ; *greffier*, Cauchy, garde des archives de la Chambre des Pairs.

PROCÈS DE LOUVEL, assassin du duc de Berry (13 févr. 1820). — Louvel est traduit devant la Chambre des Pairs, constituée en Cour de justice par ordonnance du 14 février. La Cour des Pairs se réunit le 15 février. Les débats commencent le

---

1. Voy. Léon MUEL. — *Gouvernements, etc., depuis 1789*, page 97.

5 juin. Le 6 juin 1820, la Cour rend un arrêt qui condamne Louvel à la peine de mort.

*Président de la Cour des Pairs*, le chancelier Dambray ; *procureur général*, Bellart ; *greffier*, Cauchy.

CONSPIRATION DU 19 AOUT 1820. — Les principaux accusés, le capitaine Nantil, Lavocat, Rey, etc., sont traduits devant la Cour des Pairs, le 28 décembre 1820 (ordon. du 21 août), comme coupables de complot ayant pour but « de détruire le gouvernement, de changer l'ordre de successibilité au trône, et d'exciter les citoyens et les habitants à s'armer contre l'autorité royale ». Le plan des conjurés, qui consistait à appeler au trône le fils de Napoléon Ier, et à la régence le prince Eugène de Beauharnais, devait s'exécuter dans la nuit du 19 au 20 août 1820. La Cour des Pairs tient sa première séance le 26 août. Le procès occupe trente-six séances secrètes et quarante-deux séances publiques.

La Cour des Pairs est organisée et formée de nouveau par une ordonnance du 20 avril 1821. Le 16 juillet suivant, elle rend son arrêt définitif par lequel les principaux accusés, Nantil, Lavocat et Rey sont condamnés à mort.

*Président*, le chancelier Dambray ; *procureur général*, Ravez, puis Jacquinot-Pampelune, ensuite de Peyronnet ; *greffier*, Cauchy.

PROCÈS DES DERNIERS MINISTRES DE CHARLES X. — En vertu d'une résolution du 28 septembre 1830, par laquelle la Chambre des Députés accuse de trahison MM. de Polignac et consorts, signataires des ordonnances du 25 juillet 1830, et, conformément aux articles 55 et 56 de la Charte de 1814 et 47 de la Charte de 1830, la Chambre des Pairs décide, le 1er octobre, qu'elle se réunira en Cour de justice le 4 octobre suivant pour juger les ex-ministres inculpés. La Cour des Pairs rend son arrêt le 21 décembre 1830[1].

*Président*, le chancelier baron Pasquier ; *greffier*, Cauchy.

1. Voy. cet arrêt (Léon MUEL. — *Gouvernements, etc., de la France depuis 1789*, page 171.

AFFAIRE D'AVRIL 1834. — A la suite d'un procès intenté à
la Société des mutuellistes, une insurrection éclate à Lyon,
le 9 avril 1834. L'émeute s'étend à Marseille, Lunéville,
Saint-Étienne, Paris. Le gouvernement fait arrêter 150 membres de la Société des Droits de l'Homme, qui était le centre
de cette insurrection. Cette arrestation provoque une
émeute dans les quartiers Saint-Martin et du Temple. La
rue Transnonain devient le théâtre de combats sanglants.
Par ordonnance du 15 avril 1834, les accusés, au nombre
de 442, sont traduits devant la Cour des Pairs sous l'inculpation d'attentat contre la sûreté de l'État. La Cour des
Pairs tient sa première audience le 15 avril. Les débats se
terminent par de nombreux arrêts qui condamnent 106 des
accusés à diverses peines de déportation. Le dernier arrêt,
rendu le 7 juin 1836, condamne Delente à·trois ans de
prison.

*Président,* le chancelier Pasquier ; *procureur général du
Roi,* Martin du Nord ; *greffier,* Cauchy.

ATTENTAT FIESCHI. — Le 28 juillet 1835, Fieschi, du n° 50
du boulevard du Temple, dirige sa machine infernale contre
le roi Louis-Philippe. Le maréchal Mortier est tué aux côtés
du roi. Par ordonnance du même jour, la Cour des Pairs est
constituée pour juger cet attentat. La première séance a
lieu le 29 juillet. L'arrêt, rendu le 15 février 1836, condamne
Fieschi à la peine du parricide.

*Président de la Cour des Pairs,* le chancelier Pasquier ;
*procureur général du Roi,* Martin du Nord ; *greffier,* Cauchy.

ATTENTAT DES 12 ET 13 MAI 1839[1]. — A la suite d'une
émeute organisée par les groupes révolutionnaires, la Cour
des Pairs est constituée par ordonnance du 14 mai 1839.
La première séance a lieu le jour même. Barbès, Martin
Bernard, Nouguès, Blanqui, etc., sont traduits, le 27 juin,
devant cette Cour, sous l'inculpation d'attentat contre la
sûreté de l'État. Barbès prononce lui-même sa défense le

1. Voy. Léon MUEL. — *Gouvernements, etc., de la France depuis 1789,* page 199.

12 juillet. Barbès et Blanqui sont condamnés à mort, le premier par arrêt du 12 juillet 1839, le second, qui a refusé de se défendre, par arrêt du 31 juillet 1840. La peine de Barbès est commuée par le roi Louis-Philippe (ordon. du 14 juillet 1839), grâce à l'intervention de Victor Hugo qui, à l'occasion de la naissance du comte de Paris, adresse quatre vers très touchants à la duchesse d'Orléans, sa mère. La peine de Blanqui est également commuée en détention perpétuelle.

*Président de la Cour des Pairs*, le chancelier Pasquier; *procureur général du Roi*, Franck-Carré; *greffier*, Cauchy.

ATTENTAT DE BOULOGNE-SUR-MER. — A la suite de la tentative du 6 août 1840 [1], le prince Louis-Napoléon Bonaparte est traduit, le 28 septembre suivant, devant la Cour des Pairs, sous l'inculpation « d'attentat ayant pour but de détruire ou de changer la forme du gouvernement, et de complot ». La Cour des Pairs, constituée le 18 août, par ordonnance du 9 août, rend, le 6 octobre 1840, son arrêt qui condamne, par 137 voix sur 160, le prince Louis-Napoléon à un emprisonnement perpétuel dans une forteresse située sur le territoire continental du royaume.

*Président de la Cour des Pairs*, le chancelier duc Pasquier; *procureur général*, Franck-Carré; *greffier*, Cauchy.

PROCÈS DES MINES DE GOUHENANS. — Le lieutenant général Despans-Cubières, ancien ministre de la guerre, et M. Teste, ancien ministre des Travaux publics, tous deux pairs de France, accusés d'avoir, étant ministres, fait obtenir, à prix d'argent, une concession aux mines de sel de Gouhenans (Haute-Saône), sont traduits devant la Cour des Pairs par arrêt du 26 juin 1847. La Cour des Pairs avait été constituée par ordonnance royale du 5 mai précédent. Le 17 juillet suivant, elle rend son arrêt qui condamne Despans-Cubières

1. Voy. Léon MUEL. — *Gouvernements, etc., de la France depuis 1789*, page 213, note 1.

à la peine de la dégradation civique et à 10.000 francs d'amende, et Teste à la peine de la dégradation civique, à 94.000 francs d'amende et à trois ans d'emprisonnement.

*Président*, le duc Pasquier ; *procureur général du Roi,* Delangle ; *greffier*, Cauchy.

Procès du duc de Praslin. — Le duc de Choiseul-Praslin, pair de France, est traduit, le 19 août 1847, devant la Cour des Pairs (ordon. du 19 août), sous l'inculpation d'assassinat de la duchesse de Praslin, sa femme, avec laquelle il vivait en mauvaise intelligence. Il avait contracté une liaison adultère. La Cour des Pairs tient sa première séance le 21 août. Le 24 août, le duc de Praslin se suicide. Le 30 août, la Cour des Pairs rend un arrêt qui déclare éteinte l'action engagée contre le duc de Praslin.

*Président*, le chancelier Pasquier ; *procureur général du Roi*, Delangle ; *greffier*, Cauchy.

La Cour des Pairs, comme la Chambre des Pairs, prend fin à la chute de Louis-Philippe. La Constitution du 4 novembre 1848 rétablit la Haute Cour de justice dans les termes suivants :

Art. 91. — Une Haute Cour de justice juge, sans appel ni recours en cassation, les accusations portées par l'Assemblée nationale contre le Président de la République ou les ministres. Elle juge également toutes personnes prévenues de crimes, attentats ou complots contre la sûreté intérieure ou extérieure de l'État, que l'Assemblée nationale aura renvoyées devant elle. Sauf le cas prévu par l'article 68, elle ne peut être saisie qu'en vertu d'un décret de l'Assemblée nationale qui désigne la ville où la Cour tiendra ses séances.

92. — La Haute Cour est composée de 5 juges et de 36 jurés. Chaque année, dans les quinze premiers jours du mois de novembre, la Cour de cassation nomme, parmi ses membres, au scrutin secret et à la majorité absolue, les juges de la Haute Cour, au nombre de cinq, et deux suppléants. Les cinq juges appelés à siéger feront choix de leur président. Les magistrats remplissant les fonctions du ministère public sont désignés par

le Président de la République, et, en cas d'accusation du président ou des ministres, par l'Assemblée nationale. Les jurés, au nombre de 36, et 4 jurés suppléants, sont pris parmi les membres des conseils généraux des départements. Les représentants du peuple n'en peuvent faire partie.

L'article 68 porte que, lorsque le Président de la République dissout l'Assemblée nationale, la proroge ou met obstacle à l'exercice de son mandat, il est déchu de ses fonctions ; les citoyens sont tenus de lui refuser obéissance; le pouvoir exécutif passe de plein droit à l'Assemblée nationale. Les juges de la Haute Cour de justice se réunissent immédiatement, à peine de forfaiture ; ils convoquent les jurés dans le lieu qu'ils désignent, pour procéder au jugement du président et de ses complices; ils nomment eux-mêmes les magistrats chargés de remplir les fonctions du ministère public.

Cette Haute Cour de justice a jugé deux procès :

1° ATTENTAT DU 15 MAI 1848 CONTRE L'ASSEMBLÉE CONSTITUANTE[1]. — Une loi du 22 janvier 1849 renvoie devant la Haute Cour de justice les auteurs et complices de cet attentat, mis en accusation par l'arrêt de la Cour d'appel de Paris, du 16 janvier précédent. L'article 2 de cette loi porte que la Haute Cour de justice se réunira à Bourges, dans les quarante jours de la présente loi. Un arrêté du Président de la République, du 28 janvier 1849, désigne les magistrats chargés de remplir les fonctions du ministère public ; M. Baroche est désigné comme procureur général près la Haute Cour. Celle-ci a siégé du 7 mars au 3 avril. Par arrêts des 2 et 3 avril 1849, la Haute Cour de justice, présidée par M. Bérenger (de la Drôme), condamne les représentants Albert, Barbès, Louis Blanc et Caussidière à la déportation, et le représentant F.-V. Raspail à six ans de détention pour attentat ayant pour but de détruire ou de changer le gouvernement, et d'exciter les citoyens à la guerre civile en les armant les uns contre les autres.

1. Voy. Léon MUEL. — *Gouvernements, etc., de la France depuis 1789,* page 233.

Sur un rapport du citoyen Salmon (Meuse) du 18 mai 1849, l'Assemblée constituante déclare les condamnés ci-dessus déchus de leur qualité de représentants du peuple.

2° ATTENTAT DU 13 JUIN 1849 (insurrection de la Montagne ou extrême-gauche). — La loi du 10 août 1849 renvoie devant la Haute Cour de justice les auteurs de cet attentat, mis en accusation par l'arrêt de la Cour d'appel de Paris du 9 août. L'article 2 de cette loi porte que la Haute Cour se réunira dans les deux mois de la présente loi.

Un arrêté du Président de la République, du 29 août 1849, désigne les magistrats chargés de remplir les fonctions du ministère public ; M. Baroche est désigné comme procureur général près la Haute Cour. La Haute Cour de justice, présidée par M. Bérenger (de la Drôme), se réunit le 10 octobre 1849 ; le 13 novembre suivant, elle rend un arrêt qui condamne neuf représentants du peuple à la déportation et Suchet à cinq ans de détention ; le 15 novembre, elle rend un second arrêt qui condamne par contumace à la déportation vingt représentants du peuple, parmi lesquels figurent Ledru-Rollin, chef du complot, Considérant et Félix Pyat.

Sur un rapport du citoyen Salmon (Meuse), du 31 janvier 1850, l'Assemblée législative les déclare, le 8 février suivant, déchus de leur qualité de représentant du peuple.

A la suite du coup d'État du 2 décembre 1851, un certain nombre de députés, réunis le jour même chez M. Odilon Barrot, s'appuyant sur l'article 68 de la Constitution, tentent, sans succès, de convoquer la Haute Cour de justice pour juger le Prince Président, qu'ils déclarent déchu de ses fonctions de président de la République.

La Constitution du 14 janvier 1852 crée une Haute Cour de justice dont l'organisation est presque identique à la précédente.

ART. 54. — Une Haute Cour de justice juge, sans appel ni recours en cassation, toutes personnes qui auront été renvoyées devant elle comme prévenues de crimes, attentats ou complots contre le Président de la République et contre la sûreté intérieure ou extérieure de l'État. Elle ne peut être saisie qu'en vertu d'un décret du Président de la République.

55. — Un sénatus-consulte déterminera l'organisation de cette Haute Cour de justice.

Ce sénatus-consulte, daté du 10 juillet 1852, est ainsi conçu :

Art. 1er. — La Haute Cour de justice, créée par l'article 54 de la Constitution, se compose : 1° d'une Chambre des mises en accusation et d'une Chambre de jugement formées de juges pris parmi les membres de la Cour de cassation ; 2° d'un haut jury pris parmi les membres des conseils généraux des départements.

2. — Chaque Chambre est composée de cinq juges et de deux suppléants.

3. — Les juges et suppléants de chaque Chambre sont nommés tous les ans, dans la première quinzaine de novembre, par le Président de la République.

5. — Le décret du Président de la République, qui saisit la Haute Cour, désigne parmi les juges de chaque Chambre celui qui doit la présider. Le procureur général près la Haute Cour de justice et les autres magistrats du ministère public sont nommés pour chaque affaire, par le décret du Président de la République, qui saisit la Haute Cour.

6. — Le président de chaque Chambre désigne un greffier qui prête serment.

7. — Le haut jury se compose de trente-six jurés titulaires et de quatre jurés suppléants.

16. — Les fonctions de haut juré sont incompatibles avec celles de ministre, sénateur, député au Corps législatif, membre du Conseil d'État.

La Haute Cour impériale du second Empire a jugé deux procès :

1° PROCÈS DU PRINCE PIERRE BONAPARTE. — Le prince Pierre Bonaparte est accusé d'un meurtre commis le 10 janvier 1870, à Auteuil, sur la personne du journaliste Yvan Salmon, dit Victor Noir, et de tentative de meurtre sur la personne d'Ulric de Fonvielle. Un décret impérial du 10 janvier renvoie le prince devant la Chambre des mises en accusation de la Haute Cour de justice. Par arrêt du 19 février, cette Chambre renvoie le prince devant la Chambre de jugement. Par décret du même jour, la Haute Cour de justice est convoquée pour le 21 mars, à Tours. M. Glandaz est nommé président et M. Grandperret procureur général près la Haute Cour. Au cours des débats, le prince Pierre Bonaparte prétend qu'il n'a fait usage de son revolver qu'après avoir été souffleté par Victor Noir [1], sur la joue gauche. M. de Fonvielle soutient énergiquement, qu'au contraire, le prince a d'abord souffleté Victor Noir, et s'est ensuite servi de son revolver. Le 25 mars, la Haute Cour de justice rend son arrêt par lequel le prince Pierre Bonaparte est acquitté du fait du meurtre, mais il est condamné à 25.000 francs de dommages-intérêts envers la famille de Victor Noir.

2° COMPLOT DE MAI 1870 CONTRE L'EMPEREUR. — Un décret impérial du 4 mai 1870 renvoie devant la Chambre des mises en accusation de la Haute Cour de justice l'examen du complot formé contre la sûreté de l'État et la vie de Napoléon III. Par arrêt du 4 juin, 72 accusés, parmi lesquels Flourens et Félix Pyat sont renvoyés devant la Chambre de jugement de la Haute Cour. Par décret du 11 juin, la Haute Cour est convoquée à Blois pour le 18 juillet. M. Zangiacomi est nommé président et M. Grandperret procureur général. Par arrêts des 8 et 9 août, la Haute Cour de justice condamne 34 accusés à la déportation ou à l'emprisonnement. Le 9 août, Flourens est condamné à la déportation dans une enceinte fortifiée, et Félix Pyat à cinq ans d'emprisonnement et à 6.000 francs d'amende.

La Haute Cour de justice est abolie par un décret du 4 novembre 1870, ainsi conçu :

Le Gouvernement, etc., considérant que, malgré l'abrogation

1. Victor Noir était défendu par Mᵉ Charles Floquet.

des constitutions impériales, des doutes se sont élevés relativement à l'existence de la Haute Cour de justice comme institution judiciaire[1], décrète :

La Haute Cour de justice est abolie.

La Cour de justice a été rétablie par l'article 9 de la loi constitutionnelle du 24 février 1875, qui est ainsi conçu :

Le Sénat peut être constitué en Cour de justice pour juger soit le Président de la République, soit les ministres, et pour connaître des attentats commis contre la sûreté de l'État.

Cet article est confirmé par le § 3 de l'article 12 de la loi constitutionnelle du 16 juillet 1875, ainsi conçu :

Le Sénat peut être constitué en Cour de justice par un décret du Président de la République rendu en Conseil des ministres, pour juger toute personne prévenue d'attentat commis contre la sûreté de l'État. Une loi déterminera le mode de procéder pour l'accusation, l'instruction et le jugement.

La loi prévue ci-dessus a été publiée le 10 avril 1889. D'après cette loi, la Cour de justice est présidée par le Président du Sénat (art. 15) ; le secrétaire général de la présidence du Sénat remplit les fonctions de greffier (art. 4). Les membres du Sénat deviennent des juges. Le Président de la République nomme, parmi les membres de la Cour d'appel de Paris ou de la Cour de Cassation, un magistrat chargé des fonctions de procureur général, et un ou plusieurs magistrats chargés de l'assister comme avocats généraux (art. 3).

Tous les ans, au début de la session ordinaire, le Sénat nomme une Commission d'instruction de la Cour de justice, composée de neuf membres et de cinq membres suppléants (art. 7). Le Sénat désigne en même temps, par un scrutin à la tribune, un vice-président chargé de présider la Cour de justice en l'absence du Président (art. 15).

Cette Haute Cour de justice a déjà siégé une fois.

---

1. Des doutes pouvaient, en effet, s'élever en raison des art. 91 et suivants de la Constitution du 4 nov. 1848 qui établissent cette institution (voy. suprà, page 189).

Procès du général Boulanger. — Par décret du Président
de la République, en date du 8 avril 1889, le Sénat s'est
constitué en Haute Cour de justice, au Palais du Luxembourg,
pour juger MM. le général Boulanger, Henri Rochefort et
Dillon, convaincus d'attentats contre la sûreté de l'État et
autres faits connexes[1]. M. Le Royer, président du Sénat,
préside la Haute Cour; M. Quesnay de Beaurepaire, procureur général près la Cour d'appel de Paris, remplit les
fonctions de ministère public, et M. Albert Sorel, secrétaire
général de la présidence du Sénat, celles de greffier en chef.
La Haute Cour de justice tient sa première audience le
12 avril 1889. Le 6 juillet suivant, M. Quesnay de
Beaurepaire, procureur général, prononce son réquisitoire.
Le 8 août, la Haute Cour reprend ses audiences, et, le
14 août 1889, M. le président Le Royer prononce l'arrêt qui
déclare : MM. le général Boulanger, Dillon et Rochefort
coupables du crime de complot et d'attentat à la sûreté de
l'État, et, en outre, le général Boulanger coupable de détour-
nement de deniers publics dont il était comptable. Ils sont
condamnés tous les trois par contumace à la détention perpétuelle dans une enceinte fortifiée[2].

1. Le 4 avril, la Chambre des Députés a accordé au procureur général près la Cour
d'Appel de Paris qui l'avait demandée, l'autorisation de poursuivre le général
Boulanger, alors député de la Seine. Par suite, sur le rapport de M. Thévenet, garde
des sceaux, M. Carnot, président de la République, a signé le décret du 8 avril.
2. Le général Boulanger s'était enfui de Paris le 1er avril 1889, d'abord à Bruxelles,
puis à Londres; il est ensuite revenu à Bruxelles, où il s'est suicidé le 30 septembre
1891 en se tirant un coup de revolver au cimetière d'Ixelles, sur la tombe de sa maî-
tresse, Marguerite de Bonnemains. M. Dillon avait suivi le général Boulanger dans sa
fuite. M. Henri Rochefort, rédacteur en chef de l'*Intransigeant*, s'est réfugié à Londres
d'où il a continué à diriger son journal. Il est rentré à Paris le 3 février 1895, en vertu
de la loi d'amnistie du 1er février 1895.

Tableau comparatif des conditions d'élection des Assemblées politiques depuis 1789.

| ASSEMBLÉES | ÉLECTEURS | | ÉLIGIBLES | | | NOMBRE des MEMBRES de chaque Assemblée |
|---|---|---|---|---|---|---|
| | AGE | CONDITIONS de Cens ou de Domicile | AGE | CONDITIONS de Cens ou de Domicile | DURÉE DU MANDAT | |
| Assemblée constit. de 1789. | 25 ans | Domicilié et compris au rôle des impositions. | 25 ans | Même règle que pour l'électeur. | » | 1.214 |
| Assemblée législ. de 1791.. | 25 ans | 1 an de domicile et revenu de 200 journ. de travail. | 25 ans | Id. | 2 ans (renouvel. intégral) | 745 |
| Convention nationale...... | 21 ans | 1 an de domicile et vivant de son revenu. | 25 ans | Id. | » | 745 |
| Conseil des Anciens....... | 21 ans | 1 an de domicile et revenu de 200 journ. de travail. | 40 ans | 15 ans de domicile. | 3 ans (renouvel. par 1/3) | 250 |
| Conseil des Cinq-Cents .... | 21 ans | Id. | 30 ans | 10 ans de domicile. | Id. | 500 |
| Sénat.................. | » | Elections faites par le Sénat. | 40 ans | » | » | 80 |
| Corps Législatif......... | 21 ans | 1 an de domicile. | 30 ans | Mêmes conditions que l'électeur. | 5 ans (renouvel. par 1/5) | 300 |
| Tribunat.............. | 21 ans | 1 an de domicile. | 25 ans | Id. | Id. | 100 |
| Ch. des Pairs (1re restaurat.) | » | Elections faites par le Roi. | 25 ans | » | A vie. | Illimité. |
| Ch. des Députés    Id. | 30 ans | 300 fr. de contribut. dir. | 40 ans | 1.000 fr. de contrib. dir. | 5 ans (renouvel. par 1/5) | 262 |
| Ch. des Pairs  (Cent-Jours) | » | Elections faites par l'Empereur. | 21 ans | » | A vie. | Illimité. |
| Ch. des Représent.   Id. | 21 ans | 1 an de domicile. | 25 ans | Mêmes conditions que l'électeur. | 5 ans (renouvel. intégral) | 629 |
| Ch. des Pairs (2me restaurat.) | » | Elections faites par l'Empereur. | 21 ans | » | A vie. | Illimité. |
| Ch. des Députés (1815) .... | 21 ans | 300 fr. de contribut. dir. | 25 ans | 1.000 fr. de contrib. dir. | 5 ans (renouvel. par 1/5) | 395 |
| Id.       (1816).... | Id. | Id. | 40 ans | Id. | Id. | 262 |
| Id.       (1824).... | Id. | Id. | Id. | Id. | Id. | 262 |
| Ch. des Pairs    (1830) .... | » | (Mêmes régles que pour celle de 1815). | » | » | 7 ans (renouvel. intégral) | Illimité. |
| Ch. des Députés (1830) .... | 25 ans | 200 fr. de contribut. dir. | 30 ans | 1.000 fr. de contrib. dir. | 5 ans (renouvel. par 1/5) | 262 |
| Id.       (1831).... | 25 ans | Id. | 30 ans | 500 fr. de contribut. dir. | Id. | 459 |
| Assemblée constit. de 1848. | 21 ans | 6 mois de résidence. | 25 ans | Mêmes conditions que l'électeur. | » | 900 |
| Id.      législ. de 1849.. | 21 ans | Id. | 25 ans | Id. | » | 750 |
| Assemblée législat. (Loi du 31 mai 1850) | 21 ans | 3 ans de résidence. | 25 ans | Id. | » | 750 |
| Sénat Impérial .......... | » | Elections faites par l'Empereur. | » | » | A vie. | 150 |
| Corps Législatif (1852)..... | 21 ans | 6 mois de résidence. | 25 ans | Mêmes conditions que l'électeur. | 6 ans (renouvel. intégral) | 261 |
| Id.     (1857)..... | Id. | Id. | Id. | Id. | Id. | 267 |
| Id.     (1863)..... | Id. | Id. | Id. | Id. | Id. | 283 |
| Id.     (1869)..... | Id. | Id. | Id. | Id. | Id. | 292 |
| Assemblée constit. de 1871. | 21 ans | Id. | Id. | Id. | Id. | 759 |
| Sénat (3me république)..... | » | Elections faites par les délégués sénatoriaux. | 40 ans | Id. | 9 ans (renouvel. par 1/3 tous les 3 ans). | 300 |
| Ch. des Députés (1876) .... | 21 ans | 6 mois de résidence. | 25 ans | Id. | 4 ans (renouvel. intégral) | 533 |
| Id.     (1881).... | Id. | Id. | Id. | Id. | Id. | 557 |
| Id.     (1885).... | Id. | Id. | Id. | Id. | Id. | 584 |
| Id.     (1889).... | Id. | Id. | Id. | Id. | Id. | 576 |
| Id.     (1893).... | Id. | Id. | Id. | Id. | Id. | 581 |

## Vote des militaires.

Il n'est pas inutile de donner ici un résumé de la législation sur le vote des militaires.

Un décret du 28 février 1790 (art. 7) accorde la plénitude du titre de citoyen actif, c'est-à-dire le droit de vote, à tout militaire qui compte 16 ans de bons services. Un décret du 6 juillet 1791 accorde cette faveur sans aucune condition. Le droit de vote est retiré aux militaires par la Constitution de l'an III (art. 275). L'article 7 d'une instruction du Gouvernement provisoire du 8 mars 1848 accorde le droit de vote aux militaires en activité de service. Ce droit est suspendu par l'article 62 de la loi électorale du 15 mars 1849 pour les armées en campagne et les marins de la flotte en cours de navigation. Le droit de vote est retiré sous l'Empire aux militaires sous les drapeaux. Un décret du 2 février 1852 (art. 14) porte que « les militaires en activité de service et les marins de service dans les ports ne pourront voter au Corps législatif que lorsqu'ils seront présents au moment de l'élection dans la commune où ils sont inscrits ».

Le droit de vote est rendu aux soldats sous les drapeaux par l'article 9 du décret du 29 janvier 1871, ainsi conçu : « Les militaires sous les drapeaux voteront pour l'élection des députés du département où ils seront inscrits comme électeurs. » Ce droit leur est retiré par l'article 5 de la loi du 27 juillet 1872, ainsi conçu : « Les hommes présents au corps ne prennent part à aucun vote. » L'article 9 de la loi du 15 juillet 1889, qui n'est que la reproduction de l'article 2 de la loi du 30 novembre 1875 sur l'élection des députés, est ainsi conçu :

« Les militaires et assimilés de tous grades et de toutes armes des armées de terre et de mer ne prennent part à aucun vote quand ils sont présents à leurs corps, à leur poste ou dans l'exercice de leurs fonctions. Ceux qui, au moment de l'élection, se trouvent en résidence libre, en non activité ou en possession d'un congé, peuvent voter dans la commune sur les listes de laquelle ils sont régulièrement inscrits. Cette dernière disposition s'applique également aux officiers et assimilés qui sont en disponibilité ou dans le cadre de réserve. »

---

**Tableau comparatif indiquant le nombre des électeurs et la répartition des voix aux élections législatives depuis 1789[1].**

ASSEMBLÉE CONSTITUANTE. — ASSEMBLÉE LÉGISLATIVE. — CONVENTION NATIONALE. — Pour les élections des Etats-Généraux de 1789, de l'Assemblée législative de 1791 et de la Convention nationale, il m'a été impossible, malgré toutes mes recherches, de trouver, soit aux Archives nationales, soit aux Archives de la Chambre des Députés, le chiffre des électeurs inscrits et des votants. Il existe bien aux Archives nationales un état des citoyens actifs et des électeurs pour les élections de l'Assemblée législative et de la Convention, mais cet état est incomplet ; il ne porte que sur 40 départements. D'autre part, les procès-verbaux des élections des 25 août et 5 septembre 1791 pour l'Assemblée législative et du 2 septembre 1792 et jours suivants pour la Convention donnent bien le nombre des votants à chaque élection de député, ainsi que le nombre de voix obtenues par chaque député, mais ils ne donnent pas le nombre des électeurs inscrits. Nous avons dit au début de cet ouvrage qu'aux élections des États-généraux, Paris, qui avait à élire 40 députés, comptait 11.706 électeurs du 1er degré et 407 du 2e degré. Bailly, de l'Académie française, a été élu le premier par 173 voix sur 317 votants. Un décret du 28 mai 1791 porte que pour les élections de l'Assemblée législa-

---

1. J'ai relevé les chiffres de ce tableau sur les procès-verbaux d'élections, sur les listes et tableaux existant soit aux Archives nationales, soit aux Archives de la Chambre des Députés.

tive, il y avait une population active de 4.298.360 citoyens. La France comptait 400.000 citoyens actifs (Taine. — *La Révolution*). Paris, qui en comptait 77.371, avait 779 électeurs qui ont élu 24 députés et 8 députés suppléants. Les élections se faisaient dans les églises. Il y avait autant de scrutins que de députés à élire. Dans l'Ardèche, Dalmas a été élu député par 217 voix, et Bosc Villeneuve par 127 voix [1]. Dans l'Aisne, Louis Hébert, commandant de la garde nationale de Chauny, est élu député par 194 voix. Robert Lindet est élu député de l'Eure, par 325 voix sur 545 votants. Jean-François Dumarest, de Roanne, est élu député de Rhône-et-Loire par 493 voix sur 787 votants. « Cette pluralité, dit le président de l'Assemblée électorale, fait autant l'éloge de la pureté des intentions de l'Assemblée que de l'honneur qu'elle décerne à celui qu'elle a choisi ; l'Assemblée engage M. Dumarest à accepter avec reconnaissance. » François de Neufchâteau, juge de paix à Vicherey, est élu 8e député des Vosges, le 3 septembre 1791, par 255 voix sur 390 votants. Le nombre des citoyens actifs qui ont concouru à l'élection de la Convention nationale n'est pas connu ; mais on sait que, le 19 juillet 1793, 1.813.528 citoyens ont voté pour ou contre l'acceptation de la Constitution de 1793.

Dubois de Crancé est élu député des Ardennes à la Convention nationale, par 161 voix sur 288 votants. Dans la Gironde, Vergniaud, député à la Législative, est élu à la Convention le 5 septembre 1792 par 480 voix sur 671 votants. « Au moment où M. le président le proclame député du département de la Gironde à la Convention nationale, la salle retentit d'acclamations et d'applaudissements ». Guadet est élu par 570 voix sur 686, et Gensonné par 578 sur 671 votants.

Dans le département de la Meuse, en raison de l'invasion ennemie, l'Assemblée électorale se tient à Gondrecourt. Le 3 septembre 1792, pendant un scrutin, survient un gendarme français, échappé des mains de l'ennemi, qui annonce que celui-ci est proche. Le scrutin continue, et l'évêque du département, M. Tocquot des Paroches, député à la Législative, est élu à la Convention par 140 voix sur 264 votants. Mais bientôt, le

1. Cent ans plus tard, le chiffre des voix obtenues pour être élu député était singulièrement augmenté. En 1885, au scrutin de liste, un député était élu à Paris par une moyenne de 280.000 voix, et dans les départements par environ 60.000 voix.

maréchal Luckner fait dire à l'Assemblée électorale de quitter Gondrecourt, et de se rendre à Châlons-sur-Marne où il se rend lui-même. L'Assemblée électorale se transporte alors dans cette ville où, le 7 septembre, elle reprend ses scrutins.

Le département de Paris nomme à la Convention 24 députés et 12 suppléants.

Le 5 septembre 1792, Max. Robespierre est élu par 338 voix sur 525 votants.

Le 6 septembre 1792, Danton est élu par 638 voix sur 700 votants.

Le 6 septembre 1792, Collot d'Herbois est élu par 553 voix sur 573 votants.

Le 7 septembre 1792, Manuel est élu par 526 voix sur 653 votants.

Le 7 septembre 1792, Billaud-Varennes est élu par 472 voix sur 626 votants.

Le 8 septembre 1792, Camille Desmoulins est élu par 465 voix sur 677 votants.

Le 9 septembre 1792, Marat est élu par 420 voix sur 758 votants.

Dans le Pas-de-Calais, « Maximilien Robespierre, ex-député à l'Assemblée nationale constituante de France », est élu, le 2 septembre 1792, premier député à la Convention, par 412 voix sur 721 votants. En le proclamant, le président de l'Assemblée électorale s'exprime ainsi : « Je le proclame député, etc..., convaincu que tous les départements se disputeront la gloire de rendre hômage (sic) aux vertus de ce citoyen incorruptible. » « L'Assemblée arrête unanimement qu'il lui sera envoyé un courrier pour l'informer de la justice que viennent de lui rendre ses concitoyens [1]. »

Carnot aîné est ensuite élu par la même Assemblée électorale par 677 voix sur 753 votants.

Aux élections du Conseil des Cinq-Cents, en l'an IV, 917 électeurs seulement prennent part au vote dans Paris.

1. Procès-verbaux des élections du Pas-de-Calais (Archives nationales).

| | DATES DES ÉLECTIONS | NOMBRE de DÉPUTÉS | ÉLECTEURS INSCRITS | ÉLECTEURS VOTANTS |
|---|---|---|---|---|
| **Premier Empire** | | | | |
| CORPS LÉGISLATIF...................... | De 1807 à 1812 | 305 [1] | 87.920 [2] | 57.567 [2] |
| CHAMBRE DES REPRÉSENTANTS............ | Mai 1815 | 629 | 66.500 [3] | 32.538 [4] |
| (Elections faites par les collèges formés en vertu du sénat.-cons. du 16 thermidor an X.) | | | | |
| **2me Restauration** | | | | |
| CHAMBRE DES DÉPUTÉS DES DÉPARTEMENTS... | 14 — 21 août 1815 | 395 | 20.711 [5] | 15.260 [6] |
| (Elections faites au scrutin de liste par les collèges formés en vertu du sénat.-cons. du 16 thermidor an X, et modifiés en 1815.) | 25 sept. — 4 oct. 1816 [7] | 262 | 20.066 | 14.316 |
| (Elections faites en vertu des lois des 5 févr. 1817 et 29 juin 1820.) (Loi du double vote.) | 25 févr. — 6 mars 1824 | 430 | 99.125 | 84.259 [6] |
| | 17 — 24 nov. 1827 | 430 | 88.603 | 74.655 |
| | 23 juin — 7 juillet 1830 | 430 | 94.398 | 86.515 |
| **Monarchie de Juillet** | | | | |
| CHAMBRE DES DÉPUTÉS.................. | 5 juillet 1831 | 459 | 166.583 | 125.090 |
| (Elections faites au scrutin d'arrondissement, en vertu de la loi du 19 avril 1831.) | 21 juin 1834 | 459 | 171.015 | 129.211 |
| | 4 nov. 1837 | 459 | 198.836 | 151.720 |
| | 2 mars 1839 | 459 | 201.271 | 164.862 |
| | 9 juillet 1842 | 459 | 220.040 | 173.694 |
| | 1er août 1846 | 459 | 240.983 | 199.827 |
| **Deuxième République** | | | | |
| ASSEMBLÉE CONSTITUANTE............... | 23 avril 1848 | 900 | 9.395.035 | 7.835.327 |
| (Elections faites au scrutin de liste, en vertu du décret du 5 mars 1848.) [8] | | | | |
| ASSEMBLÉE LÉGISLATIVE................ | 13 mai 1849 | 750 | 10.068.713 [9] | 6.687.064 |
| (Elections faites au scrutin de liste en vertu de la loi du 15 mars 1849.) | | | | |

1. Ce nombre était de 305 en 1807 et de 377 en 1813, en raison de l'annexion de nouveaux départements.

2. Ces chiffres ont été relevés sur les procès-verbaux d'élections déposés aux Archives nationales. Ils portent sur le renouvellement des cinq séries désignées par le Sénat conservateur, le 12 fructidor an X (voy. ci-dessus, p. 43) et qui a eu lieu en 1807, 1808, 1809, 1810 et 1812. La France comprenait alors 117 départements dont 6 peu étendus (le Golo, la Méditerranée, l'Arno, l'Ile d'F..e, la Limone et l'Ombronne) n'ont pas désigné de députés.

3. 19.500 pour 85 collèges de département et 47.000 pour 353 collèges d'arrondissement sur 360 ; 8 collèges n'ont p... ait d'élections. — Dans les élections des Bouches-du-Rhône, 13 votants seulement nomment 4 députés. Dans l'un de ces qu...e scrutins, le comte Siméon est élu par 7 voix (Archives nationales).

4. 7.615 pour les collèges de département et 24.923 pour ceux d'arrondissement.

5. A l'exception de la Corse où il n'y a pas eu d'élections.

6. Ces chiffres, ainsi que les suivants, proviennent des tableaux comparatifs établis par le B reau des Archives de la Chambre des Députés.

7. Ces élections ont été faites par les collèges des départements ou des plus imposés. Les collèges d'arrondissement présentaient seulement des candidats parmi lesquels le collège de département était tenu d'élire la moitié de la députation (Ordon. du 13 juillet 1815).

8. C'est la première application du suffrage universel et direct.

9. Après la mise en vigueur de la loi électorale du 31 mai 1850 qui prescrit 3 ans de résidence, le nombre des électeurs est abaissé à 6.809.281, soit une réduction d'un tiers.

| DATES DES ÉLECTIONS | Nombre de Députés | ÉLECTEURS | | ABSTENTIONS | Pour le Gouvernement | Pour l'Opposition |
|---|---|---|---|---|---|---|
| | | INSCRITS | VOTANTS | | | |
| **Second Empire** | | | | | | |
| CORPS LÉGISLATIF. 29 févr. — 14 mars 1852 | 261 | 9.836.043 | 6.222.983 | 3.613.060 | 5.218.602 | 810.962 |
| (Élections faites au scrutin d'arrondissement en vertu de la Constitution du 14 janv. 1852 et du décret organique du 2 févr. 1852.)   21 juin — 5 juillet 1857 | 267 | 9.495.955[1] | 6.136.664[1] | 3.359.291 | 5.471.888 | 571.859 |
| 31 mai — 14 juin 1863 | 283 | 10.003.655 | 7.292.094 | 2.711.561 | 5.186.340 | 1.900.000 |
| 24 mai — 6 juin 1869 | 292 | 10.135.220 | 8.189.481 | 1.915.739 | 4.636.713 | 3.266.366 |
| **Troisième République** | | | | | | |
| Assemblée Constituante... 8 février 1871 | 759 | 10.702.070[2] | 6.741.358[3] | 3.960.712 | » | » |
| (Élections faites au scrutin de liste en vertu de la loi électorale du 15 mars 1849.) | | | | | | |
| Chambre des Députés.... 20 février 1876 [4] | 533 | 9.890.867 | 7.431.063 | 2.459.804 | 4.028.153 | 3.202.333 |
| 14 — 28 octobre 1877 [4] | 533 | 10.107.657 | 8.139.964 | 1.967.693 | 4.367.202 | 3.577.882 |
| 21 août — 4 sept. 1881 [4] | 577 | 10.372.706 | 7.056.210 | 3.316.496 | 5.128.142 | 1.789.767 |
| 4 — 18 oct. 1885 [5] | 584 | 10.414.126 | 7.989.510 | 2.424.616 | 4.327.162 | 3.541.384 |
| 22 sept. — 6 oct. 1889 [6] | 576 | 10.699.339 | 8.110.958 | 2.588.381 | 4.012.353 | 3.624.208[7] |
| 20 août — 3 sept. 1893 [8] | 581 | 10.496.922[8] | 7.487.585 | 3.009.331 | 5.990.772[9] | 1.196.744 |

1. Ces chiffres sont ceux des Archives de la Chambre des Députés. Ceux du *Moniteur officiel* sont : *Inscrits*, 9.497.172; *votants*, 6.436.544.

2. Ces chiffres qui proviennent des Archives de la Chambre des Députés sont ceux donnés par le Ministère de l'Intérieur, ou relevés sur le plébiscite de 1870 ou sur les procès-verbaux d'élections.

3. Moins Alger, Constantine, Oran et la Guadeloupe, qui n'ont pas donné le chiffre des votants.

4. Élections faites au scrutin d'arrondissement en vertu de la loi du 30 novembre 1875.

5. Élections faites au scrutin de liste en vertu de la loi du 16 juin 1885.

6. Élections faites au scrutin d'arrondissement rétabli par la loi du 13 février 1889.

7. Dans ce chiffre figurent 709.223 boulangistes (chiffre du Ministère de l'Intérieur).

8. Les chiffres des élections de 1893 proviennent du Ministère de l'Intérieur (Bureau politique).

9. Ce chiffre se décompose ainsi : républicains, 3.297.250; radicaux, 1.062.632; radicaux-socialistes, 557.358; socialistes, 527.416; ralliés, 546.116.

# LISTE DES PRÉSIDENTS

## DES ASSEMBLÉES PARLEMENTAIRES

---

PRÉSIDENTS DE L'ASSEMBLÉE NATIONALE CONSTITUANTE

| | | | | | |
|---|---|---|---|---|---|
| Leroux (Présid. provis.). | 6 mai 1789 | Abbé Sieyès | 8 juin 1790 |
| D'Ailly (doyen d'âge)... | 1er juin — | Lepelletier de St-Fargeau. | 21 juin — |
| Bailly | 3 juin — | Marquis de Bonnay.... | 5 juil. — |
| Duc d'Orléans | 3 juil. — | Treilhard | 20 juil. — |
| Le Franc de Pompignan | 3 juil. — | D'André | 31 juil. — |
| Duc de Liancourt | 18 juil. — | Dupont (de Nemours) .. | 16 août — |
| Thouret | 1er août — | De Jessé | 30 août — |
| Le Chapelier | 3 août — | Bureaux de Puzy | 11 sept. — |
| Cte de Clermont-Tonnerre | 17 août — | Emmery | 25 sept. — |
| De la Luzerne | 31 août — | Merlin | 9 oct. — |
| Cte de Clermont-Tonnerre | 14 sept. — | Barnave | 25 oct. — |
| Mounier | 28 sept. — | Chasset | 8 nov. — |
| Fréteau de Saint-Just .. | 10 oct. — | Alex. de Lameth | 20 nov. — |
| Camus | 28 oct — | Pétion | 4 déc. — |
| Thouret | 12 nov. — | Marquis de Bonnay.... | 20 déc. — |
| De Boisgelin | 23 nov. — | D'André | 21 déc. — |
| Fréteau de Saint-Just .. | 5 déc. — | Emmery | 4 janv. 1791 |
| Démeunier | 22 déc. — | Abbé Grégoire | 18 janv. — |
| Abbé de Montesquiou .. | 4 janv. 1790 | Comte de Mirabeau .... | 29 janv. — |
| Target | 18 janv. — | Duport | 14 févr. — |
| Bureaux de Puzy | 2 févr. — | De Noailles | 26 févr. — |
| De Talleyrand de Périgord | 16 févr. — | De Montesquiou-Fezen- | |
| Abbé de Montesquiou .. | 28 févr. — | sac | 14 mars — |
| Rabaud (de St-Etienne). | 15 mars — | Tronchet | 29 mars — |
| Baron de Menou | 27 mars — | Chabroud | 9 avril — |
| Marquis de Bonnay.... | 12 avril — | Rewbell | 23 avril — |
| Comte de Virieu | 27 avril — | D'André | 8 mai — |
| Abbé Gouttes | 29 avril — | Bureaux de Puzy | 24 mai — |
| Thouret | 8 mai — | Dauchy | 6 juin — |
| Brois de Beaumetz | 26 mai — | Alex. de Beauharnais .. | 18 juin — |

| | | | | |
|---|---|---|---|---|
| Charles de Lameth..... | 2 juil. 1791 | | Victor de Broglie....... | 13 août 1791 |
| Defermon ............ | 19 juil. | — | Vernier................ | 27 août — |
| Alex. de Beauharnais .. | 30 juil. | — | Thouret............ | 10-30 sept. — |

### PRÉSIDENTS DE L'ASSEMBLÉE NATIONALE LÉGISLATIVE

| | | | | |
|---|---|---|---|---|
| Batault (doyen d'âge).. | 1er oct. 1791 | | Dorizy................ | 2 avril 1792 |
| Pastoret.............. | 3 oct. | — | Bigot de Préameneu... | 15 avril — |
| Ducastel............. | 17 oct. | — | Lacuée................ | 29 avril — |
| Vergniaud............. | 20 oct. | — | Muraire .............. | 13 mai — |
| Viénot-Vaublanc....... | 15 nov. | — | Tardiveau ............ | 27 mai — |
| Lacépède ............. | 28 nov. | — | Français.............. | 10 juin — |
| Lemontey............. | 10 déc. | — | Gérardin ............. | 24 juin — |
| François (de Neufchâteau) | 26 déc. | — | Aubert-Dubayet........ | 8 juil. — |
| Daverhoult........... | 8 janv. 1792 | | Lafond-Ladebat........ | 23 juil. — |
| Guadet .............. | 22 janv. | — | Merlet................ | 7 août — |
| Condorcet ........... | 5 févr. | — | Lacroix............... | 21 août — |
| Mathieu-Dumas........ | 19 févr. | — | Hérault de Séchelles ... | 2 sept. — |
| Guyton-Morveau....... | 4 mars | — | Cambon............ | 16-21 sept. — |
| Gensonné............. | 18 mars | — | | |

### PRÉSIDENTS DE LA CONVENTION NATIONALE

| | | | | |
|---|---|---|---|---|
| Rühl (présid. d'âge) .... | 20 sept. 1792 | | Collot-d'Herbois........ | 13 juin 1793 |
| Pétion................ | 20 sept. | — | Thuriot............... | 27 juin — |
| Delacroix............. | 4 oct. | — | Jean Bon Saint-André.. | 11 juil. — |
| Guadet ............... | 18 oct. | — | Danton............... | 25 juil. — |
| Hérault-Séchelles...... | 1er nov. | — | Hérault-Séchelles ..... | 8 août — |
| Abbé Grégoire........ | 15 nov. | — | Robespierre aîné....... | 21 août — |
| Barère............... | 2 déc. | — | Billaud-Varenne ....... | 5 sept. — |
| Defermon............. | 13 déc. | — | Cambon............. | 19 sept. — |
| Treilhard............. | 27 déc. | — | Charlier.............. | 3 oct. — |
| Vergniaud............. | 10 janv. 1793 | | Moyse Bayle.......... | 22 oct. — |
| Rabaud (de St-Etienne) | 24 janv. | — | Laloi ................ | 6 nov. — |
| Bréard .............. | 9 févr. | — | Romme............... | 21 nov. — |
| Dubois de Crancé...... | 21 févr. | — | Voulland ............. | 6 déc. — |
| Gensonné............. | 7 mars | — | Couthon ............. | 21 déc. — |
| Jean de Bry.......... | 21 mars | — | David ............... | 5 janv. 1794 |
| Delmas............... | 4 avril | — | Vadier............... | 20 janv. — |
| Lasource ............ | 18 avril | — | Dubarran............. | 4 févr. — |
| Boyer-Fonfrède........ | 2 mai | — | Saint-Just............ | 19 févr. — |
| Isnard................ | 16 mai | — | Rühl ................ | 6 mars — |
| Mallarmé............. | 30 mai | — | Tallien .............. | 21 mars — |

| | | |
|---|---|---|
| Amar................ | 5 avril 1794 | Rovère............... 20 janv.1795 |
| Robert-Lindet......... | 20 avril — | Barras............... 4 févr. — |
| Carnot............... | 5 mai — | Bourdon (de l'Oise).... 19 févr. — |
| Prieur (de la Côte-d Or). | 20 mai — | Thibaudeau........... 6 mars — |
| Robespierre aîné...... | 4 juin — | Pelet (de la Lozère)..... 21 mars — |
| Elie Lacoste.......... | 19 juin — | Boissy d'Anglas........ 5 avril — |
| Louis (du Bas-Rhin).... | 5 juil. — | Sieyès............... 20 avril — |
| Collot-d'Herbois ...... | 19 juil. — | Vernier.............. 5 mai — |
| Merlin (de Douai)..... | 3 août — | Mathieu............. 25 mai — |
| Merlin (d; Thionville).. | 18 août — | Lanjuinais........... 4 juin — |
| Bernard (de Saintes) ... | 2 sept. — | J.-B. Louvet.......... 19 juin — |
| André Dumont........ | 22 sept. — | Doulcet de Pontécoulant 4 juil. — |
| Cambacérès........... | 7 oct. — | La Réveillère-Lépeaux . 19 juil. — |
| Prieur (de la Marne)... | 22 oct. — | Daunou .............. 3 août — |
| Legendre (de Paris).... | 6 nov. — | Marie-Joseph Chénier.. 18 août — |
| Clauzel.............. | 21 nov. — | Berlier....... ........ 2 sept. — |
| Rewbell ............. | 6 déc. — | Baudin (Ardennes).... 23 sept. — |
| Bentabole ............ | 21 déc. — | Genissieu........... 8-26 oct. — |
| Le Tourneur (de la Manche) | 6 janv.1795 | |

### PRÉSIDENTS DU CONSEIL DES ANCIENS

| | | |
|---|---|---|
| Rudel (doyen d'âge).... | 28 oct. 1795 | Barbé-Marbois......... 20 mai 1797 |
| La Réveillère-Lépeaux.. | 28 oct. — | Bernard-Saint-Affrique. 19 juin — |
| Baudin............... | 2 nov. — | Dupont (de Nemours)... 19 juil. — |
| Tronchet ............. | 23 nov. — | Laffon-Ladebat........ 18 août — |
| Vernier.............. | 22 déc. — | Marbot.............. 6 sept. — |
| Goupil-Préfeln.. ...... | 22 janv.1796 | Crétet............... 23 sept. — |
| Régnier ............. | 20 févr. — | Lacombe-Saint-Michel.. 22 oct. — |
| Creuzé-Latouche ...... | 21 mars — | Rossée .............. 21 nov. — |
| Lecouteulx-Canteleu.... | 20 avril — | Marragon............. 21 déc. — |
| Lebrun.............. | 20 mai — | Rousseau............. 20 janv.1798 |
| Portalis ............. | 19 juin — | Bordas.............. 19 févr. — |
| Dusaulx............. | 19 juil. — | Mollevaut............ 21 mars — |
| Muraire............. | 18 août — | Poisson............. 20 avril — |
| Roger-Ducos.......... | 23 sept. — | Régnier . ........... 20 mai — |
| Lacuée ..... ......... | 22 oct. — | Marbot.............. 19 juin — |
| Bréard ............. | 21 nov. — | Laveaux............. 19 juil. — |
| Paradis............. | 21 déc. — | Laloi................ 18 août — |
| Ligeret............. | 20 janv.1797 | Decomberousse ....... 23 sept. — |
| Poullain-Grandprey.... | 19 févr. — | Pérès (Haute-Garonne). 22 oct. — |
| Delmas.............. | 21 mars — | Moreau (Yonne).. . .... 21 nov. — |
| Courtois ............. | 20 avril — | Perrin (des Vosges).... 21 déc. — |

| | | | |
|---|---|---|---|
| Garat................ | 20 janv. 1799 | Baudin (Ardennes)..... | 19 juin 1799 |
| Delacoste............ | 19 févr. — | Dubois-Dubais......... | 19 juil. — |
| Depère............... | 21 mars — | Cornet............... | 18 août — |
| Dedelay-d'Agier....... | 20 avril — | Cornudet............. | 24 sept. — |
| Gourdan.............. | 20 mai — | Lemercier...... 23 oct.-10 nov. — |

## PRÉSIDENTS DU CONSEIL DES CINQ-CENTS.

| | | | |
|---|---|---|---|
| Raffrond (doyen d'âge) . | 28 oct. 1795 | Villers................. | 22 oct. 1797 |
| Daunou............... | 28 oct. — | Sieyès................ | 21 nov. — |
| Chénier............... | 22 nov. — | Boulay (de la Meurthe). | 21 déc. — |
| Treilhard............. | 22 déc. — | Bailleul.............. | 20 janv.1798 |
| Camus.............. | 23 janv.1796 | Hardy............. | 19 févr. — |
| Thibaudeau........... | 21 févr. — | Pison-du-Galand....... | 21 mars — |
| Doulcet de Pontécoulant | 21 mars — | Poullain-Grandprey.... | 20 avril — |
| Crassous ............ | 20 avril — | Creuzé-Latouche ...... | 20 mai — |
| Defermon ........... | 21 mai — | Chénier.............. | 19 juin — |
| Pelet (de la Lozère).... | 19 juin — | Lecointe-Puyraveau.... | 19 juil. — |
| Boissy d'Anglas ....... | 19 juil. — | Daunou.............. | 18 août — |
| Pastoret.............. | 19 août — | Jourdan (Hte-Vienne)... | 23 sept. — |
| Chassey .. .......... | 23 sept. — | Dubois (Vosges) ....... | 22 oct. — |
| Cambacérès.. ........ | 22 oct. — | Savary................ | 21 nov. — |
| Quinette............. | 21 nov. — | Berlier ............... | 21 déc. — |
| Jean Debry ......... | 21 déc. — | Leclerc (Maine-et-Loire) | 20 janv.1799 |
| Riou................ | 20 janv.1797 | Malès................ | 19 févr. — |
| Laloy................ | 19 févr. — | Pons (de Verdun) ...... | 21 mars — |
| Lecointe-Puyraveau.... | 21 mars — | Heurtaut-Lamerville.... | 20 avril — |
| Lamarque............. | 20 avril — | Jean Debry........... | 20 mai — |
| Pichegru ............. | 20 mai — | Génissieu............. | 19 juin — |
| Henry Larivière........ | 19 juin — | Guirot................ | 19 juil. — |
| Dumolard ............ | 19 juil. — | Boulay (de la Meurthe). | 18 août — |
| Siméon............... | 18 août — | Chazal............... | 24 sept. — |
| Lamarque (par intérim). | » » | Lucien Bonaparte 23 oct.-10 nov. — |
| Jourdan (Hte-Vienne)... | 23 sept. — | | |

## PRÉSIDENTS DU SÉNAT-CONSERVATEUR (1er Empire).

| | | | |
|---|---|---|---|
| D'Ailly (doyen d'âge)... | 24 déc. 1799 | Lacépède ............. | 26 nov. 1801 |
| Sieyès................ | 25 déc. — | Tronchet............. | 29 mars1802 |
| Lemercier ... ........ | 23 juil. 1800 | Barthélemy........... | 23 juil. — |
| Laplace............... | 25 nov. — | François (de Neufchâteau) | 19 mai 1804 |
| Vernier.............. | 25 mars1801 | Comte de Lacépède..... | 1er juil. 1807 |
| Kellermann........... | 2 août — | Barthélemy .... 1er avril-4 juin 1814 |

Le Sénat a été également présidé par le Premier Consul, et plus tard par l'Empereur (Sénat.-cons. du 12 fructid. an X), par le prince Joseph Bonaparte, vice grand-électeur, par Cambacérès, prince-archichancelier de l'Empire, et par le prince de Bénévent, vice-grand électeur (Art. 39 de la Constitution du 28 flor., an XII).

## Présidents du Corps législatif (1er Empire).

| | | | |
|---|---|---|---|
| Tarteyron (doyen d'âge) | 1er janv.1800 | Belzais-Courmesnil..... | 6 janv.1802 |
| Perrin (des Vosges).... | 1er janv. — | Pémartin............. | 21 janv. — |
| Duval (Seine-Inférieure) | 21 janv. — | Couzard............. | 5 févr. — |
| Grégoire (abbé)........ | 5 févr. — | Ramon............... | 20 févr. — |
| Girot-Pouzols.......... | 20 févr. — | Devismes............. | 7 mars — |
| Dedelay d'Agier....... | 7 mars — | Marcorelle........... | 5 avril — |
| Tarteyron............. | 22 mars — | Lobjoy.............. | 21 avril — |
| Chatry-Lafosse........ | 22 nov. — | Rabaut.............. | 6 mai — |
| Pison-du-Galand....... | 7 déc. — | Delattre............. | 21 févr. 1803 |
| Bourg-Laprade........ | 22 déc. — | Méric............... | 7 mars — |
| Bréard............... | 6 janv.1801 | Girod (de l'Ain)....... | 22 mars — |
| Rossée............... | 21 janv. — | Félix Faulcon......... | 6 avril — |
| Poisson.............. | 5 févr. — | Viénot-Vaublanc....... | 21 avril — |
| Leclerc (Maine-et-Loire) | 20 févr. — | Lagrange............. | 7 mai — |
| Lefèbvre-Cayet........ | 7 mars — | Reinaud-Lascours...... | 21 mai — |
| Dupuis.............. | 22 nov. — | Comte de Fontanes..... | 11 janv.1804 |
| Baraillon............. | 7 déc. — | Comte de Montesquiou-Fezensac.... | 24 janv.1810 |
| Lefèbvre-Laroche....... | 22 déc. — | Duc de Massa 23 nov.1813-4 juin 1814 | |

## Présidents du Tribunat.

| | | | |
|---|---|---|---|
| Mouricault(présid.d'âge) | 1er janv.1800 | Thiessé............... | 22 nov. 1800 |
| Daunou............... | 1er janv. — | Mouricault........... | 22 déc. — |
| Démeunier............. | 21 janv. — | Thibault............. | 21 janv.1801 |
| Chassiron............ | 20 févr. — | Savoye-Rollin......... | 20 févr. — |
| Bérenger............. | 22 mars — | Himbert............. | 22 mars — |
| Faure................ | 22 avril — | Curée............... | 21 juin — |
| Duchesne............. | 22 mai — | Fabre (de l'Aude)...... | 20 août — |
| Jard-Panvilliers....... | 21 juin — | Arnould............. | 24 sept. — |
| Moreau.............. | 21 juil. — | Perrée.............. | 24 oct. — |
| Andrieux............. | 20 août — | De Chabaud-Latour.... | 22 nov. — |
| Crassous............. | 24 sept. — | Favard.............. | 22 déc. — |
| Siméon.............. | 24 oct. — | Delpierre............ | 21 janv.1802 |

| | | | |
|---|---|---|---|
| Goupil-Préfeln......... | 20 févr. 1802 | Costaz................ | 23 avril 1803 |
| Girardin.............. | 22 mars — | Trouvé.............. | 21 mai — |
| Chabot (de l'Allier)..... | 21 avril — | Costé................ | 21 juin — |
| Gallois.............. | 22 mai — | Riouffe.............. | 21 juil. — |
| Adet................ | 21 juin — | Lebreton............. | 20 août — |
| Challan ............. | 21 juil. — | Perreau ............. | 26 sept. — |
| Laussat............. | 20 août — | Beaujour............. | 25 oct. — |
| Grenier.............. | 25 sept. — | Boissy d'Anglas....... | 24 nov. — |
| Jaucourt ............ | 24 oct. — | Carrion-Nisas......... | 24 déc. — |
| Malès .............. | 23 nov. — | Joubert.............. | 23 janv. 1804 |
| Gillet (Seine-et-Oise)... | 23 déc. — | Duvidal.............. | 21 févr. — |
| Fréville ............. | 22 janv. 1803 | Gillet-Lajaqueminière.. | 22 mars — |
| Garry............... | 20 févr. — | Fabre (de l'Aude)..... | { 23 avril 1804 |
| Duveyrier ........... | 20 mars — | | { 18 sept. 1807 |

### PRÉSIDENT DE LA CHAMBRE DES PAIRS (1re Restauration).

Chancelier Dambray ...................... 4 juin 1814 – 20 mars 1815.

### PRÉSIDENTS DE LA CHAMBRE DES DÉPUTÉS DES DÉPARTEMENTS.

Félix Faulcon......... 4 juin 1814   Lainé... 11 juin 1814 – 20 mars 1815

### PRÉSIDENTS DE LA CHAMBRE DES PAIRS (Cent-Jours).

Cambacérès .......... 3 juin 1815  Comte de Lacépède... { 4 juin  1815
{ 7 juil. —

### PRÉSIDENTS DE LA CHAMBRE DES REPRÉSENTANTS (Cent-Jours).

De Branges (présid. d'âge)  3 juin 1815  Comte Lanjuinais.... { 4 juin 1815
{ 8 juil. —

### PRÉSIDENTS DE LA CHAMBRE DES PAIRS (2e Restauration).

Chancelier Dambray... 7 oct. 1815  Marquis de Pastoret.. { 17 déc. 1829
{ 29 juil. 1830

### PRÉSIDENTS DE LA CHAMBRE DES DÉPUTÉS (2e Restauration).

| | | | |
|---|---|---|---|
| Cochard (doyen d'âge).. | 9 oct. 1815 | De Serre............. | 24 janv. 1817 |
| Comte de Jobal — | .. 12 oct. — | Ravez................ | 18 déc. 1818 |
| Lainé............... | 12 oct. — | Royer-Collard....... | { 25 févr. 1828 |
| Baron Pasquier........ | 12 nov. — | | { 16 mai 1830 |

PRÉSIDENT DE LA CHAMBRE DES PAIRS (Monarchie de Juillet).

Chancelier baron Pasquier.................. 3 août 1830 - 24 févr. 1848

PRÉSIDENTS DE LA CHAMBRE DES DÉPUTÉS (Monarchie de Juillet).

Labbey de Pompierres
  (présid. d'âge)...... 1 août 1830
Casimir-Perier........ 6 août —
Jacques Laffitte........ 21 août —
Casimir-Perier........ 11 nov. —

Girod (de l'Ain)........ 1ᵉʳ août 1831
Dupin aîné............ 21 nov. 1832
Hippol. Passy........ 16 avril 1839
Sauzet... 14 mai 1839 - 24 févr. 1848

PRÉSIDENTS DE L'ASSEMBLÉE NATIONALE CONSTITUANTE (2ᵉ République).

Audry de Puyraveau
  (présid. d'âge)...... 1 mai 1848
Buchez............ 5 mai —
Senard............ 5 juin —

Marie................ 29 juin 1848
Armand Marrast..... { 19 juil. 1848
               ( 26 mai 1849

PRÉSIDENTS DE L'ASSEMBLÉE NATIONALE LÉGISLATIVE (2ᵉ République).

De Kératry (présid. d'âge) 28 mai 1849  Dupin (de la Nièvre).. { 1ᵉʳ juin 1849
                                   ( 2 déc. 1851

PRÉSIDENTS DU SÉNAT (Second Empire).

Maréchal Prince Jérôme-
  Napoléon Bonaparte. 28 janv. 1852

Troplong............ 30 déc. 1852
Rouher..... 20 juil. 1869 - 4 sept. 1870

PRÉSIDENTS DU CORPS LÉGISLATIF (Second Empire).

Billault............ 9 mars 1852
Duc de Morny........ 12 nov. 1854

Comte Waleswski...... 1ᵉʳ sept. 1865
Schneider... 2 avril 1867 - 4 sept. 1870

PRÉSIDENTS DE L'ASSEMBLÉE NATIONALE CONSTITUANTE (3ᵉ République).

Comte Benoist d'Azy
  (présid. d'âge)...... 12 févr. 1871
Jules Grévy........ 16 févr. —

Buffet................ 4 avril 1873
Duc d'Audiffret-Pasquier { 15 mars 1875
                     ( 8 mars 1876

## Présidents du Sénat (3e République).

| | | | |
|---|---|---|---|
| Gaulthier de Rumilly (présid. d'âge)...... | 8 mars 1876 | Le Royer............... | 2 févr. 1882 |
| Duc d'Audiffret-l'asquier | 13 mars — | Jules Ferry............ | 24 févr. 1893 |
| Martel............... | 15 janv. 1879 | Challemel-Lacour...... | 27 mars — |
| Léon Say............. | 25 mai 1880 | Émile Loubet......... | 16 janv. 1896 |

## Présidents de la Chambre des Députés (3e République).

| | | | |
|---|---|---|---|
| F.-V. Raspail. (présid. d'âge) .............. | 8 mars 1876 | Charles Floquet....... | 12 nov. 1889 |
| Jules Grévy........... | 8 mars — | Casimir-Perier (Aube).. | 11 janv. 1893 |
| Léon Gambetta........ | 31 janv. 1879 | Charles Dupuy........ | 5 déc. — |
| Henri Brisson......... | 3 nov. 1881 | Casimir-Perier........ | 2 juin 1894 |
| Charles Floquet....... | 8 avril 1885 | Aug. Burdeau......... | 5 juil. — |
| Méline............... | 4 avril 1888 | Henri Brisson........ | 18 déc. — |

# TABLE ALPHABÉTIQUE

DES

## MEMBRES DU BUREAU DES ASSEMBLÉES PARLEMENTAIRES

### De 1789 à 1895.

———

# ADDITIONS.

*Page 156, note 4 :*

M. Jules Ferry, vice-présid. de la Ch. des Députés du 14 janv. au 11 févr. 1879.

*Page 175. — Sess. extraord. de 1895 :*

M. Raymond Poincaré, nommé vice-présid. de la Ch. des Députés le 12 nov. 1895 en remplacement de M. Ed. Lockroy nommé min. de la Marine.

*Même page :*

M. Ernest Carnot, nommé secrét. de la Ch. des Députés le 12 nov. 1895 en remplacement de M. Pierre Richard, démissionnaire, à la suite de l'interpellation de M. Jaurès, sur la grève des ouvriers verriers de Carmaux.

# TABLE DES MATIÈRES

## Monarchie de Juillet.

## Deuxième République.

## Second Empire.

## Troisième République.

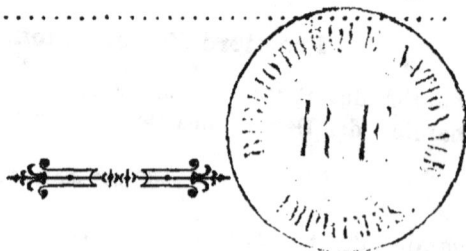

Saint-Etienne. — Imp. BOY, rue de la Loire, 13.

www.ingramcontent.com/pod-product-compliance
Lightning Source LLC
Chambersburg PA
CBHW061013280326
41935CB00009B/949

9 782011 276278